GROSSE HERRSCHER

NATIONAL GEOGRAPHIC

HYWEL WILLIAMS

GROSSE HERRSCHER

VON RAMSES II. BIS LUDWIG II.

Inhalt

EINLEITUNG

Jahrtausendelang wurden die menschlichen Gesellschaften überwiegend von männlichen Aristokraten regiert. Wenn sie nicht Krieg führten oder ihre Güter verwalteten, verbrachten diese Mächtigen ihre Zeit meist an ihrem Hof und beschäftigten sich mit Machtpolitik, Palastintrigen und der Ausübung der festen Rituale einer geschlossenen Gesellschaft, die sich um den Monarchen drehte.

Der Monarch verdankte seine Machtstellung seiner Abstammung, die ihn mit dem Begründer seiner Dynastie verband. Sie war die Grundlage seiner Legitimität und seines Amtes, das ihm das ausschließliche Recht gab, Steuern zu erheben, wichtige Unterstützer mit Ämtern und Ländereien zu belohnen, persönliche Huldigung einzufordern und Gehorsam gegenüber den Gesetzen zu verlangen, die in seinem Namen erlassen wurden. Töchter konnten die Thronfolge meist nur antreten, wenn es in direkter Linie keine männlichen Erben gab.

Der Herrscher besaß ein Machtmonopol: ein ausschließliches, souveränes Recht, seine Gegner innerhalb seiner Reichsgrenzen zu enteignen und zu töten. Die Legitimität seines Titels erlaubte es ihm, nach Ruhm zu streben, indem er mit seinem Heer Eroberungszüge in benachbarte Länder führte. Zu den vielfältigen Faktoren, die die Macht des Herrschers untergraben konnten, gehörten Niederlagen im Kampf, vermeintliche Charakterschwäche, Krankheit, Streitigkeiten innerhalb der Herrscherfamilie, Religionskämpfe und Naturkatastrophen. Jene, die diese aristokratischen Gesellschaften zu lenken versuchten, betonten die Theorie hierarchischer Ordnung, gerade weil die gesellschaftliche Wirklichkeit schwer zu kontrollieren und häufig anfällig für Angriffe von innen wie außen war. Anzeichen von Schwäche an der Spitze des politisch-militärischen Systems schürten unweigerlich die Ambitionen rastloser Krieger, die bereit waren, ihnen ihre Autorität streitig zu machen, und die darauf brannten, die Vormachtstellung an sich zu reißen. Solche Rebellen stellten jedoch nur selten die Prinzipien aristokratischer Macht und monarchischer Herrschaft infrage: Sie wollten lediglich mehr von den Pfründen für sich, und wenn ihre Revolte erfolgreich war, bestanden sie ebenso auf ihren Rechten wie die Herrscher, die sie verdrängt hatten.

Diese Welt gehört heute der Vergangenheit an, und das ist weitgehend das Ergebnis des globalen demokratischen Einflusses, den zwei Dokumente ausübten: die Unabhängigkeitserklärung der Vereinigten Staaten von Amerika (1776) und die Erklärung der Menschen- und Bürgerrechte, die die französische Nationalversammlung 1789 verabschiedete. In den wenigen Ländern, in denen es noch eine Monarchie gibt, ist sie auf einen repräsentativen Status reduziert. Die Vorstellung, dass sie als unabhängige Macht herrschen könne, wird weithin über die Kontinente hinweg in entwickelten Staaten wie auch in Entwicklungsländern abgelehnt. Das ist eine der größten Einstellungsänderungen der Geschichte und unterscheidet die vergangenen beiden Jahrhunderte von den vorausgegangenen fünf Jahrtausenden, in denen Gesellschaften und Kulturen meist von Erbmonarchen regiert wurden, die Gehorsam einfordern konnten. Dynastische Macht mag heute exotisch, geheimnisvoll und „verfassungswidrig" erscheinen, aber die überwiegende Mehrheit ihrer Untertanen hielten sie für eine naturgegebene, selbstverständliche

Art, die Angelegenheiten der Menschen zu regeln. Zumal verschiedene Formen sakraler Autorität genutzt wurden, um die Legitimität des Herrschers zu untermauern.

Die Institution der Monarchie hat eine längere kontinuierliche Geschichte als jede andere Herrschaftsform. Manche Herrscher, die als Prinz, Sultan, König, Königin, Papst, Kaiser oder unter einem anderen Titel regierten, ragen besonders aus der langen Reihe von Mächtigen in der Geschichte der Menschheit heraus. Sie konnten ihre persönlichen und politischen Ambitionen in einen Herrschaftsstil umsetzen, der sie aufs Engste mit den von ihnen regierten Staaten, Nationen oder Territorien identifizierte.

Ein Beispiel ist der französische König Ludwig XIV., der sich selbst als „Sonnenkönig" bezeichnete. Er wollte als Mittelpunkt des Universums gelten, das er an seinem Hof in Versailles geschaffen hatte. Umgeben von seinem Hofstaat, verkörperte Ludwig XIV. die zentralen staatlichen Institutionen und beanspruchte für sich, Inbegriff der kollektiven Identität seiner Untertanen zu sein. Eben diese Fähigkeit zeichnet alle Herrscher aus, die in diesem Buch vorgestellt werden: Sie ist die Grundlage ihrer Autorität und bindet diese in eine Vision ein, die statt von bloßem Egoismus von etwas majestätisch Unpersönlichem geprägt ist. Das Charisma der Königswürde mit der Ordnung des Kosmos zu verknüpfen hatte schon eine lange Geschichte, bevor Ludwig XIV. auf die klassische Antike zurückgriff und sich mit dem Sonnengott Apoll identifizierte. Die chinesischen Kaiser galten seit Qin Shi Huangdi im 3. Jahrhundert v. Chr. als „Söhne des Himmels", der Tenno von Japan als Sohn der Sonnengöttin Amaterasu. Auch die Herrscher des Abendlandes, die letztlich als Erben der altorientalischen Gottkönige angesehen werden können, beriefen sich in unterschiedlicher Weise auf eine Verbindung zum Göttlichen. Sie ließen sich wie die Pharaonen als Söhne von Göttern oder als gottgleich wie die Perserkönige verehren. Herrscher wie Alexander der Große oder Julius Cäsar wuren nach ihrem Tod gar zu Göttern erhoben. Die christlichen Kaiser und Könige beriefen sich später auf ein Gottesgnadentum. Dabei legitimierte der „Wille Gottes" ihre Herrschaft über Staat und Religion.

Dieses Buch befasst sich ebenfalls mit der Geschichte von Hochkulturen, deren schriftliche Überlieferungen die erhaltenen materiellen Zeugnisse aus Bauten und dekorativen Gegenständen ergänzen können. In der Geschichte des Königtums, das sich in solchen Gesellschaften entwickelte, gibt es gewisse wiederkehrende Merkmale: eine Fähigkeit, die Loyalität der beherrschten Völker zu gewinnen und sie dadurch zu vereinen; die Neigung, die Autorität des Herrschers in Akten der Selbstdarstellung und ästhetischen Bildwerken zu projizieren; die Verknüpfung königlicher Macht mit göttlicher Zustimmung, militärischer Stärke und Wahrung einer nationalen Tradition; die Vorstellung, dass eine dynastische Erbfolge gegen Feinde von außen und Rebellen im Inland gleichermaßen zu schützen sei; und die Bedeutung von Ritualen, Umzügen und Festen als Bestandteil einer Choreografie der Macht.

Im Niltal flossen diese Phänomene erstmals in der überlieferten Geschichte wirkungsvoll zusammen. Aus diesem Grund beginnt die Schilderung der Sonnenkönige im alten Ägypten der Pharaonen.

HINWEIS
In den Kapitelüberschriften ist jeweils die Regierungszeit der Herrscher angegeben. Geburts- und Todesjahr sind in der Zeittafel zu finden.

RAMSES II., Pharao von Ägypten

REG. 1279–1213 V. CHR.

Pharaonen aus 30 verschiedenen Dynastien regierten Ägypten von 2925 bis 343 v. Chr. In der gesamten Geschichte des Landes lässt sich eine grundlegende Identität zwischen der Entwicklung einer Dynastie und der Kultur und Gesellschaft, über die die jeweiligen Herrscher regierten, feststellen. Das gilt besonders für Ramses II. Dessen Kolossalstatuen, die sowohl in Ägypten wie auch in Nubien stehen, sowie seine Kartuschen, die in bestehende Bauten gemeißelt wurden, feierten seine Leistungen und stärkten seine Autorität.

An einem Ort, an dem bereits Sethos I. einen Schrein errichtet hatte, ließ sein Sohn Ramses II. einen prachtvollen Totentempel bauen, das Ramesseum. Im Zentrum des Komplexes befand sich eine große Säulenhalle mit 48 Säulen, von denen 39 noch heute stehen. Sie sind mit Reliefs geschmückt, die den König vor verschiedenen Göttern zeigen. Der oben abgebildete Ausschnitt stellt Ramses II. vor Horus und Thot dar.

Die Regentschaft Ramses' II. war die zweitlängste im alten Ägypten. Die Fülle der Tempel, die in dieser Zeit entstanden, zeugt vom Wohlstand des Landes unter diesem autoritären und großzügigen Herrscher. Spätere Pharaonen mussten sich an ihm messen lasssen und ließen sich von ihm inspirieren. Neun Herrscher der 20. Dynastie, die auf die seine folgte, benannten sich nach ihm, und noch im frühen 1. Jahrtausend v. Chr., als Ägyptens Niedergang als Großmacht begann, galt es viel, von Ramses II. abzustammen. Zu seinen Lebzeiten und auch danach nannten seine Untertanen ihn „Sese". Der Spitzname zeugt von ihrer Zuneigung zu einem Herrscher, der ein Nationalsymbol geworden war.

Papyrus und Pyramiden

Der Nil bildete die Grundlage für die ägyptische Hochkultur, deren Geschichte bis in die prädynastische Zeit im 4. Jahrtausend v. Chr. zurückreicht. Von Nubien im Süden floss er durch Ägypten, bildete ein breites Delta und mündete schließlich ins Mittelmeer. Das alljährliche Hochwasser war verantwortlich für das ungewöhnlich fruchtbare Ackerland im Niltal. In den Sümpfen wuchs zudem Papyrus, der der gebildeten Elite als Schreibmaterial diente. Er wurde zu einem der

Unter Ramses' umfangreichen Bauprojekten waren auch sechs Tempel in Nubien. Die beiden berühmtesten Anlagen sind die Felsentempel von Abu Simbel zu Ehren des Pharaos und seiner Frau. Vier Kolossalstatuen des großen Pharaos flankieren den Eingang zum Großen Tempel. Die Abbildung zeigt eine von ihnen.

RAMSES II.
UM 1302–1213 V. CHR.

UM 1316 V. CHR. Sethos I. ernennt Ramses zum Kronprinzen. Anfang der 20er-Jahre tritt er die Thronfolge an.

UM 1275 V. CHR. Kampf gegen die Hethiter in der Schlacht bei Kadesch.

UM 1269 Ramses besiegt die Hethiter bei Qatna.

1258 V. CHR. Friedensvertrag mit den Hethitern.

1245 V. CHR. Ramses heiratet die Tochter des hethitischen Königs.

Während seiner Regentschaft errichtet Ramses II. zwei Felsentempel in Abu Simbel, davon einen für seine „Große königliche Gemahlin" Nefertari.

1817 N. CHR. Percy Bysshe Shelley verewigt die Ramses-Statue des Rameseums in seinem Gedicht „Ozymandias".

wichtigsten Exportgüter des Landes, das vor allem nach Griechenland und Rom ausgeführt wurde. Zudem förderte er Ägyptens Ruf, im Besitz einer ehrwürdigen, geheimnisumwitterten Tradition der Gelehrsamkeit, vor allem auf den Gebieten der Mathematik, Astronomie und Medizin, zu sein. Bereits um 3000 v. Chr. entwickelten die Ägypter zwei Schriftsysteme, die Hieroglyphen und die hieratische Schrift. Beide trugen dazu bei, dass sich bis Mitte des 3. Jahrtausends v. Chr. eine staatliche Bürokratie entfaltete. Der Pyramidenbau (der seinen Höhepunkt zwischen der 3. und 6. Dynastie von 2650 bis 2150 v. Chr. erlebte) zeugte von der Fähigkeit des zentralisierten Staates, ungeheure Mengen an Arbeitskraft zu mobilisieren und großes technisches Können effektiv einzusetzen. Das galt vor allem für die Vermessungstechnik, die auch genutzt wurde, um nach dem alljährlichen Hochwasser die Ackergrenzen korrekt abzustecken. Die verschiedenen Komplexe der Königsgräber bildeten eine Brücke zwischen den Lebenden und dem Jenseits. Sie umfassten Totentempel, Pyramiden und Tempel für die Götter, als deren irdische Repräsentanten Ägyptens Könige galten.

Die Stellung ägyptischer Könige

Erst um 1400 v. Chr. kam der Titel *per'aa* in Gebrauch, von dem sich das Wort Pharao herleitet. Wörtlich bedeutet er „großes Haus" und betonte die Verbindung des Herrschers zum Königspalast. Inschriften belegen, dass es Aufgabe der Könige war, die Weltordnung *(maat)* aufrechtzuerhalten, das heißt, die soziale, religiöse, irdische und kosmische Stabilität zu sichern. In der Hierarchie des Seins war die Stellung der Könige eindeutig bestimmt. Über ihnen standen die Götter, unter ihnen die anderen Menschen und die allgegenwärtigen Geister der Toten. Das erste Element des langen Königsnamens war der Horusname. Der falkengestaltige Gott Horus stand für die Königswürde, während andere Teile des Namens die Einheit Unterägyptens mit der Hauptstadt Memphis und Oberägyptens mit der Hauptstadt Theben symbolisierten.

Eine Großmacht im Nahen Osten

Hungersnöte und Gewaltausbrüche führten zum Zusammenbruch des Alten Reichs mit dem Ende der 8. Dynastie um 2130 v. Chr. Ein Auslöser war möglicherweise das wiederholte Ausbleiben des Nilhochwassers. Erst die 11. Dynastie (2081–1938 v. Chr.) konnte sich von Theben aus die Macht über ganz Ägypten sichern und ihren Gott Amun etablieren. Dieser wurde häufig mit dem Sonnengott Re assoziiert und als Widder oder Mensch mit Widderkopf dargestellt. Die Besetzung Nubiens im 18. Jahrhundert v. Chr. zeugte von den Expansionsbestrebungen Ägyptens, das zur führenden Macht im Nahen Osten aufstieg. In der Zweiten Zwischenzeit herrschte die Dynastie der Hyksos (1630–1523 v. Chr.), einer Gruppe semitisch-asiatischer Einwanderer. Sie brachten Errungenschaften wie Pferd und Wagen nach Ägypten, verbesserten die Streitäxte und entwickelten den Festungsbau weiter.

Mit der 18. Dynastie begann das Neue Reich. Ihr erster Herrscher, Ahmose (1539–1514 v. Chr.), vereinigte das Land erneut, nachdem er die Hyksos vertrieben hatte. Er eroberte Territorien im Süden zurück und drang bis nach Südpalästina vor. Ahmose war der erste bedeutende imperiale Herrscher Ägyptens. Unter seiner Führung entwickelte sich das Land zu einer starken Militärmacht. Amun-Re avancierte vollends zum Staatsgott, der die Eroberungsfeldzüge der Könige heiligte. Unter Thutmosis III. (1479 bis 1426) waren Babylonier, Assyrer und Hethiter Ägypten tributpflichtig. Der König stationierte Soldaten in den Stadtstaaten Syriens und Palästinas, die nun von ägyptischen Vasallen regiert wurden, und errichtete in Nubien eine Kolonialherrschaft. Das ausgeprägte Interesse der 18. Dynastie an asiatischen Religionen führte zu einer kulturellen Vermischung. So gelangte der Kult der semitischen Kriegs- und Fruchtbarkeitsgöttin Astarte nach Ägypten, wo er mit dem der heimischen Göttin Isis verschmolz.

Die Schlacht bei Kadesch

König Echnaton (1353–1336 v. Chr.) versuchte, ein monotheistisches System in seinem Reich einzuführen. Er ordnete die ausschließliche Verehrung des Sonnengottes Aton an und präsentierte sich selbst als dessen Sohn und Priester. Als er den Amunkult verfolgen ließ, brachen landesweit Unruhen aus. Einer seiner Nachfolger, Ramses II., bekräftigte als eine seiner ersten Amtshandlungen die religiöse Tradition. Er besuchte Theben zum Neujahrsfest, an dem Amun von seinem

Die Wandgemälde aus dem Tempel Ramses' II. in Abu Simbel zeigen den Pharao während der Schlacht bei Kadesch. In vielen ägyptischen Tempeln wurde diese Schlacht als glorreicher Sieg für Ramses dargestellt, obwohl sie ihr Ziel noch nicht erreichte.

Schrein in Karnak in einer Barke feierlich in den Tempel von Luxor gebracht wurde. Auch im asiatischen Einflussgebiet musste Ägypten seine Macht erst wieder festigen. Sie hatte wegen Echnatons Konzentration auf die Religion einen Niedergang erlebt. Ramses' Vater, Sethos I. (1290–1279 v. Chr.), begann die Rückeroberung mit einem Feldzug gegen die rebellischen Fürsten Syriens und Palästinas. Auch den Hethitern in Kleinasien stellte er sich entgegen. Diese konnten aber bis zum Ende seiner Regentschaft bis nach Kadesch am Orontes in Südsyrien vorrücken. 1275 v. Chr. zog Ramses II. mit seinem Heer nach Südsyrien, schlug die dortigen Rebellen nieder und rückte gegen die hethitische Festung vor. Vier Divisionen mit Streitwagen und jeweils 50 000 Soldaten marschierten durch Palästina und den Libanon in die Ebene vor Kadesch. Hier schlug das hethitische Heer, das Ramses bei Aleppo vermutet hatte, mit 2500 Streitwagen zurück. Ägyptens führende Divisionen wurden in die Flucht geschlagen. Nur das Eintreffen einer Spezialeinheit rettete Ramses vor der totalen Niederlage. Die gescheiterte Eroberung von Kadesch bedeutete einen schweren Prestigeverlust für Ägypten, aber Ramses gelang es, die Schlacht zu seinem Vorteil zu nutzen und als heroischen Kampf gegen ein widriges Schicksal darzustellen. Entsprechende bildliche Darstellungen und offizielle Schilderungen erschienen an Ägyptens Tempelmauern, und eine Auftragsdichtung würdigte den Heldenmut des Königs.

Eine diplomatische Heirat

Vier Jahre später führte Ramses erneut einen Feldzug gegen Syrien und Palästina und errang beträchtliche militärische Erfolge. Er durchbrach 1269 v. Chr. die hethitischen Verteidigungslinien und besiegte sie in der Schlacht bei der syrischen Stadt Qatna. Ein Friedensvertrag beendete 1258 v. Chr. die kriegerischen Auseinandersetzungen, die jahrelang immer wieder aufgeflammt waren. Aber die langen Wege nach Ägypten machten es Ramses' Truppen unmöglich, das Territorium zu halten. Dennoch hatte der Pharao Ägyptens Großmachtstellung im Nahen Osten wiederhergestellt, und die Hethiter gerieten mittlerweile unter Druck vonseiten der Assyrer. Die beiden Mächte nahmen diplomatische Beziehungen auf, erkannten gegenseitig ihre Macht an, und Ramses heiratete 1245 v. Chr. die Tochter des Hethiterkönigs. Nachdem Ramses die asiatischen Randgebiete seines Reichs wieder unter Kontrolle gebracht hatte, konzentrierte er sich auf einen Feldzug gegen die Libyer im Westen. Ihre Einfälle in das Nildelta stellten eine ernsthafte Bedrohung für Ägypten dar und setzten sich während seiner gesamten Regentschaft fort.

Ein Wanderer kam aus einem alten Land
Und sprach: «Ein riesig Trümmerbild von Stein
Steht in der Wüste, rumpflos, Bein an Bein,
Das Haupt daneben, halb verdeckt vom Sand.
Der Züge Trotz belehrt uns: wohl verstand
Der Bildner, jenes eitlen Hohnes Schein
Zu lesen, der in toten Stoff hinein
Geprägt den Stempel seiner ehrnen Hand.
Und auf dem Sockel steht die Schrift: ‹Mein Name
Ist Ozymandias, aller Kön'ge König –
Seht meine Werke, Mächt'ge, und erbebt!›
Nichts weiter blieb. Ein Bild von düstrem Grame,
Dehnt um die Trümmer endlos, kahl, eintönig
Die Wüste sich, die den Koloss begräbt.»

„Ozymandias" von Percy Bysshe Shelley

Ramses' Bauprojekte

Das Nildelta besaß für Ramses II. immer eine große Bedeutung, da seine Familie von dort stammte. Sethos I. hatte in seiner Heimatstadt im Nordosten des Deltas einen Palast gebaut. Dorthin verlegte Ramses seine Hauptstadt – nicht zuletzt, weil sie einen günstigen Ausgangspunkt für seine Asienfeldzüge bot. Er baute Pi-Ramesse („Haus des Ramses") zu einer Großstadt mit Hafenanlagen, Lagerhäusern, Tempeln, Gärten und Obstwiesen aus und machte sie zu einer bedeutenden Militärbasis und zum Verwaltungszentrum Ägyptens. Ramses war bestrebt, ägyptische und asiatische Kulte miteinander zu verbinden. Das zeigte sich in der Einteilung der Stadt in vier Bezirke, die jeweils eine eigene Schutzgottheit hatten: Amun und Buto (die Kobragöttin) waren heimische ägyptische Götter, während Astarte und Seth aus Syrien stammten.

Die 19. Dynastie war nicht von königlicher Abstammung. Ramses I. (1292 bis 1290) war General und Wesir des kinderlosen Pharaos Haremhab, der ihn zu seinem Nachfolger bestimmte. Vielleicht erklärt sein Parvenustatus Ramses' Bauwut, mit der er Ägypten seinen Ruhm und den seiner Familie einzuprägen suchte. Er ließ die Arbeit an dem großen Tempel wieder aufnehmen, den sein Vater in der heiligen Stadt Abydos begonnen hatte. Ein Relief in der langen Königsgalerie zeigt Sethos und Ramses, die den Kartuschen ihrer 76 Vorgänger Opfergaben darbringen. Ganz in der Nähe errichtete Ramses seinen eigenen Tempel. Zudem ließ er den Totentempel seines Vaters in Luxor fertigstellen und baute sechs Tempel in Nubien. Dazu gehören die zwei Felsentempel in Abu Simbel mit vier Monumentalstatuen des Ramses. Ein kleinerer Tempel in der Nähe war seiner ersten Frau, Königin Nefertari, und der Liebesgöttin geweiht, was zeigt, dass selbst ein König mit einem so großen Harem zu ehelicher Zuneigung fähig war.

Von alters her war Abydos ein bedeutendes religiöses Zentrum. In der Nähe befand sich eine wichtige Königsnekropole, deren Bau Ramses II. antrieb. Der Tempel Sethos' I. (oben) war zum Teil früheren Königen geweiht. In einer der Mauern fand man eine Liste der Pharaonen bedeutender Dynastien eingemeißelt, die als „Königsliste von Abydos" bekannt ist.

Ramses' Totentempel in Luxor, das „Ramesseum", besitzt eine 17 Meter hohe Statue des sitzenden Königs, die aber nur zum Teil erhalten ist. Die Ruinen dieses Monuments inspirierten den Dichter Percy Bysshe Shelley (1792–1822) zu dem Gedicht „Ozymandias" (gräzisierte Form des Thronnamens von Ramses II.). Darin sinniert er über die Vergänglichkeit aller irdischen Werke und Macht. Ramses' glanzvoller Herrschaftsstil überdauerte jedoch die Geschichte seiner Dynastie und Kultur.

SALOMO, König von Israel

REG. UM 970–928 V. CHR.

Aus den Stämmen Israels entwickelte sich bis Mitte des 10. Jahrhunderts v. Chr. eine zentralisierte Monarchie mit dynastischer Erbfolge. Sie war allerdings umstritten. Das Königtum war der Tradition Israels fremd, auch wenn es die typische Herrschaftsform seiner Nachbarn im Nahen Osten darstellte. Viele betrachteten die Monarchie als Gefahr für ihren Status als auserwähltes Volk Gottes. Andere waren überzeugt, dass es sich lohnte, für das Überleben Israels diesen Preis zu zahlen.

Davids Sieg über den Riesen Goliath und die Philister machte ihn zum Helden des Volkes Israel. Andrea del Verrocchios Bronzefigur von 1475 zeigt den jungen David in Siegerpose mit dem Kopf des enthaupteten Riesen.

Der Niedergang Ägyptens im ausgehenden 2. Jahrtausend v. Chr. bot den Stämmen Israels eine Chance zur Konsolidierung. An einer weiteren Ausbreitung hinderte sie jedoch die aggressive Macht der Philister in Palästina. Die Truppen, die Israels Stämme aufbieten konnten, waren einer Militärmacht nicht gewachsen, die von einer militärischen Aristokratie geführt wurde und die Kriegsführung mit Streitwagen meisterhaft beherrschte. Bei Aphek am Rand der Küstenebene des Mittelmeeres erlitten die Israeliten 1050 v. Chr. eine vernichtende Niederlage. In der Folge besetzten die Philister weite Teile ihrer Gebiete.

Biblische Geschichte

Die biblischen Geschichten, die Mitte des 10. Jahrhunderts v. Chr. entstanden, sind ein Rückblick auf die Ereignisse des vorangegangenen Jahrhunderts. In der Schilderung, wie Israel sich nach dieser Katastrophe erholte, mischen sich historische Wahrheit und Mythos. Man wollte zeigen, wie das Königtum zu einem nationalen Fokus der Einheit wurde und seine Stärke dem ersten König Saul half, die Besatzungstruppen der Philister zu vertreiben.

Das berühmteste Beispiel für die legendäre Weisheit Salomos ist die Geschichte, die der italienische Maler Giorgione auf seinem Gemälde „Das Urteil des Salomo" (1495–1496) darstellte: Zwei Frauen behaupteten, die Mutter eines Kindes zu sein, und baten den König, ihren Streit zu entscheiden. Salomo befahl, das Kind zweizuteilen. Um das zu verhindern, verzichtete eine der Frauen auf das Kind und bewies damit, dass sie die wahre Mutter war.

SALOMO
UM 1000–928 V. CHR.

UM 1000 V. CHR. Salomo wird als Sohn König Davids und Bathsebas geboren.

UM 970 V. CHR. Einigen Quellen zufolge wird Salomo um diese Zeit König von Israel. Er verbündet sich mit Tyros. Die Königin von Saba besucht Salomo und bringt ihm Gold mit. Salomo besitzt Kupferminen.

960ER-JAHRE V. CHR. Baubeginn des Tempels in Jerusalem.

Das biblische „Hohelied Salomos“ wird dem König fälschlich zugeschrieben. Salomos Gedanken sind vermutlich im Buch der Sprüche enthalten. Der Davidstern wird auch als „Siegel Salomos“ bezeichnet.

UM 928 V. CHR. Tod Salomos in Jerusalem; seine Herrschaft dauerte 40 Jahre.

Die beiden Bücher Samuel und das erste Buch der Könige berichten anregend von den Taten des Propheten Samuel. Dieser führte als Richter Israels den Widerstand gegen die Besatzungsmacht an und salbte schließlich Saul zum ersten König des Reichs. In Sauls späteren Jahren, als die Bedrohung durch die Philister wieder zunahm, führte sein Heerführer und Nachfolger David eine Art Guerillakrieg gegen den geschwächten König.

Aber die biblischen Geschichten zeugen auch von der Umstrittenheit des Königtums in Israel. Samuel warnte davor, wurde aber vom Volk gedrängt, Saul zum König zu salben. Später scheint er es bereut zu haben und verstieß ihn wieder. David wurde von den Ältesten des Stammes Juda zum König gewählt. Seine Rebellion gegen Saul und dessen Erben wird im biblischen Bericht gutgeheißen. Denn er besaß charismatische Gaben, die auf prophetische Kräfte und göttliche Eingebung hindeuteten. Israel hatte dies bei seinen Führern immer geschätzt. Auch bei Saul war es sein leidenschaftliches Charisma gewesen, das ihn für das Königsamt qualifiziert hatte. Möglicherweise war es jedoch später in Wahnsinn umgeschlagen. Davids Aufstieg zeigte nun, wie ein charismatischer Rebell die dynastischen Rechte eines Amtsinhabers untergraben konnte.

Davids Königtum

Andere Stämme Israels fühlten sich zu Judas neuem dynamischem König hingezogen. So schlossen sich die nördlichen Stämme, über die für kurze Zeit Sauls schwacher Sohn Ischbaal herrschte, unter König David mit Juda zusammen. Als König eines geeinten Reichs konnte David die Philister endgültig besiegen. Im Zentrum seiner neuen Territorien befand sich eine Siedlung des kanaanitischen Stammes der Jebusiter. David benannte sie in Jerusalem um und machte sie zum religiösen und politischen Zentrum des Reichs.

David hinterließ Salomo, seinem Sohn mit seiner zweiten Frau Bathseba, ein sakrales Königsamt, gestützt von einer etablierten Elite von Hohepriestern. Das israelitische Territorium erstreckte sich nun über weite Teile Palästinas. Die Philister waren auf einen schmalen Küstenstreifen zurückgedrängt und die kanaanitischen Stadtstaaten in das Reich integriert. Durch weitere siegreiche Feldzüge gegen Nachbarstaaten hatte David Israel zur dominanten Macht im Nahen Osten gemacht, die von Jerusalem aus auch Süd- und Zentralsyrien beherrschte. Die Verwaltungsstrukturen orientierten sich stark an ägyptischen Vorbildern. Davids Harem und Ehrengarde entsprachen ganz dem Stil des übrigen alten Orients wie auch die Staatsstreiche, durch die Davids andere beiden Söhne, Absalom und Adonia, versuchten, Salomo die Thronfolge streitig zu machen.

Salomos Reich

Durch seine verschiedenen Heiraten, etwa mit der Tochter des ägyptischen Pharaos, festigte Salomo die Grenzen seines Reichs. Von besonderer Bedeutung war das Bündnis mit Tyros, das die Phönizier im 12. Jahrhundert v. Chr. wiederaufgebaut und erweitert hatten. Als Stadtstaat, der die gesamte phönizische Küste im Süden des heutigen Libanon beherrschte, war Tyros Ausgangspunkt einer massiven Expansion nach Westen. Ende des 10. Jahrhunderts v. Chr. besaß Tyros Kolonien auf Zypern, in Spanien, Nordafrika und auf Sardinien, das ein bedeutendes Zentrum des Kupferbergbaus war. Tyros importierte Weizen und Öl aus Israel, während Salomo Holz aus dem Libanon für seine umfangreichen Bauprojekte einführte.

Der Legende nach hörte die Königin von Saba von der berühmten Weisheit Salomos und besuchte ihn daraufhin. Die Bibel schildert ihre Ankunft in Jerusalem sowie ihre reichen Geschenke, zu denen Gewürze, Gold und Edelsteine zählten. Das Ereignis veranschaulichte Piero della Francesca 1452 in seinem Gemälde.

Militärisch war Salomos Reich durch befestigte Städte und Stützpunkte entlang der Grenzen gesichert. In den Ebenen der neuen Territorien waren auch Kämpfe mit Streitwagen möglich. Diese Kampfform hatten die Israeliten von den Kanaaniten übernommen. Zu echten militärischen Aktionen kam es unter Salomo allerdings nur in Syrien. Es war wichtig für ihn, sich die Macht über die Gebiete der Aramäer nördlich von Transjordanien zu sichern. Denn sie bildeten den Schlüssel zur Kontrolle über die Karawanenstraßen an den Euphrat.

Auch als im von David eroberten Damaskus ein unabhängiger Herrscher an die Macht kam, war Salomos Kontrolle über die wichtigste Nord-Süd-Route von Ägypten nach Nordsyrien nicht ernstlich in Gefahr. Da Außenhandel ein königliches Vorrecht war, betrieb er eine Expansion nach Süden über das Rote Meer. Phönizische Schiffbauer und Seeleute halfen ihm, eine Handelsflotte zu bauen. Ihre Fahrten führten bis ins heutige Somaliland. Sie brachte Luxusgüter nach Israel, darunter Gold, Silber, Elfenbein, Juwelen und Affen, die der königlichen Belustigung dienten.

Legenden, Gold und Handel

Der Besuch der Königin von Saba bei Salomo gehört in den Bereich der Legende. Allerdings wäre eine solche Delegation als Anerkennung einer großen Handelsmacht durch eine andere durchaus vorstellbar gewesen. Das Zentrum des Königreichs Saba lag im heutigen Jemen. Es kontrollierte die Karawanenstraßen, die Gewürze und Weihrauch aus Südwestarabien nach Palästina und Mesopotamien brachten. Da Ägypten sein Handelsmonopol in Somaliland und Äthiopien nicht mehr halten konnte, dehnten die Sabäer ihren eigenen Handel vermutlich bis in diese Gebiete aus. Biblische Quellen betonen, Salomos Weisheit habe die Königin angelockt. Aber es heißt dort auch, dass sie ihm 120 Zentner Gold schenkte.

Salomos Interesse an den Landwegen nach Süden, seine Kontrolle über die Handelsrouten nach Norden, seine Vorstöße zur See, mit denen er den arabischen Handelsrouten der Sabäer unmittelbar Konkurrenz machte: Alle diese Faktoren machten gute Beziehungen notwendig, um die Wirtschaftsinteressen der Sabäer zu schützen. Daher schlossen sie Handelsabkommen, die Salomo Steuern und Abgaben aus dem Arabienhandel sicherten.

Die Errungenschaften König Salomos

Das wichtigste Exportgut Israels dürfte damals Kupfer gewesen sein. Es stammte aus den jahrhundertealten Minen im Jordantal und aus den Gebieten südlich des Toten Meeres. Salomo erschloss aber auch neue Kupferminen und richtete Kupferhütten ein, die das Erz verarbeiteten. Zudem blühte der Zwischenhandel. Israel importierte Streitwagen aus Ägypten und hochwertige Pferde aus Kilikien an der Südostküste der heutigen Türkei und exportierte sie auf den Handelsrouten nach Syrien. Mit der Einführung von Pflugscharen aus Eisen erhöhten sich die landwirtschaftlichen Erträge beträchtlich, was ein starkes Bevölkerungswachstum nach sich zog. Israels Bevölkerung dürfte sich damals gegenüber der Zeit König Sauls verdoppelt haben.

Der Zweite Tempel von Jerusalem, der 514 v. Chr. fertiggestellt und 70 n. Chr. von den römischen Truppen zerstört wurde, stand an der heiligen Stätte des Tempels, den Salomo Mitte des 10. Jahrhunderts v. Chr. für die Bundeslade errichten ließ und der zum Zentrum jüdischen Glaubens wurde. Heute sind nur noch Teile der Westmauer erhalten, die sich beim abgebildeten Modell von der Bildmitte zum unteren rechten Bildrand erstreckt.

Von allen Bauprojekten Salomos, die Tausende Arbeitskräfte beschäftigten, war der Tempel am bedeutendsten. Ein Architekt aus Tyros entwarf die rechteckige Tempelanlage, deren „Allerheiligstes" die Bundeslade barg. Die Bauarbeiten begannen im vierten Jahr der Regentschaft Salomos und waren sieben Jahre später abgeschlossen.

Die Pracht des salomonischen Tempels brachte eine Verfeinerung der Tempelzeremonien und eine Blütezeit der Musik und Psalmendichtung mit sich. An den Tempel grenzten der Palast, der nach 13 Jahren Bauzeit fertig war, und das „Haus des Waldes Libanon" an. Letzteres ruhte auf massiven Zedernstämmen und diente als Schatz- und Rüstungskammer. Staatsangelegenheiten wurden in einem separaten Gerichtssaal verhandelt, in dem ein großer Elfenbeinthron für den König stand. Israels Geschichtsschreibung nahm in dieser Zeit ihre endgültige Gestalt an. Unter Salomos Regentschaft verfasste der „Jahwist", einer der Autoren der ersten sechs Bücher der Bibel, seinen großen Bericht über Gottes Beziehung zu seinem Volk, der ein Kernelement dieser Bücher bildet.

Steuern und Sklaven

Salomo gliederte sein Reich in zwölf Bezirke, die häufig nicht mit den alten Stammesgrenzen übereinstimmten. Sein Ziel war die Integration, zumal die neuen Verwaltungsstrukturen auch die Bevölkerung der alten kanaanitischen Stadtstaaten betrafen. Die Gouverneure ernannte Salomo persönlich. Jeder Bezirk musste die Kosten des Königshofes für einen Monat decken. Eine so prachtvolle Monarchie war teuer. Daher musste Salomo nicht nur Steuern erheben, sondern auch Sklaven einsetzen. Sie wurden zur Zwangsarbeit in den Libanon geschickt, um Holz für seine Bauprojekte zu fällen. Vermutlich kamen sie auch im Bergbau und Hüttenwesen zum Einsatz. Meist wurden die Sklaven aus nichtisraelitischen,

vor allem kanaanitischen Bevölkerungsteilen rekrutiert. Dennoch stieß es auf Missbilligung, dass ein König von Israel Sklaven beschäftigte.

Die Stämme hatten nur noch religiöse Bedeutung. Politisch wurden sie nebensächlich. Stammesangehörige mussten Steuern zahlen und konnten zum Militärdienst herangezogen werden, der auch in Arbeitsleistungen bestehen konnte. So wurde einer Gesellschaft von Hirten und Bauern eine urbane Handelskultur aufoktroyiert, wodurch uralte egalitäre Strukturen verloren gingen. Vor allem die Integration der Kanaaniter mit ihrer jahrhundertealten hierarchischen Tradition hatte schwerwiegende Folgen für Israel. Es entwickelte sich eine neue Theologie der Macht mit einem Königskult, dessen höchste Feste im Tempel gefeiert wurden. Der König selbst spielte eine zentrale Rolle beim Neujahrsfest im Herbst.

Viele sahen in der neuen Ideologie eine Verwässerung oder sogar eine Abkehr von der alten Religion Israels. Nach wachsender Desillusionierung unter Salomos Nachfolger Rehaboam spaltete sich der Norden wieder ab und es bildeten sich ein Nordreich Juda und ein Südreich Israel. Es verfestigte sich der Glaube, dass Jahwe David und seine Nachfahren zur Herrschaft auserwählt hatte. Das machte nicht zuletzt Jerusalem zur heiligen Stadt. Diese Theologie des Königtums sollte in den Jahren des Exils als Inspiration und Trost dienen, da sie die Erwartung eines idealisierten David förderte, der kommen und die alte Ordnung wiederherstellen würde. Israels Erwartung dieses Messias wurde zum wichtigsten Vermächtnis Salomos.

NEBUKADNEZAR II., König von Babylon

REG. 605–561 V. CHR.

Den biblischen Beschreibungen Babylons ist es zum Teil zu verdanken, dass die Stadt zum Inbegriff der Dekadenz und exzessiven Lasterhaftigkeit wurde. Der babylonische König Nebukadnezar II. fiel 597 v. Chr. mit seinen Truppen in das Südreich Juda ein und eroberte Jerusalem. Er deportierte den 18-jährigen König Jojachin, seine Mutter und die Elite des Landes nach Babylon. Damit begann das berüchtigte Babylonische Exil der Israeliten, das erst 60 Jahre später endete. Ein weiterer Angriff der Babylonier auf Jerusalem 587 bis 586 v. Chr., bei dem unter anderem der Tempel zerstört wurde, zog eine weitere Deportationswelle nach sich. 582 v. Chr. folgte eine dritte.

Die Hängenden Gärten von Babylon zeugen vom technischen Können und Selbstvertrauen einer Hochkultur. Der Legende nach ließ Nebukadnezar sie bauen, um seine Frau Amytis zu trösten, eine Mederin, die die grünen Hügellandschaften ihrer Heimat im Nordwesten des Iran vermisste. Die auf Terrassen angelegten Gärten wurden mit Wasser aus dem nahen Euphrat bewässert, das mühsam in die zahlreichen Kanäle der Anlage gepumpt werden musste. Die Terrassen bestanden aus Reet, Bitumen und Blei. So konnte das Wasser nicht versickern. Auch eine andere terrassenförmige Anlage, die große Zikkurat von Babylon, begonnen von Nabopolassar und fertiggestellt von seinem Sohn Nebukadnezar II., entzündete die Fantasie der jüdischen Exilanten: Der Tempelturm galt ihnen als Ausdruck des babylonischen Hochmuts.

Der Turm von Babel

Der Name Babylon ist abgeleitet von Akkadisch *bab-ilu* beziehungsweise *bab-el,* was beides „Tor Gottes“ bedeutet. Aus der phonetischen Ähnlichkeit zwischen *bab-el* und *balal* („verwirren“) konstruierten die jüdischen Autoren den Mythos vom Turmbau zu Babel. Diesem zufolge wollten die Babylonier einen Turm bauen, dessen Spitze bis in den Himmel reichte. Aber Gott vereitelte ihren Plan und strafte ihren Übermut, indem er ihre Sprache verwirrte. Die Arbeiter, die sich untereinander nicht mehr verständigen konnten, ließen den Bau unvollendet

Der Turm von Babel gilt als Symbol der menschlichen Rebellion gegen Gott. Der Mythos, der sich um seinen Bau rankte, inspirierte zahlreiche Künstler. In diesem Gemälde, das der flämische Renaissancemaler Pieter Brueghel der Ältere im Jahr 1563 schuf, zog er vermutlich Parallelen zwischen dem legendären Turm und seiner Heimatstadt Antwerpen.

(1. Mose 11,1–9). In der Bibel steht diese Geschichte in einer Reihe mit anderen Erzählungen, in denen Gott die Menschen für ihre Anmaßung straft, etwa der Vertreibung aus dem Paradies oder der Sintflut. Tatsächlich zeugen die archäologischen Funde von einer monumentalen baulichen Leistung, die sich über mindestens 43 Jahre erstreckte. Alle 17 Millionen Backsteine wurden von babylonischen Arbeitern handgeformt und gebrannt.

Die Zikkurat stand auf einem eingefriedeten Gelände in der Mitte der Stadt. Ihr Name Etemenanki bedeutetete „Fundament von Himmel und Erde". Hammurabi hatte an dieser Stelle bereits im 18. Jahrhundert v. Chr. einen Tempel aus Lehmziegeln errichtet, der nun in den neuen Turm einbezogen wurde. Das alte Gebäude erhielt eine Verkleidung aus gebrannten Ziegeln, die mit Bitumen vermörtelt wurden, und bildete die ersten beiden Stufen der neuen Zikkurat. Darüber entstanden vier weitere Stockwerke. Auf der obersten Plattform thronte ein Tempel mit mehreren Räumen, die sich zu einem Innenhof öffneten. Er war Marduk geweiht, dem Hauptgott Babylons, der als Gestalt mit Löwenkörper, Schlangenkopf und Schlangenschwanz dargestellt wurde. Er bot den Königen des babylonischen Reichs göttlichen Schutz.

Das Relief aus der Zeit der Kassiten zeigt Marduk, den Hauptgott Babylons, in Menschengestalt mit seinem Symboltier, dem Drachen.

Die frühen Hochkulturen Mesopotamiens

Mesopotamien, das Gebiet zwischen Euphrat und Tigris, Bagdad und dem Persischen Golf, gilt als Wiege unserer Zivilisation. Hier blühte schon eine Hochkultur, lange bevor Babylon Bedeutung erlangte. Im 3. Jahrtausend v. Chr. existierten im Südosten der Region acht sumerische Stadtstaaten. Die Sumerer entwickelten die erste bekannte Schrift, die Keilschrift, und die ersten Gesetzessammlungen der Geschichte. Zu ihren technischen Errungenschaften zählten das Segelboot, die Töpferscheibe und der Pflug. Zwistigkeiten zwischen den sumerischen Stadtstaaten machten sie jedoch anfällig für Invasionen der Akkader, die im Nordosten zu einer gefestigten Regionalmacht herangewachsen waren.

Zu Beginn des 2. Jahrtausends v. Chr. wanderten die Amoriter, ein großer Stammesverband semitischer Nomaden, aus Arabien nach Osten und ließen sich in Syrien, Palästina und Mesopotamien nieder, übernahmen aber die Kultur der Sumerer und Akkader. Sie gründeten in Mesopotamien viele kleine Königreiche, darunter auch Babylon, das unter Hammurabi (1810–1750 v. Chr.) eine Vormachtstellung in der Region erlangte. Durch Eroberungen und Bündnisse dehnte Hammurabi das Territorium seines Reichs über ganz Südmesopotamien und Teile Assyriens im Norden aus. Zu den kulturellen Errungenschaften dieser ersten großen Blütezeit Babylons gehörten Hammurabis Gesetzeskodex und das Entstehen systematischer Naturwissenschaften. Besonders für ihre astronomischen Beobachtungen und Berechnungen wurden die Babylonier berühmt.

Babylonische Eroberungen

Überfälle der Hethiter aus Anatolien setzten 1595 v. Chr. der Herrschaft der Amoriter in Babylonien ein Ende. Mitte des 2. Jahrtausends v. Chr. drangen aus dem Kaukasus Kassiten in die Region vor. Ihr Militäradel stellte in den folgenden 400 Jahren die zweite Herrscherdynastie des Babylonischen Reichs. Die Kassiten führten in Babylonien das Pferd ein, das für sie ein heiliges Tier war und zur Effizienz ihrer Herrschaft beitrug. Mit ihren von Pferden gezogenen Streitwagen konnten sie schnell und weit in feindliche Gebiete vordringen und Nachrichten zuverlässig und in kürzerer Zeit verbreiten. Dennoch gelang es den Assyrern im Norden, sich von den Kassiten unabhängig zu machen. Im Osten entwickelte sich ab dem 13. Jahrhundert v. Chr. der Staat Elam im Südwestiran zu einer Bedrohung für Babylonien. Die elamitischen Könige führten ihre Herrschaft in einer ungewöhnlichen matrilinearen Erbfolge auf ein weibliches Mitglied der früheren Herrscherfamilie zurück. Mitte des 12. Jahrhunderts eroberten sie Babylonien und beendeten die Herrschaft der Kassiten.

Elam und Assyrien wetteiferten nun um die Macht in Babylonien. Nebukadnezar I. (1126–1105 v. Chr.) war der erfolgreichste Herrscher einer neuen einheimischen Dynastie. Er besiegte Elam und hielt Assyrien in Schach. Aber vom 9. Jahrhundert v. Chr. bis zum Niedergang des Assyrischen Reichs Ende des 7. Jahrhunderts v. Chr. konnten die Assyrer meist ihre Vormachtstellung in Babylonien behaupten und ernannten Vizekönige, die das Land verwalteten. In dieser Epoche drangen von Westen her semitische Stämme ein, vor allem Aramäer in Nordbabylonien und Chaldäer im Süden. Auch sie trugen zum kulturellen Mix der mittlerweile stark kosmopolitischen Gesellschaft bei. Im 6. bis 7. Jahrhundert wurde die akkadische Sprache vom Aramäischen verdrängt, das sich schließlich als Verkehrssprache durchsetzte. Als Assurbanipal, der letzte assyrische König, sich mit seinem Bruder, dem Vizekönig von Babylonien, überwarf, kam es zu einem Krieg, der weite Teile Mesopotamiens verwüstete. Aus diesem Chaos ging Nabopolassar als Führer hervor. Er schloss ein Bündnis mit den Medern, die sich in den ehemaligen Gebieten Elams niedergelassen hatten, besiegte mit ihrer Hilfe Assyrien und begründete die letzte Dynastie, die über ein unabhängiges Babylonien herrschte.

Die Herrschaft Nebukadnezars II.

Nabopolassar erhob keinen Anspruch auf königliche Abstammung. Aber sein Sohn Nebukadnezar behauptete, um seine Legitimität zu unterstreichen, ein Nachfahre des akkadischen Königs Naramsin aus dem 3. Jahrtausend zu sein. Noch als Kronprinz zog er 607 bis 606 v. Chr. gegen den traditionellen Feind Assyrien. 605 v. Chr. besiegte er eine assyrisch-ägyptische Armee vernichtend bei Karkemisch. Weitere Feldzüge nach Syrien und Palästina erweiterten 604 bis 601 v. Chr. den Machtbereich Babyloniens. Auch Juda wurde unterworfen, doch ein ägyptischer Gegenangriff bot Juda wie auch anderen Vasallenstaaten 600 v. Chr.

NEBUKADNEZAR II.

UM 630–561 V. CHR.

607–605 V. CHR. Als Kronprinz führt Nebukadnezar einen Feldzug gegen die Ägypter und besetzt Syrien.

605 V. CHR. In der Schlacht von Karkemisch besiegt Nebukadnezar die Ägypter und verdrängt sie aus Syrien. Im gleichen Jahr stirbt sein Vater; Nebukadnezar kehrt zurück und besteigt den Thron.

597 V. CHR. Eroberung Jerusalems und Einsetzung eines Vasallenkönigs in Juda.

568/567 Einmarsch in Ägypten.

Während seiner Herrschaft ließ Nebukadnezar den Marduk-Tempel in Babylon und die Zikkurat von Etemenanki, bekannt als Turm zu Babel, wiederaufbauen. Auch soll er die Hängenden Gärten der Semiramis angelegt haben.

die Möglichkeit, sich Babyloniens Vorherrschaft zu entziehen. Nebukadnezar II. nahm sich Zeit, reparierte die Streitwagen, die das Kernstück seiner militärischen Ausrüstung bildeten, und ging dann wieder in die Offensive. Er griff die Stämme im Nordwesten Arabiens an, bevor er 597 v. Chr. erneut gegen Jerusalem zog. Die Hafenstädte Tyros und Sidon mussten sich nach langwieriger Belagerung der babylonischen Übermacht beugen, und eine Invasion in Ägypten verhinderte jede weitere ägyptische Einmischung in die Interessen Babyloniens. Nebukadnezars Behauptung, Marduk habe ihm ein Weltreich zugesprochen, schien sich bestätigt zu haben.

Das Wiederaufbauprogramm Nebukadnezars II.

Durch seine Feldzüge hatte Nebukadnezar II. sich die Kontrolle über die wichtigsten Handelsrouten zum Mittelmeer sowie beträchtliche Abgaben der unterworfenen Völker gesichert. Seine Herrschaft über die südanatolischen Provinzen Kikilien und Lydien verschaffte ihm Zugang zu Eisen und anderen Metallen. So konnte er ein ehrgeiziges Wiederaufbauprogramm in Angriff nehmen. Babylon sollte zu seinem Ruhm den Glanz der assyrischen Hauptstadt Ninive noch übertreffen. Tausende Backsteine wurden mit seinem Namenszeichen versehen und Hunderte Gedenktafeln in die Mauern seiner Bauten eingefügt. Großartige Zeremonien und religiöse Rituale bekräftigten seine Königswürde und sollten ihm die Unterstützung des Volkes sichern. Ausrückende und heimkehrende Armeen und Prozessionen mit Götterstatuen zogen über die Prozessionsstraße. Sie begann am Tempelbezirk in der Innenstadt, in dem die berühmte Zikkurat und der große Marduktempel Esagila standen, und führte bis zum Stadttor, das nach der Göttin Ischtar benannt war.

In der Nähe des Ischtartors befand sich der Palast, den Nabopolassar erbaut und sein Sohn erweitert hatte. Daneben baute Nebukadnezar II. einen zweiten Palast. In beiden waren die Innenwände mit aufwändigen Holzvertäfelungen mit Intarsien aus Elfenbein, Lapislazuli, Silber und Gold und der Thronsaal mit blauen Fliesen ausgestattet. Die Mauern waren mehrere Meter dick und die Gesimse und Schwellen aus Bronze gegossen. Diese monumentale Bauweise war etwas völlig Neues in der Architekturgeschichte. Der Mörtel aus Kalk und Bitumen, mit dem die Backsteine vermauert waren, machte die Bauten haltbar. Um die Tempel und Paläste vor Erosion und Hochwasser zu schützen, ließ Nebukadnezar II. den Euphrat nach Westen umleiten und mit einem gewaltigen Damm sichern, der bis zu 25 Meter dicke Mauern hatte. Ein großer Wassergraben, der ebenfalls auf Befehl des Königs angelegt wurde, bot der Stadt zusätzlichen Schutz.

Nordwestlich des Ischtartors baute Nebukadnezar II. seinen Königspalast. Die prachtvolle Prozessionsstraße der Stadt säumten Wände, die mit blau

Größenwahn

Was die Juden als Hochmut der Babylonier ansahen, war vielleicht nur eine gut kaschierte Form von Angst. Die Monumentalarchitektur versuchte die Angst zu verbergen, dass das gerade erst wiederhergestellte Königreich erneut untergehen

glasierten Fliesen und Reliefs heiliger Tiere dekoriert waren. Der Stier symbolisierte zum Beispiel den Gott Adad.

könnte. Und so kam es auch. Die Perser eroberten 539 v. Chr. Babylonien, das dadurch seine Unabhängigkeit verlor. Aber der Monumentalstil Babylons überlebte und wurde von späteren skrupellosen Machthabern gern übernommen. Passenderweise starb Alexander der Große in Nebukadnezars Palast. Und in den Stadtmauern, die Anfang des 21. Jahrhunderts rekonstruiert wurden, tragen manche Backsteine die Aufschrift »Wiederaufgebaut zur Zeit des Führers Saddam Hussein«.

KRÖSUS, der letzte König von Lydien

REG. 560–546 V. CHR.

Die Griechen der klassischen Zeit und vor allem der Geschichtsschreiber Herodot (484–425 v. Chr.) begründeten den Ruf der Lyder, geschickte Händler zu sein und das Geld zu lieben. Lydien war von 680 v. Chr. bis zu Krösus' Niederlage gegen die Perser 546 v. Chr. eine bedeutende Militärmacht. Herodot bereiste das Gebiet im Westen Kleinasiens Mitte des 5. Jahrhunderts v. Chr. und sammelte Informationen, die er später in seinen „Historien" über die Perserkriege verarbeitete.

Herodot war beeindruckt, wie sehr sich im Allgemeinen die Sitten und religiösen Überzeugungen der Lyder und die seines eigenen Volks ähnelten. Das ist angesichts der vielfältigen kulturellen Kontakte zwischen den Lydern und ihren griechischen Nachbarn in Kleinasien kaum überraschend. Der griechische Stamm der Ionier hatte nach dem Niedergang der mykenischen Kultur im Zuge der „ionischen Wanderung" (um 1100–800 v. Chr) das griechische Festland verlassen und sich auf den Ägäischen Inseln und an der Westküste der heutigen Türkei in Städten wie Halikarnassos (heute Bodrum), Ephesos, Smyrna (heute Izmir), Erythrai und Milet niedergelassen. Zwölf dieser Städte schlossen sich später zum „Ionischen Bund" zusammen.

Ionische Pioniere

Bis zum Beginn des 8. Jahrhunderts v. Chr. entwickelten sich die Ionier zu Pionieren griechischer Stadtentwicklung. Inzwischen hatte sich der ionische Dialekt als Sprache der Griechen etabliert, und ab 700 v. Chr. betätigten sich die Ionier auch als Entdecker, die Siedlungen an der Schwarzmeerküste und an der französischen und spanischen Mittelmeerküste gründeten. Diese Kolonisierung war weitgehend eine Reaktion auf das territoriale Vordringen der Lyder. Allein Milet soll 90 solcher Kolonien gegründet haben.

Mit der Zahl der Kolonien wuchs auch der Handel, und Ionien wurde zum bedeutenden Produktionszentrum für Keramik, Metallwaren und Textilien. Dennoch war Herodot erstaunt über das ungewöhnlich rege Wirtschafts- und Handelsleben, das für ihn den eigentlichen Unterschied zwischen der lydischen und der griechischen Gesellschaft ausmachte, wo auch immer sie sich angesiedelt hatte.

Der flämische Maler Frans Francken aus dem 16. Jahrhundert zeigt auf seinem Gemälde den legendären Besuch des athenischen Staatsmanns Solon am Hof des Krösus in Sardes.

Lydiens blühende Wirtschaft

Herodot stammte aus Halikarnassos und war daher mit der kulturellen Vielfalt, die in den Gebieten außerhalb des griechischen Festlands herrschte, wohlvertraut. Hier ging es anders zu als in Athen, Theben, Sparta oder Korinth. Seit Jahrhunderten hatten sich die ionischen Griechen für Einflüsse ihrer Nachbarn geöffnet, je mehr die Kultur Syriens, Babyloniens und Persiens nach Westen vordrang. Wenn also Herodot explizit bemerkte, wie sehr sich die Lyder in ihrem Interesse an Wirtschaft und Handel selbst von den weltoffenen ionischen Griechen unterschieden, muss wohl tatsächlich ein erheblicher Unterschied bestanden haben.

Gold- und Silbermünzen wurden vermutlich von den Lydern erfunden. Ihre Verwendung als Zahlungsmittel breitete sich von Sardes in den Nahen Osten und nach Europa aus. Die oben abgebildete Silbermünze wurde in Athen geprägt.

Auf dem wenig kultivierten und felsigen griechischen Festland produzierte die Landwirtschaft kaum Überschüsse. Dagegen gab es in Kleinasien genügend fruchtbares Ackerland. Der Handel mit den Erzeugnissen ließ die Wirtschaft der Lyder blühen und das gesamte Handelswesen erreichte einen hohen Entwicklungsstand. Die Ladengeschäfte, die die Lyder einrichteten, waren für Herodot etwas völlig Neues. Sie hatten nur wenig zu tun mit den saisonalen Märkten, die die Basis des griechischen Handelslebens bildeten. In der lydischen Hauptstadt Sardes wurden Gold- und Silbermünzen geprägt, deren Einführung als Zahlungsmittel den Lydern zugeschrieben wird. Zu Herodots Zeiten hatten die Griechen die Geldwirtschaft bereits übernommen. Sie bildete im 7. und 6. Jahrhundert v. Chr. die Grundlage für die beträchtliche Ausweitung des Handels in der griechischen Welt. Seine jahrelangen Reisen führten den Geschichtsschreiber bis nach Ägypten, Libyen, Susa (im heutigen Iran), Syrien und nach Babylon, die Hauptstadt der damals reichsten Satrapie (Provinz) des Persischen Reichs. Aber er hatte nie Grund, sein Urteil zu revidieren, dass die Lyder ein außergewöhnliches Interesse an Geld und Gewinn hatten, eine Eigenschaft, die sie von allen anderen Gesellschaften, die er besuchte, unterschied.

Der Aufstieg Lydiens

Der Niedergang Phrygiens im Osten ihres Gebiets bot den Lydern im 7. Jahrhundert v. Chr. die Chance, sich zu einer bedeutenden Macht in Kleinasien zu entwickeln. Nachdem das Hethiterreich, das die Region lange dominiert hatte, im 12. Jahrhundert v. Chr. untergegangen war, hatte sich Phrygien zu einer wohlhabenden Region entwickelt. König Midas, der alles zu Gold werden ließ, was er berührte, soll das Land um 700 v. Chr. regiert haben. Er gehört wohl eher in die Welt der Sagen. Wahr aber ist, dass die phrygischen Städte Gordium und Midas im 8. Jahrhundert v. Chr. etablierte städtische Zentren waren. Die Phrygier waren bekannt für ihre hochwertigen Holzschnitzereien, Metallarbeiten und Stickereien. Besonders begehrt aber waren die Teppiche, die sie auch exportierten. Dieses handwerkliche Können mag erklären, warum die Phryger später von den Griechen als Sklaven so geschätzt wurden.

Gegen Ende des 8. Jahrhunderts v. Chr. fielen Kimmerer, die von den Skythen aus ihren südrussischen Stammgebieten über den Kaukasus nach Süden verdrängt wurden, in Kleinasien ein. 696 bis 695 v. Chr. eroberten sie Phrygien. Das entstandene Machtvakuum nutzte die lydische Mermnaden-Dynastie, um sich die Vormachtstellung im Westen Kleinasiens zu sichern. Unter der Regentschaft von Gyges (680–652 v. Chr.) entwickelte Lydien sich zu einer bedeutenden Militärmacht. Ein Bündnis mit den Assyrern ermöglichte es dem König, weiter nach Westen vorzudringen und in Ionien einzufallen. Er griff die griechische Stadt Milet an und eroberte Kolophon. Dieser Feldzug trug jedoch auch zur Hellenisierung der Lyder bei. Anschließend reiste Gyges zum Orakel von Delphi, um den Göttern Opfer darzubringen. Als er Truppen nach Ägypten schickte, um dort eine Rebellion zu unterstützen, kam es zu erneuten Angriffen der Kimmerer, bei denen er getötet wurde.

An den Hängen des Parnass nordwestlich von Athen liegt Delphi. Aus der ganzen hellenistischen Welt kamen Menschen hierher, um der Pythia, der Priesterin des Apollon, Fragen zu stellen. Das Bild zeigt den Tholos im Heiligtum der Athena Pronaia am Eingang zur heiligen Stätte.

Herrschaft über Ionien

Aber die Militärmacht der Dynastie erwies sich als widerstandsfähig. König Alyattes (610–560 v. Chr.) konnte die Kimmerer zurückschlagen, die persischen Meder in Schach halten und die lydische Herrschaft nach Ionien ausweiten, indem er die befestigte Stadt Smyrna einnahm. Besondere Bedeutung hatte der Konflikt mit Milet. In einem fünf Jahre dauernden Feldzug zerstörte Alyattes das Hinterland der Stadt, das ihre wirtschaftliche Grundlage bildete. Damals war Milet die größte griechische Stadt im Osten und besaß aufgrund ihrer blühenden literarischen, wissenschaftlichen und philosophischen Tradition nicht nur wirtschaftliche, sondern auch kulturelle Bedeutung. Um 600 v. Chr. lebten dort der Philosoph Thales und sein Schüler Anaximander, dessen Werke zur Astronomie und Geographie die Grundlage des ersten wissenschaftlich begründeten Weltbildes wurden. Mitte des 6. Jahrhunderts v. Chr. erkannte Milet die lydische Oberherrschaft an.

KRÖSUS
UM 595–UM 546 V. CHR.

UM 595 V. CHR. Krösus wird als Sohn des lydischen Königs Alyattes geboren.

UM 550 V. CHR. Er nimmt die ionische Stadt Ephesos ein.

547 V. CHR. Er überbringt dem Orakel von Delphi eine Weihegabe und erhält die Prophezeiung: «Wenn du den Halys überschreitest, wirst du ein großes Reich zerstören.» Er startet einen Feldzug gegen Persien.

UM 547 V. CHR. Lydien verbündet sich mit Babylonien, Sparta und Ägypten.

546 V. CHR. Krösus unterliegt dem Perserkönig Kyros dem Großen bei Sardes.

Dem griechischen Geschichtsschreiber Herodot zufolge besucht der athenische Reformer Solon den Hof des Krösus.

Aufstieg und Fall des Krösus

Krösus wurde nach einem Streit um die Thronfolge mit seinem Halbbruder König von Lydien. Bereits zu Lebzeiten seines Vaters hatte er als Vizekönig und Feldherr seine militärischen Fähigkeiten unter Beweis gestellt. Wie Gyges vor ihm führte er Feldzüge gegen die Ionier und verehrte die griechischen Götter. 550 v. Chr. nahm er Ephesos ein, eine damals noch vergleichsweise junge Siedlung der ionischen Griechen. Damit hatte Lydien die Vorherrschaft über das gesamte ionische Festlandsgebiet inne. Die griechisch-ionischen Inseln wie Chios und Samos lagen dagegen außerhalb seiner Reichweite, da Krösus über keine Kriegsflotte verfügte. Die Tatsache, dass Krösus dem Orakel von Delphi wertvolle Opfer darbrachte, war für die Griechen ein Beweis für den sagenhaften Reichtum des Lyderkönigs. Dieser profitierte vom Goldreichtum seines Landes, den Tributzahlungen eroberter Gebiete sowie von Steuereinnahmen aus Handel und Wirtschaft.

Als Krösus sich mit dem plötzlichen Aufstieg der Achämeniden-Dynastie in Persien konfrontiert sah, entschloss er sich zu einem Bündnis mit Nabonid, dem Herrscher des ebenfalls von den Persern bedrohten Babylonischen Reichs. Durch weitere Bündnisse mit Sparta und Ägypten schuf sich Krösus Rückhalt im Süden und Westen. Dann ging er gegen die Perser in die Offensive und griff 547 v. Chr. das östlich von Lydien gelegene Kappadokien an. Doch die Kämpfe führten zu keiner Entscheidung. In der Zwischenzeit überredete der persische König Kyros II. die Babylonier, ihr Bündnis mit Lydien zu brechen. Zudem hatte er Kilikien im Südosten Kleinasiens erobert, durch das die Landwege von Lydien nach Syrien führten. So waren die Lyder von jeglicher militärischer Unterstützung aus dem Osten abgeschnitten.

Krösus, der annahm, dass die Kampfhandlungen für dieses Jahr beendet seien, zog sich nach Sardes zurück und entließ die fremden Truppen, die er rekrutiert hatte. Kyros war ihm jedoch mit seinem Heer bis vor die Stadtmauern gefolgt und führte einen Überraschungsangriff gegen die Stadt. Nach einer mehrwöchigen Belagerung fiel Sardes 546 v. Chr. und Krösus geriet in Gefangenschaft. In Ionien kämpften die griechischen Städte gegen die erneute Eroberung durch eine fremde Macht, mussten sich aber den überlegenen Persern geschlagen geben. Die lydische Kultur lebte weiter, aber die unabhängige Herrschaft der Mermnaden war beendet. Mit dem Untergang dieser Dynastie gingen eineinhalb Jahrhunderte politischer und militärischer Vorherrschaft der Lyder im Westen Kleinasiens zu Ende.

Der Einfluss Athens

Herodots Bericht vom Besuch des athenischen Reformpolitikers und Gesetzgebers Solon (630–560 v. Chr.) bei Krösus ist auf griechische Propaganda und Mythenbildung späterer Epochen zurückzuführen. Die Legende war bei den Griechen populär, die Schadenfreude über das Schicksal des Krösus und der Lyder

empfanden. Angeblich hatte Solon den lydischen König gemahnt, dass der Schlüssel der Sterblichen zur Glückseligkeit nicht in der Anhäufung von Reichtum und Macht liege, sondern in der Anerkennung des Schicksals. Zudem sei keiner vor seinem Tode glücklich zu preisen. Dieser fromme Triumph griechischer Weisheit über lydische Hybris mag den Athenern des 5. Jahrhunderts besonders gefallen haben, als sie nach dem Sieg über die Perser den Höhepunkt ihres Selbstbewusstseins erreicht hatten. Ihre Freude darüber verrät zudem einiges über die griechische Haltung zu Monarchie und dynastischer Herrschaft in der Epoche zwischen Solons Reformen und der Zeit Herodots.

Solon hatte durch seine Reformen und Gesetze Macht und Privilegien des Adels beschnitten, der Athens Politik Anfang des 6. Jahrhunderts dominiert hatte. Parallel dazu hatte er die Verarmung des Volkes bekämpft, indem er unter anderem die Schuldknechtschaft verbot. Er führte eine Volksversammlung aller Bürger ein, die gesetzgebende *ekklesia*, die zur Grundlage der späteren Demokratie Athens wurde. Zudem entsandten alle besitzenden Bürger jährlich zu wählende Vertreter in den Rat der 400, der die Sitzungen der Volksversammlung vorbereitete. Aufgrund solcher Institutionen sowie ihrer kulturellen Errungenschaften und militärischen Erfolge hielten die Athener die Monarchien im Nahen Osten für hoffnungslos reaktionär und rechneten sie der primitiven Vergangenheit der Menschheit zu. Dies war sicherlich der Hintergrund für ihre Schadenfreude über Krösus' Schicksal, den sein Reichtum nicht vor einer unrühmlichen Niederlage bewahren konnte.

Der Artemistempel in Ephesos zählt zu den sieben Weltwundern der Antike. Der ursprüngliche Tempel wurde beim Angriff der Lyder 550 v. Chr. stark beschädigt. Als großzügiger Sieger unterstützte Krösus jedoch den Bau eines neuen Tempels und stiftete die meisten Säulen, von denen einige noch heute stehen.

DAREIOS I., Großkönig von Persien und Gründer von Persepolis

REG. 522–486 V. CHR.

Stolz ließ der *schahanscha*, der „König der Könige“, die Materialien auflisten, die zum Bau und zur Dekoration seines Palasts in seiner Hauptstadt Susa verwendet wurden: Libanesische Zeder, ägyptisches Ebenholz und Silber sowie äthiopisches Elfenbein kamen aus seinen westlichsten Reichsgebieten; Türkise lieferte die nördlichste Provinz Choresmien am Südufer des Aralsees. Sogdien im heutigen Usbekistan produzierte Lapislazuli und zwei weitere östliche Regionen des Reichs stellten Gold zur Verfügung. Es handelte sich um Baktrien, die Region zwischen Hindukusch und dem Fluss Oxus, und Gandhara im Peschawartal.

Die Arbeiter stammten ebenfalls aus allen Teilen des Reichs. Die Steinmetze waren ionische Griechen aus den westlichen Küstenstädten Kleinasiens und Lydiens, Babylonier fertigten die Backsteine, Ägypter verarbeiteten das Holz und besorgten als Goldschmiede und Dekorateure die Innenausstattung des Palasts. Unterstützt wurden sie von Medern, deren Volk vor der Achämeniden-Dynastie, der Dareios angehörte, die Vorherrschaft über Persien innegehabt hatte.

Meder und Perser waren indogermanische Völker, die sich zu Beginn des 1. Jahrtausends v. Chr. auf dem Gebiet des heutigen Iran niedergelassen hatten. Im 7. Jahrhundert v. Chr. hatte das Königreich Medien im Nordwesten Irans einen Machtanstieg erlebt. Der Bedrohung durch kriegerische Nomadenstämme begegneten sie, indem sie diese integrierten. Zu diesen Stämmen gehörten auch die

Die Keramikvase, die Dareios I. darstellt, ist das Werk eines Künstlers des 4. Jahrhunderts v. Chr., der später den Namen „Dareios-Maler“ erhielt. Er wirkte in einer griechischen Siedlung in Apulien. Bei der rotfigurigen Vasenmalerei, die im 5. und 4. Jahrhundert v. Chr. populär war, wurden Figuren und Muster bei der Glasierung ausgespart.

ΔΑΡΕΙΟΣ
ΠΕΡΣΑΙ

DAREIOS I.
550–486 V. CHR.

550 V. CHR. Dareios wird als Spross der persischen Achämenidenynastie geboren.

494 V. CHR. Sieg über die griechische Flotte vor der ionischen Stadt Milet.

UM 492 V. CHR. Niederschlagung des Ionischen Aufstands.

490 V. CHR. Die Perser werden von den Griechen bei Marathon besiegt.

486 V. CHR. Nach Dareios' Tod folgt ihm sein Sohn Xerxes auf den Thron.

Während Dareios' Regierungszeit gründet er Persepolis als neue Hauptstadt.
Er lässt einen Kanal vom Roten Meer zum Nil bauen.
Ein Straßennetz wird angelegt, das alle Teile des Reichs miteinander verbindet.

Skythen, die aus dem Kaukasus in den Iran vorgedrungen waren. Gegen ihre Nachbarn im Westen, die Assyrer, verbündeten sich die Meder mit den Babyloniern und eroberten mit ihren Spezialeinheiten aus Speerträgern, Bogenschützen und Reitern zunächst Assur und im August 612 v. Chr. Ninive. Das Herrschaftsgebiet der Assyrer, das von Mesopotamien über Assyrien und das Zagrosgebirge bis nach Syrien und Palästina reichte, fiel an die Babylonier, während die Meder die Hochlandregionen einschließlich des östlichen Kleinasiens beanspruchten. Ein Friedensvertrag beendete 685 v. Chr. die kriegerischen Auseinandersetzungen mit den Lydern, der damals führenden Macht im Westen Kleinasiens. Das Mederreich erstreckte sich nun vom Osten Kleinasiens bis zum Westen und Südwesten des Iran einschließlich der Provinz Persis (heute Fars) mit der Hauptstadt Susa.

Der Aufstieg des Dareios und des Perserreichs

Die Dynastie, die Persis als Vasallen der Meder regierte, führte ihre Abstammung auf Achaimenes, einen persischen Führer des 7. Jahrhunderts v. Chr., zurück. 550 v. Chr. gelang es dem Achämenidenherrscher Kyros II. (reg. 559–529 v. Chr.) mit Unterstützung der Babylonier, die Meder zu besiegen. In erstaunlicher Geschwindigkeit baute er ein persisches Imperium auf: 546 v. Chr. eroberte er Lydien und brachte die griechisch-ionischen Städte unter seine Kontrolle, 539 v. Chr. zog er gegen seinen früheren Verbündeten Babylonien zu Felde und nahm Babylon ein. Damit besaß er sämtliche Gebiete, die Babylonien von Assyrien erobert hatte, und dehnte seine Macht bis an die ägyptische Grenze aus. Kyros' Sohn und Nachfolger Kambyses II. (regierte 529–522 v. Chr.) begann nach dem Mord an seinem Bruder Bardiya, der über die östlichen Reichsteile regiert hatte, 525 v. Chr. einen Feldzug gegen Ägypten und eroberte Memphis. In seiner Abwesenheit kam es in Persien zu einem Aufstand unter der Führung des Meders Gaumata, der sich als Bardiya ausgab. Auf der Heimreise nach Persien starb Kambyses. Dareios befehligte damals die Eliteeinheit des Achämenidenheeres, die 10 000 „Unsterblichen", von denen wiederum 1000 Mann die Leibgarde des Königs bildeten. Der Oberbefehl über diese 10 000 Mann war entscheidend für die königliche Macht. Dareios, ein Prinz der Achämenidendynastie, kehrte unverzüglich nach Persien zurück, um die Gelegenheit zu nutzen.

In eine Felswand bei Bisutun im Zagrosgebirge westlich des iranischen Hochlands ließ Dareios eine Inschrift meißeln, die seinen Sieg über den falschen Bardiya beschrieb und die Legitimität seiner Herrschaft bestätigte. Die Revolte hatte mittlerweile die meisten Provinzen erfasst, und ihre Niederschlagung dauerte von 522 bis 521 v. Chr. Danach konnte Dareios seine Autorität mithilfe seiner Expansionspolitik festigen. Er dehnte sein Reich durch Eroberungsfeldzüge bis weit in den Nordwesten Indiens aus und begann 516 v. Chr. eine Offensive gegen das europäische Festland. Nachdem er eine Brücke über den Hellespont geschlagen hatte, griff er die Skythen an der West- und Nordküste des Schwarzen Meeres an. Diese Region war insofern wichtig, als sie beträchtliche Mengen Getreide in die griechischen Stadt-

staaten Kleinasiens exportierte. In diesen Staaten kam es 500 v. Chr. zu einer Revolte gegen die persische Oberherrschaft. Nachdem Dareios 494 v. Chr. die griechische Flotte vor Milet besiegt hatte, entsandte er eine Strafexpedition nach Ionien. Bis 492 v. Chr. gelang es, die lokalen „Tyrannen" zu unterwerfen, in den Städten die Demokratie wiederherzustellen und die persische Vormachtstellung über Thrakien und Makedonien erneut zu sichern. Diese Regionen hatten die Perser in ihrem Feldzug gegen die Skythen erobert, aber während des „Ionischen Aufstands" verloren.

Athen und Eretria hatten den Aufstand mit einer kleinen Kriegsflotte unterstützt. Dareios rechtfertigte damit 492 v. Chr. eine Offensive gegen Griechenland. Der erste der sogenannten Perserkriege endete 490 v. Chr. mit einem Sieg der Griechen bei Marathon, der zweite, zehn Jahre später geführt von Dareios' Sohn Xerxes, mit dem Sieg der griechischen Flotte vor Salamis.

Das Relief aus glasierten Ziegeln an Dareios' Palast in Susa zeigt persische Gardesoldaten in ihrer typischen Kleidung, die mit Speer und Schild bewaffnet sind. Diese Art der Ziegelreliefs war damals in Persien sehr populär.

Persepolis, Hauptstadt des Perserreichs

Kyros II. hatte in Persis eine neue Residenzstadt erbaut, Pasargadae, um die Macht der neuen Dynastie zu demonstrieren. Schon hier waren Säulenhallen zu finden, die sich zu einem typischen Merkmal persischer Architektur entwickelten. Ganz in der Nähe gründete Dareios mit Persepolis seine eigene Hauptstadt: eine elegante symmetrische Anlage mit reich verzierten Bauten als Rahmen für das medische Hofzeremoniell, das die persischen Könige übernommen hatten. Die Perser besaßen auch großes Geschick in den dekorativen Künsten, der Herstellung von Metallgeschirr, feinem Schmuck, Goldarbeiten und verzierten Keramiken.

Die Bisutun-Inschrift des Dareios zeugt von einer wichtigen Weiterentwicklung der nationalen Identität. Der Text ist außer auf Elamitisch und Babylonisch auch in der altpersischen Keilschrift abgefasst. Die Erfindung dieser Schrift hatte der König eigens angeordnet. So wurde das Altpersische, ein südwestlicher Dialekt des Iranischen, zur Schriftsprache und offiziellen Reichssprache des Achämenidenreichs. Gleichzeitig ist die Dreisprachigkeit dieser und späterer Inschriften ein Beweis für die kulturelle Vielfalt des Reichs. Über Elam am Persischen Golf war von der Mitte des 3. Jahrtausends v. Chr. an bis zur Zerstörung des Landes durch die Assyrer in der ersten Hälfte des 7. Jahrhunderts v. Chr. die babylonische Kultur auf das iranische Hochland gelangt.

Persische Toleranz

Die leichte Hand, mit der Dareios sein Reich verwaltete, und sein Respekt gegenüber den verschiedenen Volksgruppen entsprachen einer alten persischen Tradition. Allein im Titel der *schahanschah*, „König der Könige", spiegelten sich die Anfänge der Dynastie als Teil eines Stammesverbands wider. Auch als Herrscher übten die Achämeniden ihre Macht durch untergeordnete Autoritäten aus. Kyros hatte Babylonien nach lokaler Tradition verwaltet und auch den Juden die Rückkehr nach Palästina erlaubt. An dieser Politik hielt Dareios fest. Sein Erbe Xerxes ging dagegen rücksichtsloser vor: Er schlug auf seinem Feldzug 484 v. Chr. eine ägyptische Rebellion nieder und unterstellte das Land unmittelbarer persischer Kontrolle. Genauso handelte er 482 v. Chr. nach einem Aufstand in Babylonien. Die Niederlage in der Seeschlacht von Salamis, gefolgt von weiteren Niederlagen 479 v. Chr. in der östlichen Ägäis vor Mykale und in der Schlacht von Platäa im gleichen Jahr, war Xerxes' Untergang. Er zog sich in seinen Harem zurück, wo er 465 v. Chr. ermordet wurde. Nach ihm nahm die Macht der Satrapen im Perserreich beständig zu. Manche dieser Provinzgouverneure wurden zu Vizekönigen mit dynastischen Ansprüchen.

Festigung der Herrschaft

Der Aufstieg der Lehre eines Propheten namens Zarathustra (628–551 v. Chr.) zu einer Art Nationalreligion half Dareios, seine Herrschaft zu festigen. Im dualistischen Zoroastrismus genoss das Feuer als Symbol der Reinheit eine besondere Verehrung. Oberster Gott war Ahura Mazda, der als Schöpfer die Welt erhielt und als gute Kraft Lügen und Unrecht

Dareios begann 518 v. Chr. mit dem Bau seiner neuen Hauptstadt Persepolis, von der heute nur noch Ruinen übrig sind. Sein Sohn Xerxes setzte die Arbeiten fort, und sein Enkel Artaxerxes vollendete sie etwa 100 Jahre später.

bekämpfte. Sein Widersacher, das böse Prinzip, war Ahriman. Der Staatsdoktrin der Achämeniden zufolge hatte Ahura das Reich ihrer Dynastie anvertraut. In den Inschriften, die Dareios als Richter zeigen, spiegelt sich der zoroastrische Gerechtigkeitsgedanke wider. Dareios respektierte die überlieferte Rechtsprechung der örtlichen Gerichte, ergänzte sie allerdings durch neue Gesetze.

Persis war als Stammland der Achämeniden von Abgaben befreit. In allen übrigen Reichsprovinzen und Vasallenstaaten führte Dareios eine Steuerreform durch. Die Steuern betrugen einen festen Prozentsatz des landwirtschaftlichen Durchschnittsertrags, der auf der Basis der tatsächlichen Erträge über mehrere Jahre hinweg berechnet wurde. Da die Landwirtschaft die Grundlage der Militärmacht bildete, führte Dareios als Maß den Bogen ein: Ein Bogen war die Ackerfläche, die benötigt wurde, um einen Bogenschützen zu ernähren.

Handelsaufschwung

Die Standardisierung von Maßen und Münzen führte zu einem erheblichen Aufschwung des Handels. Zudem ließ der Staat Erkundungsreisen durchführen, um neue Märkte zu suchen. Da sowohl der Handel als auch die Verwaltung auf schnelle Verbindungswege angewiesen waren, vollendete Dareios das ursprünglich von den Ägyptern begonnene Projekt eines Kanals zwischen Rotem Meer und Nil. Die Häfen am Persischen Golf wurden erheblich ausgebaut, sodass das Perserreich durch Seewege über das Arabische Meer in östlicher und westlicher Richtung vernetzt war. Auch das Netz der von Dareios angelegten Königsstraßen trug entscheidend zu Wohlstand und Frieden im Reich bei. Auf der berühmten Straße von Susa nach Sardis betrieb der Staat einen Postdienst mit Stationen, die jeweils eine Tagesreise voneinander entfernt lagen und frische Reiter und Pferde bereithielten. Diese schnellen Verbindungswege waren auch für das Nachrichtenwesen des Königs wichtig. Beamte der Zentralregierung, die überwiegend aus Susa kamen, pflegten durch das Land zu reisen, um die Satrapen zu kontrollieren.

Der Niedergang des Perserreichs

Als Dareios begann, die Griechen anzugreifen, dürfte er sie nur als Nadelstiche am Westrand seines Reichs wahrgenommen haben. Griechische Kaufleute waren alles andere als eine Bedrohung. Sie interessierten sich sehr für persisches Gold und Silber und wurden regelmäßig von der persischen Armee eingesetzt. Doch die militärische und politische Abneigung der griechischen Führer gegen die Perser war nur schwer zu brechen, da die persische Monarchie ihrer politischen Struktur der Stadtstaaten von Grund auf fremd war. Als größter Fehler erwies sich jedoch, dass das Perserreich sich nicht mit den Athenern gegen die Expansionsbestrebungen der Makedonier verbündete. Alexander der Große sollte Dareios' Residenzstadt Persepolis in Schutt und Asche legen. Dennoch basierte der Hellenismus, den Alexander einleitete, in seinem kulturellen Pluralismus auf dem Respekt vor der Vielfalt der Völker und Kulturen. Es war Dareios' Vermächtnis an die Nachwelt.

ALEXANDER III., *der Große*, von Makedonien

REG. 336–323 V. CHR.

Mit einem riesigen Heer aus 30 000 Mann Fußvolk und 5000 Reitern brach Alexander im Frühjahr 334 v. Chr. zu seinem großen Eroberungsfeldzug auf. Er sollte ihn von Makedonien über den Hellespont bis weit nach Persien und Babylonien hinein und schließlich bis an den Hindukusch und nach Nordwestindien führen. Fast immer siegten seine Truppen und folgten ihm bereitwillig, doch nach vielen Jahren ständiger Kämpfe sehnten sie sich nach ihrer Heimat und es kam zu Konflikten.

Alexander galt als militärisches Genie. So passte er seine Strategie den Bedingungen des jeweiligen Terrains an und besiegte Heere mit unterschiedlichsten Kampftechniken. Diese reichten von den Kavallerieangriffen der Perser bis zur Guerillataktik der Stämme in den nordindischen Bergen. Einem so erfolgreichen Herrscher und Heerführer wurde eine Inspirationsquelle nachgesagt, die ihn mit einer Aura voller Symbolkraft ausstattete.

Ein homerischer Held

Alexander fand seinen Mythos in der Dichtung Homers. Er stellte sich als homerischer Held dar, dessen Ehrenkodex Heldenmut, Loyalität gegenüber Freunden, Angst vor Schande und Respekt vor den Göttern beinhaltete. Dieser Geist, von dem „Ilias" und „Odyssee" durchdrungen sind, begleitete ihn wohl, als er das griechische Festland verließ, und inspirierte ihn, in den eroberten Gebieten Städte griechischen Stils zu gründen. Immer trug er die Abschrift der „Ilias" bei sich, die sein Lehrer Aristoteles für ihn angefertigt hatte, und eiferte Achill nach, als dessen Nachfahre er sich ansah. Die Athener Politiker und Philosophen seiner Zeit dürften ihn und seine Makedonier mit ihrem seltsamen nordgriechischen Dialekt

Authentische Bilder Alexanders gibt es zwar nicht, aber eine der berühmtesten Abbildungen des jungen Heerführers ist das sogenannte Alexandermosaik, das man im „Haus des Fauns" in Pompeji fand. Es zeigt eine Szene aus der Schlacht von Issos, in der Alexander 333 v. Chr. den Perserkönig Dareios III. besiegte.

jedoch für anachronistisch, provinziell und ungehobelt gehalten haben. Makedoniens Königsdynastie, die sich rühmte, von Zeus abzustammen, war weit entfernt von den urbanen Werten der demokratischen *polis*.

Alexander ließ sich von der griechischen Vergangenheit und Agamemnons Feldzug gegen die Trojaner inspirieren, weniger von der Kultur, die Platon und Euripides hervorgebracht hatte. Aber gerade diese Verwurzelung in den alten Mythen verlieh dem makedonischen Hellenismus die Kraft, zur Hochblüte zu gelangen, während die griechischen Stadtstaaten zu selbstzerstörerischen Streitigkeiten neigten. Alexanders Reich überdauerte seinen Tod nicht, aber Griechenland und der Westen Kleinasiens, den er erobert hatte, lebten später im Byzantinischen Reich wieder auf. In der Autorität der Kaiser in Konstantinopel spiegelte sich Alexanders Vorstellung von höchster Königswürde wider.

Die homerischen Dichtungen, die ein halbes Jahrtausend vor Alexanders Zeit entstanden, spielen in einer noch wesentlich weiter zurückliegenden Frühzeit. Doch die makedonischen Aristokraten und Könige des 4. Jahrhunderts v. Chr. pflegten mit ihren Festen, Jagdausflügen, Treueschwüren, Trinkgelagen und Ringkämpfen einen ausgesprochen homerischen Lebensstil. Ihr Königreich lag am Nordrand von Hellas. Vielleicht lebten sie die griechische Kultur so intensiv, weil die verachteten „Barbaren" so nah waren. Aber Homers Werte wurden in der gesamten griechischsprachigen Welt geachtet. „Ilias" und „Odyssee" waren nicht nur epische Dichtungen, sondern auch ethische Ratgeber und religiöse Handbücher für den Umgang mit den Göttern, von deren Gunst oder Zorn das menschliche Leben abhing. Alexander zitierte regelmäßig und ausgiebig aus diesen Werken, um die Koexistenz von Menschlichem und Göttlichem zu veranschaulichen. Er trug gewöhnlich eine Kopfbedeckung aus Löwenfell, das mit Herakles, dem Sohn des Zeus, assoziiert wurde. Er war stark von seiner Mutter Olympias beeinflusst, einer begeisterten Mystikerin und Bacchantin, die an den Schlangenriten des Dionysoskultes teilnahm. Dass die Götter ihn mit irdischem Erfolg segneten, war für manche Griechen Grund genug, ihm zu folgen. Andere mochten ihn gar für einen Gott halten.

Das Orakel von Delphi

Olympias, die nach ihrer Trennung von Philipp II. von Makedonien ihrem Sohn die Thronfolge sichern wollte, war vermutlich an der Ermordung des Königs 336 v. Chr. beteiligt. Nachdem auch alle anderen Rivalen um den Thron beseitigt waren, erkannte das Heer Alexander als König an. Anschließend reiste er nach Süden und ließ sich vom Korinthischen Bund, einer Allianz der griechischen *poleis*, zum Anführer einer Großoffensive gegen das Persische Reich ernennen.

Bevor er aufbrach, ging er nach Delphi, wo ihm die Pythia Unbesiegbarkeit bescheinigte. Diese Weissagung wurde fast umgehend auf die Probe gestellt, als die

ALEXANDER III.

356–323 V. CHR.

336 V. CHR. Philipp II. von Makedonien wird ermordet. Sein Sohn Alexander folgt ihm auf den Thron.

334 V. CHR. Alexander überquert mit seiner Armee den Hellespont.

333 V. CHR. Schlacht von Issos; Alexander besiegt den Perserkönig Dareios III.

332 V. CHR. Eroberung Ägyptens; Krönung zum Pharao.

331 V. CHR. In der Schlacht von Gaugamela besiegt er endgültig die Perser; Gründung von Alexandria in Ägypten.

330 V. CHR. Plünderung von Persepolis.

327 V. CHR. Alexander überquert den Hindukusch und marschiert in Indien ein. Er heiratet Roxane, die Tochter des Königs von Baktrien.

326 V. CHR. Sieg über die Inder in der Schlacht am Hydaspes im Punjab.

324 V. CHR. Meuterei und Rückkehr der Armee; Alexanders Liebhaber Hephaistion stirbt.

323 V. CHR. Alexander stirbt in Bagdad mit 33 Jahren.

Thebaner gegen die makedonische Oberherrschaft rebellierten. Alexander hatte bereits in der Schlacht von Chaironea (338 v. Chr.), in der Philipp die Heere der verbündeten griechischen Stadtstaaten vernichtend geschlagen hatte, mitgekämpft. Nun machte er Theben dem Erdboden gleich, ließ 6000 Einwohner töten und die übrigen in die Sklaverei verkaufen. Das schüchterte alle anderen griechischen Staaten so ein, dass sie ihm erneut ihre Gefolgschaft zusicherten.

Ein Orakel hatte prophezeit, dass derjenige, der den Gordischen Knoten löste, über ganz Asien herrschen würde. Der Legende nach versuchten viele, den Knoten zu entwirren. Alexander aber zerschlug ihn einfach mit seinem Schwert und machte die Weissagung wahr, indem er weite Teile der bekannten Welt eroberte. André Castaigne illustrierte das Ereignis um 1898.

Alexanders Persienfeldzug illustrierte die für ihn typische Kombination aus Kultur und Blutvergießen. Historiker, Architekten, Wissenschaftler und Landvermesser begleiteten sein Heer. Nachdem er den Hellespont überquert hatte, zog er nach Ilium, der vermuteten Stätte Trojas, um Homer seine Achtung zu erweisen. 300 vom Feind erbeutete Rüstungen sandte er als Opfergabe an die Stadtgöttin von Athen. Nachdem er die persische Armee in der ersten Schlacht vernichtend geschlagen hatte, machte er 2000 Gefangene und schickte sie in Ketten nach Makedonien.

Die Schlacht von Issos endete mit einem entscheidenden Sieg über den Perserkönig Dareios III. Die Städte im Westen Kleinasiens kapitulierten, und Alexander verordnete ihnen demokratische Regierungsstrukturen. Allerdings sicherte er sich die Kontrolle, indem er die Städte eigenen lokalen Gouverneuren unterstellte. Anschließend zog er weiter Richtung Süden nach Syrien und Phönizien, eroberte Damaskus und erbeutete große Schätze, einschließlich der Kriegskasse des Dareios. Das war für ihn von großer Bedeutung, da er durch seine umfangreichen Feldzüge stark verschuldet war. Sein Heer finanzierte seine Kriege nun selbst, was Alexanders unaufhaltsamen Vormarsch erklärt. Alexander lehnte Dareios' Angebot ab, ihm sämtliche Gebiete westlich des Euphrats zu überlassen und ihm als Lösegeld für die gefangene persische Königsfamilie 10 000 Talente zu zahlen. Er rechnete damit, dass seine Kriegsgewinne letztlich größer wären.

Ein göttlicher Herrscher

Im November 332 v. Chr. eroberte Alexander Ägypten, was sich als wichtiger Propagandaschachzug erwies. In Memphis opferte er Apis, dem heiligen Stier, und wurde mit der Doppelkrone des Pharaos gekrönt. Im Inland besuchte er das berühmte Orakel von Siwa, das dem Gott Amun geweiht war. Hier grüßte ihn der Priester als „Sohn des Zeus". Die genauen Umstände der Begegnung wurden wohl kalkuliert verhüllt. Niemand hatte Alexander in das Heiligtum begleiten dürfen. Doch von diesem Augenblick an hielt sich Alexander für einen Adoptivsohn des Zeus und glaubte, göttlicher Abstammung zu sein.

Ende 330 v. Chr. wurde Alexander nach Dareios' Tod persischer „Großkönig". Zuvor hatte er in der Stadt Susa 50 000 Goldtalente erbeutet und anschließend

Persepolis geplündert. Dass Alexander den Palast des Xerxes niederbrannte, mag eine rituelle Geste gewesen sein, die den Abschluss des hellenischen Rachefeldzugs markierte.

Von nun an führte der König seinen ganz persönlichen Krieg. Daher entließ er jene Truppen in ihre Heimat, die nicht aus Makedonien, sondern aus Griechenland und Thessalien stammten. Inschriften bezeichneten Alexander ab diesem Zeitpunkt als „Herrn Asiens", und seine Vorliebe für ein absolutistisches Königtum altorientalischen Stils nahm offenbar erheblich zu. Er trug nicht nur persische Kleidung, sondern versuchte auch, das persische Hofzeremoniell der Proskynese einzuführen: Jeder, der vor den König trat, musste sich bis zum Boden vor ihm verbeugen. Da aber alle Griechen einschließlich der Makedonier die Geste als erniedrigend empfanden, musste er dieses Experiment wieder aufgeben.

Meuterei in Indien

Im Sommer 327 v. Chr. zog Alexanders Heer von Baktrien weiter über den Hindukusch nach Indien. Ein Armeeteil nahm den Weg über den Chaiberpass, der andere durchquerte unter Alexanders Führung das Bergland Nordindiens und überschritt im Frühjahr des folgenden Jahres den Indus. Im Punjab errichtete Alexander am Ufer des Beas zwölf Altäre für die olympischen Götter als Zeichen des Triumphes der griechischen Kultur. Aber die erschöpften Truppen weigerten sich, noch weiter zu ziehen, und Alexander musste sich ihnen beugen.

Sein Rückzug durch die Wüsten Gedrosiens, des heutigen Belutschistans, wurde zu einer furchtbaren Strapaze. Zur Erholung veranstaltete er anschließend ein einwöchiges Trinkgelage zu Ehren des Dionysos. Doch manches deutet auf seine große seelische Belastung hin. So begann Alexander, den Beamten, die er mit der Verwaltung seines Reichs betraut hatte, zu misstrauen, und entließ ein Drittel der Satrapen. Weitere sechs ließ er hinrichten. Sein Hauptinteresse galt nun der Verschmelzung der griechisch-makedonischen und der persischen Kultur. Nach seiner Rückkehr nach Susa veranstaltete er 324 v. Chr. ein großes Fest, bei dem er und 80 Offiziere persische Frauen heirateten. Als er aber persische Soldaten gleichberechtigt in seine Armee aufnahm, kam es erneut zu einer Meuterei. Erst ein riesiges Versöhnungsfest konnte die Zwistigkeiten aus der Welt schaffen.

Der Tod eines Gottes

Größenwahn hatte Alexander erfasst. Manche Abgesandte griechischer Städte waren gekleidet, als huldigten sie einem Gott, wenn sie vor ihn traten. Als im Herbst 324 v. Chr. Alexanders Geliebter Hephaistion starb, richtete er ihm in Babylon eine königliche Bestattung aus und verbrannte seinen Leichnam auf einem Scheiterhaufen, der 10 000 Talente kostete. Nach einem ausgiebigen Trinkgelage erkrankte der König und starb im 33. Lebensjahr in Babylon. In Ägypten wie auch in Griechenland huldigte man ihm wie einem Gott.

Das Detail aus dem „Alexandermosaik" in Pompeji zeigt flüchtende Perser während der Schlacht von Issos. Obwohl die Makedonier weit in der Unterzahl waren, gelang es ihnen, Dareios' Verteidigungslinien zu durchbrechen und seine Armee zu einem ungeordneten Rückzug zu zwingen.

Eine letzte Reise sollte Alexander noch antreten. Seine Feldherren teilten als seine Diadochen („Nachfolger") sein Reich in mehrere Königreiche auf. Ptolemaios (regierte 323–285/283 v. Chr.), der die Ptolemäer-Dynastie in Ägypten begründete, ließ Alexanders einbalsamierten Leichnam von Babylon zuerst nach Memphis und später nach Alexandria bringen. Dort setzte man den Gründer der Stadt in einem goldenen Sarkophag bei, der vermutlich im 3. Jahrhundert n. Chr. während der berüchtigten Unruhen zerstört wurde.

Mit der Aufteilung des Reichs war Alexanders Ziel gescheitert, ein einziges europäisch-asiatisches Reich zu schaffen. Das Seleukidenreich, das sich von Babylonien bis nach Syrien und Kleinasien erstreckte, war das zweite bedeutende Diadochenreich. Es sollte sich zum Zentrum des Hellenismus entwickeln. Aber auch in Alexandria zeugten das von Ptolemaios errichtete Museion und dessen gefeierte Bibliothek über 500 Jahre lang vom Interesse der griechischen Kultur an der Welt und von ihrer Entschlossenheit, das menschliche Wissen beständig zu erweitern. Dies waren Eigenschaften, die Alexander auszeichneten und seine Regentschaft über die blanken Fakten der Eroberungen hinaushoben.

QIN SHI HUANGDI, der erste Einiger Chinas

REG. 221–210 V. CHR.

In seinen letzten Jahren wurde der Kaiser von der Angst vor dem Tod beherrscht, vor allem nachdem mindestens drei Attentatsversuche auf ihn verübt wurden. Zeit seines Lebens spielten die Götter und der Gedanke an das Jenseits für Qin Shi Huangdi eine große Rolle, und er war immer darauf bedacht, an den traditionellen heiligen Stätten Opfer darzubringen.

Lebensgroße Soldaten der berühmten Terrakottaarmee bewachen das Grab Qin Shi Huangdis in der Provinz Shaanxi. Der untere Teil der Figuren ist massiv, der obere Teil hohl.

In China war die irdische Herrschaft der himmlischen Hierarchie nachgebildet, und die detaillierten Vorschriften, die das Leben der Untertanen regelten, spiegelten die chinesischen Vorstellungen von ihrer Götterwelt wider. Auch unter den Göttern herrschte eine klare Hierarchie, und alle hatten ihre speziellen Aufgaben. Der kaiserlichen Rhetorik zufolge war es der Dynastie beschieden, «10 000 Generationen» zu überdauern, doch solche Aussagen kaschierten nur die Unsicherheit eines Herrschers, der in seinem riesigen Palast isoliert lebte und überall Verschwörungen witterte. Der Kaiser suchte sein Heil in Magie und Alchemie, hoffend, dass sie ihn vor dem Tod bewahren und ihm Unsterblichkeit verleihen könnten. Boten, die Qin Shi Huangdi in alle Regionen seines Reichs aussandte, konsultierten Magier, die im Ruf standen, ein Lebenselixier herstellen zu können. Manche kamen sogar an den Hof. Auch der Kaiser selbst suchte während seiner umfangreichen Inspektionsreisen Magier auf und sprach mit ihnen.

Die Terrakottaarmee

Auf einer dieser Reisen starb er unerwartet. Sein Mausoleum in der Provinz Shaanxi wurde von 7000 lebensgroßen Terrakottasoldaten mit individuellen Gesichtszügen sowie Pferdegespannen bewacht. Die schweigende Kriegerschar war in der üblichen chinesischen Kampfformation aufgestellt und nach Osten ausgerichtet. In diese Richtung war Qin Shi Huangdis Armee häufig gezogen, wenn sie

Das Gemälde aus der Zeit der Qin-Dynastie (221–206 v. Chr.) zeigt Qin Shi Huangdi. Er regierte nur kurze Zeit, veränderte aber mit seinen Reformen und öffentlichen Bauprojekten ganz China.

gegen seine Rivalen um die Vorherrschaft unter den chinesischen Königreichen gekämpft hatte.

Das Mausoleum des Kaisers ist von einem zwei Quadratkilometer großen Gelände umgeben, das von zwei Mauern mit Türmen und Toren eingefasst ist. Zeitgenössische Beobachter schilderten beeindruckt den Sternenhimmel aus Perlen und Edelsteinen, der das Kuppelgewölbe des 43 Meter hohen Grabhügels im Zentrum der Anlage zierte. Darunter befand sich eine dreidimensionale Darstellung der Erde mit mechanisch angetriebenen Quecksilberströmen, die die chinesischen Flüsse symbolisierten. In den unterirdischen Gruben mit den Terrakottasoldaten befanden sich außerdem noch zahlreiche Streitwagen aus Holz und Bronze sowie Speere, Schwerter, Seide, Leinen und kostbare Gegenstände aus Gold und Silber. Drei weitere Gruben enthielten 1400 Keramikfiguren, die Fußsoldaten, Wagen und Reiter darstellten.

Die Paläste des Kaisers

Die Bauprojekte des Kaisers hatten immer auch eine politische Funktion. So ließ der Kaiser zum Beispiel Pavillons und Paläste seiner besiegten Rivalen aus den anderen chinesischen Königreichen auf einem sieben Kilometer langen Uferstück des Wei nachbauen und von Adelsfamilien aus diesen

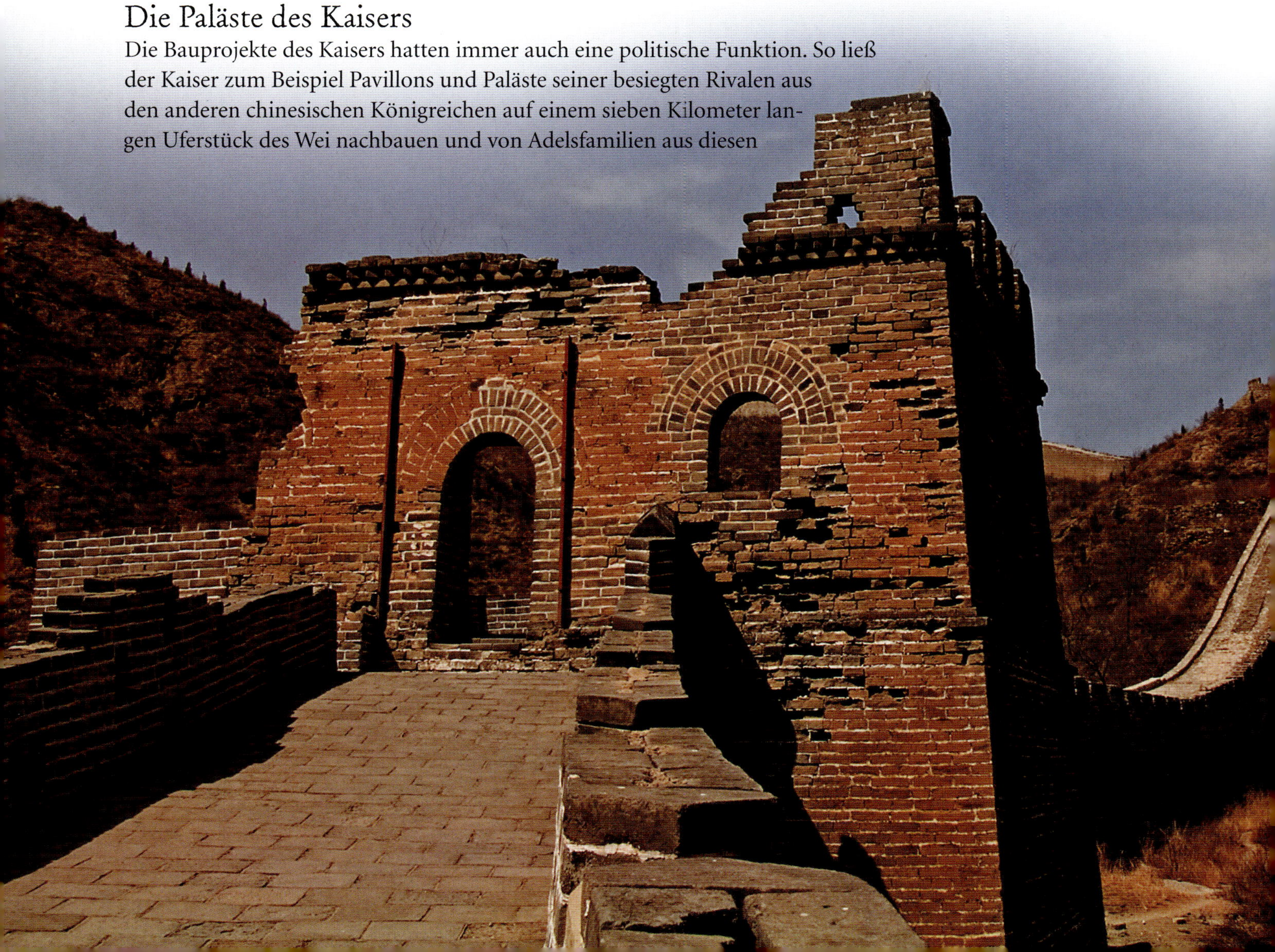

Staaten bewohnen. Der riesige Epang-Palast des Kaisers, dessen Haupthalle allein im Obergeschoss 10 000 Gästen Platz bot, diente ebenso der Machtdemonstration. Aber am eindrucksvollsten zeugen die Hunderttausende von Arbeitskräften, die die weitläufige Grabanlage des Kaisers in Shaanxi errichteten, von der Macht des „Ersten erhabenen Gottkaisers von Qin", wie er sich ab 221 v. Chr. nannte, über eine riesige Bevölkerung.

Die Zeit der Streitenden Reiche

Die ersten historisch nachweisbaren Monarchen Chinas gehörten der Shang-Dynastie (1766–1122 v. Chr.) an, deren ursprüngliches Machtzentrum sich in der Nordchinesischen Ebene befand. Sie hinterließ die ältesten Schriftzeugnisse der chinesischen Geschichte und verehrte als Erste ihre königliche Ahnen, was ein prägendes Merkmal der chinesischen Kultur durch die Jahrhunderte werden sollte. Ab Mitte des 11. Jahrhunderts v. Chr. erlangte die Zhou-Dynastie im Westen der Provinz Shaanxi die Vorherrschaft über die übrigen Gebiete Chinas. Von ihrer Hauptstadt Zongzhou aus regierten sie ihr Reich durch Lehnsherren. Diese erhoben sich jedoch in der sogenannten Frühlings- und Herbst-Periode (770–476 v. Chr.) zunehmend gegen die Zhou. Und in der „Zeit der Streitenden Reiche" (475–221 v. Chr.) verschärften sich auch die Auseinandersetzungen zwischen den verschiedenen Lehnsgebieten.

Die Große Chinesische Mauer schlängelt sich über eine Strecke von 6350 Kilometer durch China. Der erste Abschnitt der Mauer entstand auf Befehl Qin Shi Huangdis als Bollwerk gegen die nomadischen Reiterstämme aus dem Norden. Die meisten Teile, die heute noch stehen, wurden erst unter den Ming-Kaisern erbaut.

Die stärker zentralisierte Macht innerhalb der einzelnen Lehnsgebiete führte dazu, dass ihre Herren sich nicht mehr den Zhou verpflichtet fühlten und das Vasallenverhältnis aufkündigten. Anarchische Verhältnisse erfassten in der Folge weite Teile Chinas. Um das 6. Jahrhundert v. Chr. entstand eine gebildete Verwaltungselite, die der Klasse der *shi* (Edelleute) entstammte. Dies förderte die soziale Mobilität, da die Herrscher um die Dienste der Besten aus der neuen Führungselite wetteiferten. Der wohl berühmteste der *shi* war der Philosoph Konfuzius (551–479 v. Chr.), dessen Lehren die königliche Macht in China unterstützten.

Konfuzius modifizierte die feudale Vorstellung, dass Aufgaben, Macht und Status vom gesellschaftlichen Stand abhingen, in den ein Mensch hineingeboren wurde. Stattdessen erhob er die Familienbeziehungen, etwa zwischen Vätern und Kindern, zu Säulen einer wohlgeordneten Gesellschaft und vertrat die Meinung, dass geistige Fähigkeiten und Charaktertugenden die Hauptkriterien sein müssten, nach denen wichtige Staatsämter vergeben würden.

Die Könige von Qin werden Kaiser Chinas

Der Staat Qin im gebirgigen Westen des Landes folgte einer ganz eigenen Staatsideologie. Der Kanzler Shang Yang (361–338 v. Chr.) setzte eine Meritokratie durch, in der nur noch Menschen, die sich um den Staat verdient gemacht hatten, in den Adelsrang erhoben wurden. Er schaffte den Feudalismus ab und unterteilte das Staatsgebiet in Landkreise und Präfekturen, die unmittelbar dem König unterstellt waren. Die Armee der Qin wurde von begabten Feldherrn aus allen Gesellschaftsschichten befehligt und immens vergrößert.

Ab 325 v. Chr. erhoben die Könige des auf diese Weise erstarkten Staates Qin Anspruch auf die Herrschaft über ganz China. Die Zhou-Dynastie war zu sehr geschwächt, um diesen Angriff auf ihre bisherige Machtstellung abzuwehren. Da die Qin zahlreiche benachbarte nichtchinesische Stämme und Staaten erobert und integriert hatten, galten sie bei ihren Gegnern als „barbarisch". Doch es gelang ihnen, sich ihrer Rivalen durch Bestechung, Spionage, Diplomatie und Krieg zu entledigen. Im 3. Jahrhundert v. Chr. verleibten sie sich nach und nach den östlich gelegenen Staat Qi ein und besiegten den nördlichen Nachbarstaat Zhao 260 v. Chr. in einer großen Schlacht. 50 000 Männer aus Zhao starben und die meisten der 400 000 Gefangenen wurden von den Qin getötet. Als auch das südliche Reich Chu 223 v. Chr. fiel, stand einer Vereinigung ganz Chinas unter der Qin-Dynastie nichts mehr im Weg.

Errungenschaften der Qin-Dynastie

Auf die Reichseinigung folgte eine Ausweitung des zentralistischen Verwaltungssystems der Qin. Rechtsprechung und Sprache wurden ebenso standardisiert wie Maße und Gewichte. Ein ausgedehntes Netz von Straßen erleichterte Truppenbewegungen und der Bau einer Mauer an der Nordgrenze hielt die *Xiongnu* („grausame Sklaven") fern. Diese kriegerischen Steppennomaden waren seit dem 5. Jahrhundert immer wieder in die nördlichen chinesischen Staaten eingefallen und hatten sich mittlerweile zu einer Föderation zusammengeschlossen, die weite Teile Zentralasiens beherrschte. Qin Shi Huangdi erneuerte und verband vorhandene Grenzbefestigungen zu einer durchgehenden Mauer mit Wachtürmen und Garnisonen, die sich über 6350 Kilometer von Osten nach Westen erstreckte. Diese Mauer markierte die nördliche Grenze der Sinisierung, durch die nichtchinesische, „barbarische" Völker besonders im Süden und Westen des Landes von der Herbst- und Frühlingsperiode an in die mächtigen zentralisierten Staaten eingegliedert worden waren. Bereits vor der Herrschaft der Qin-Dynastie waren durch Assimilation die lokalen Kulturen zu einer chinesischen Kultur verschmolzen.

Der Mann, der als Ying Zheng geboren wurde, erreichte 238 v. Chr. die Volljährigkeit und trat die Thronfolge als König von Qin an. Viele Inschriften, die er später in ganz China in Stein meißeln ließ, rühmten seine Leistungen und die Sicherung von Frieden und Wohlstand unter seiner Herrschaft. Gleichzeitig kosteten seine Erfolge Hunderttausende Chinesen das Leben. Sie starben bei der Arbeit an seinen monumentalen Bauprojekten oder auf den Zwangsmärschen, die sie zu ihren Einsatzgebieten absolvieren mussten. Hinter der eisernen Entschlossenheit der Regierung und des Kaisers stand eine politische Doktrin, die zur ideologischen Grundlage der Qin-Herrschaft wurde. Die Philosophie des „Legalismus" kam bereits in der Zeit der Streitenden Reiche auf. Sie war von einem extremen Obrigkeitsden-

QIN SHI HUANGDI
259–210/09 V. CHR.

238 V. CHR. Beginn der Herrschaft Shi Huangdis über die Qin.

223 V. CHR. Vereinheitlichung der Währung, der Gewichte, Maße, der Sprache und der Achsenbreite der Wagen. In allen Provinzen wird ein einheitliches Verwaltungssystem eingeführt.

221 V. CHR. Er schließt die Eroberung weiterer chinesischer Staaten ab, vereint das Land und nimmt den Titel „Erster erhabener Gottkaiser von Qin" an.

214 V. CHR. Die Arbeit am ersten Abschnitt der Chinesischen Mauer ist vollendet.

213 V. CHR. Auf Befehl der Regierung werden die konfuzianischen Klassiker und andere literarische Werke verbrannt. Hinrichtung von Gelehrten.

210 V. CHR. Der Herrscher stirbt im Alter von 50 Jahren und wird in der Nähe von Xian begraben, bewacht von seiner „Terrakottaarmee".

ken und einem tiefgreifenden Pessimismus gegenüber der menschlichen Natur geprägt. Die Menschen wären selbstsüchtig, kurzsichtig und unfähig, ihre wahren Interessen zu erkennen. Harmonie ließe sich daher nur erreichen, indem die Beherrschten durch Androhung strenger Strafen zum bedingungslosen Gehorsam angehalten würden und die Autorität des Herrschers ungeachtet seiner moralischen Tugenden zur Grundlage staatlicher Macht erhoben würde.

Bücherverbrennungen

Besonderen Einfluss gewann der Legalismus in Qin. Qin Shi Huangdi bewunderte Han Fei (280–233 v. Chr.), den bedeutendsten Vertreter dieser Lehre, und sein Kanzler Li Ssu (280–208 v. Chr.) rechtfertigte die brutale Effizienz des Staates mit legalistischen Ansichten. Die ablehnende Haltung des Legalismus gegenüber Gelehrsamkeit stand hinter den berüchtigten Bücherverbrennungen im Jahr 213 v. Chr. Die Regierung befahl, alle Exemplare der konfuzianischen Klassiker zu vernichten. Nur Bücher, die sich mit Landwirtschaft, Recht, Kräuterheilkunde und Weissagungen befassten, waren erlaubt, weil sie als gesellschaftlich nützlich galten. Auch Schriften zur Geschichte Qins blieben verschont.

Um politische und soziale Einheit durchzusetzen, versuchte Qin Shi Huangdi, von der Staatsdoktrin abweichende Meinungen zu unterdrücken. Als konfuzianische Gelehrte die Zerschlagung der alten Feudalordnung kritisierten, befahl der Kaiser, sämtliche Bücher zu verbrennen, die keinen praktischen Nutzen für den Staat hatten. Dieser Bücherverbrennung fielen auch alle Geschichtswerke über die chinesischen Königreiche vor der Qin-Dynastie zum Opfer.

Die Verbreitung jeder anderen Form von Literatur war jedoch verboten, und Hunderte Intellektuelle wurden getötet. Konfuzianische Gelehrte standen der Staatsdoktrin der Qin durchgängig kritisch gegenüber und verurteilten die Leichtgläubigkeit des Kaisers gegenüber der Magie. Han Fei wiederum wandte sich in seinen Schriften gegen die Orientierung der Konfuzianer an älteren Autoritäten. Er betonte, dass politische Institutionen sich zwangsläufig als Reaktion auf die Umstände, besonders auf wirtschaftlichen Wandel, ändern müssten. Von der Mitte des 4. Jahrhunderts v. Chr. an untergruben die Qin die traditionelle Großfamilie, indem sie jedem Mann, der nicht einem eigenen Haushalt vorstand, doppelte Steuern auferlegte.

Während der langen Herrschaft der nachfolgenden Han-Dynastie (206 v. Chr.–220 n. Chr.) dominierten die konfuzianischen Lehren wieder das geistige Leben Chinas und Qin Shi Huangdi galt als Tyrann. Nach seinem Tod ging die Qin-Dynastie in einem Strudel aus Verschwörungen, Intrigen, Rebellionen und Bürgerkriegen unter. Aber die Institutionen und Lehren, die Qin Shi Huangdi als Vermächtnis hinterließ, ermöglichten es der Han-Dynastie schließlich, wieder eine zentrale Staatsgewalt herzustellen und zu erhalten. Der Zentralismus und die Verwaltungsmethoden, die der erste Qin-Kaiser eingeführt hatte, sollten dauerhafte Merkmale des chinesischen Kaiserreichs bleiben.

AUGUSTUS, der Retter des Römischen Reichs

REG. 27 V. CHR. – 14 N. CHR.

Im Mai des Jahres 17 v. Chr. veranstaltete der Kaiser in Rom ein dreitägiges Fest, das den Beginn eines neuen Zeitalters markieren sollte. Horaz hatte eigens eine Hymne zum Lob des Herrschers und der römischen Tugenden gedichtet, die junge Männer und Frauen erst im Apollontempel auf dem Palatin und dann im Jupitertempel auf dem Kapitol vortrugen.

Im Jahr zuvor hatten neue Gesetze Ehebruch unter Strafe gestellt und eine Kampagne zur Förderung der öffentlichen Moral eingeleitet. Doch es gab noch weit mehr zu feiern. Die Stadt wurde zunehmend sicherer und komfortabler mit ihren öffentlichen Bädern und einer stabilen Getreideversorgung. Bald sollte Rom auch eine eigene Feuerwehr und Polizei erhalten, und der Kaiser hatte begonnen, sein Versprechen einzulösen, die Stadt aus Lehmziegeln in eine Stadt aus Marmor zu verwandeln.

Das Rom des Augustus

Marmor in allen Farben für das Forum Romanum traf ein, mit dessen Umgestaltung und Verschönerung bereits Julius Cäsar begonnen hatte. Augustus ließ unter anderem Säulengänge mit zahlreichen Statuen römischer Helden errichten. Doch seine eigene Person stand bei allen Bauten im Mittelpunkt. In das Giebelfeld des neuen Marstempels ließ er seinen Namen meißeln. Die Ara Pacis (der Friedensaltar), die der römische Senat 13. v. Chr. in Auftrag gab, war eine öffentliche Selbstdarstellung. Eines der Reliefs zeigt Augustus mit seiner Familie und den höchsten Priestern Roms bei den Vorbereitungen zu einem rituellen Opfer. Es handelt sich möglicherweise um eine Darstellung der Einführung Augustus' in das oberste Priesteramt Roms (Pontifex Maximus) 12 v. Chr.

Augustus ließ insgesamt 82 Tempel wiederaufbauen und sah es als seine zentrale Aufgabe an, in Rom die alten Sitten wieder einzuführen. Doch er veränderte sie

„Mäzenas stellt Augustus die Künste vor", von Giovanni Battista Tiepolo, 1743. Gaius Mäzenas war ein Vertrauter und Berater des Augustus sowie ein Förderer der Künste.

auch, indem er sich selbst in den Mittelpunkt rückte. So ließ er die Sibyllinischen Bücher vom Kapitol in den Apollontempel auf dem Palatin bringen, den er neben seinem eigenen Haus hatte neu errichten lassen. Statt der Laren, der alten Schutzgeister Roms, verehrte man nun den *genius augusti*, den Genius des Kaisers. Ihm zu Ehren wurden an den Wegkreuzungen Altäre errichtet.

Kaiser Augustus wurde 63. v. Chr. als Gaius Octavius in Velitrae südlich von Rom geboren. Als Sohn eines Senators und Großneffe Julius Cäsars besaß Augustus gute Verbindungen. Aber seinen Erfolg verdankte er weitgehend seiner Herkunft aus einer Kleinstadt und seiner Vorliebe für die traditionelle Religion mit ihren Riten und Göttern, die im ländlichen Italien gepflegt wurde. Diese Frömmigkeit war in der italienischen Bevölkerung weit verbreitet und entsprechend populär war die Wiederbelebung religiöser Feste durch Augustus. Ein weiterer populistischer Schachzug war es, den Armen mehr Rechte vor Gericht einzuräumen. Augustus' Überzeugung, dass Italien das Zentrum des Römischen Reichs sein und die

Verwaltung überwiegend in der Hand von Italienern liegen müsse, machte ihn bei der Bevölkerung der Halbinsel überaus beliebt.

Die Dichter Vergil, Horaz und Livius teilten seine traditionalistischen Ansichten und trugen mit ihrem künstlerischen Schaffen maßgeblich dazu bei, dass die Augusteische Revolution allgemeine Zustimmung fand. Bei aller poetischer Erhabenheit ihrer Werke waren Horaz und Vergil mit Augustus in seiner zentralen, brutalen Einsicht einig: Wenn man das Beste der italienischen und römischen Kultur erhalten wollte, musste man die republikanischen Institutionen Roms untergraben. Streitereien der Mächtigen hatten Rom in den Bürgerkrieg getrieben, und die Berufung auf „republikanische Tugenden" klang aus dem Mund aufstrebender Oligarchen immer fadenscheiniger. Rom war über seine Vergangenheit hinausgewachsen. Seine globale Verantwortung ließ republikanische Einstellungen provinziell, antiquiert, langweilig und nachteilig erscheinen.

Vom 7. Jahrhundert v. Chr. an war das Forum Romanum das politische und wirtschaftliche Zentrum der Stadt. Hier befanden sich viele der wichtigsten Regierungs-, Verwaltungs- und Gerichtsgebäude sowie bedeutende Tempel wie der Saturntempel (Mitte) und der Tempel des Antoninus Pius und der Faustina (rechts).

Augustus' Aufstieg

Cäsar hatte Augustus adoptiert und zu seinem Erben erklärt. Dennoch weigerte sich Cäsars Feldherr und Mitkonsul Mark Anton zunächst, ihm das Vermögen des Diktators auszuhändigen. Daher war Augustus gezwungen, aus eigener Kraft das Geld aufzubringen, um die im Testament vorgesehenen Legate an das römische Volk auszuzahlen. Bereits hier stellte er sich als sorgender Patron seines Volkes dar, als der er auch später gesehen werden wollte. Zusätzliche Glaubwürdigkeit erlangte er, als er beschloss, die von Cäsar eingeführten öffentlichen Spiele weiterzuführen. Der römische Schriftsteller Sueton beschrieb Augustus als klein, wohlproportioniert, mit leicht gewelltem, fast blondem Haar und einem Teint zwischen dunkel und hell. Sein auffallendstes Merkmal waren seine «klaren, hellen Augen, aus denen eine göttliche Kraft zu strahlen schien, wie er gern glauben ließ». Sein Porträt zierte römische Gold- und Silbermünzen, die in einer Phase wirtschaftlicher Expansion in großen Mengen geprägt wurden und Augustus' Profil als das eines idealen imperialen Visionärs verbreiteten.

Loyale Truppen zwangen den Senat, Augustus zum Konsul zu machen und ihn offiziell als Cäsars Adoptivsohn anzuerkennen. Nachdem er sich mit Mark Anton versöhnt hatte, bildete er 43 v. Chr. mit ihm und dem langjährigen Weggefährten Cäsars, Marcus Aemilius Lepidus, ein Triumvirat. Die drei verkündeten, dass die Ordnung im Staat wiederhergestellt werden müsste. Das bedeutete das Todesurteil für ihre politischen Gegner. Tatsächlich entledigten sie sich 300 Senatoren und 2000 Equites, Angehörigen des römischen Ritterstandes. Als man Cäsar 42 v. Chr. zum Staatsgott *divus Iulius* erhob, konnte sich Augustus als *divi filius* („Sohn des Göttlichen") bezeichnen.

Im gleichen Jahr besiegten Augustus und Mark Anton in der Schlacht bei Philippi die Republikaner und Cäsarmörder Brutus und Cassius. Danach übernahm Mark

Anton die Verwaltung der östlichen Reichsgebiete, Augustus die des Westens und Lepidus die der afrikanischen Provinzen. Das Triumvirat wurde um weitere fünf Jahre verlängert, doch Augustus verfolgte zielstrebig seinen Weg zur Alleinherrschaft. Lepidus wurde entmachtet, und Mark Anton verlor nach dem Scheitern seines Feldzugs gegen die Parther und Meder an Ansehen. Angestachelt von Augustus, empörten sich die Römer außerdem, dass er seiner Geliebten, der ägyptischen Königin Kleopatra VII., Reichsgebiete im Osten abgetreten hatte. Augustus besiegte schließlich in der Seeschlacht bei Actium am 2. September 31 v. Chr. vor der westgriechischen Küste Mark Antons und Kleopatras Flotte und besetzte 30 v. Chr. Ägypten. Die beiden Liebenden begingen Selbstmord.

Inzwischen hatte Augustus den Titel „Imperator" angenommen und als geschickter Propagandist in eigener Sache den Gott Apollon zu seinem persönlichen Schutzgott erklärt. Der Gott des Lichts stand auch für Recht, Ordnung und Harmonie.

Die Pax Romana

Nachdem Augustus Ägypten annektiert und Kleopatras Staatsschatz erbeutet hatte, konnte er seine Veteranen ausbezahlen und sich auf diese Weise ihre Loyalität sichern. Er reduzierte seine Legionen von 60 auf 28 und vertraute von nun an auf eine Kernarmee von 150 000 Legionären, die überwiegend aus Italien stammten. Sie wurde ergänzt durch Hilfstruppen gleicher Stärke in den römischen Provinzen. Mit dem ägyptischen Geld konnten Straßen gebaut werden, was einen Aufschwung des Handels nach sich zog. Zudem sorgte die neu organisierte Flotte für Sicherheit im Mittelmeer. Augustus' Beamte und Truppen, die die *Pax Romana*, den inneren Frieden, durchsetzten, konnten sich daher schneller im gesamten Reich bewegen. Der Verwaltungsapparat der Stadt Rom und des Römischen Reichs wuchs überproportional und mit ihm auch die Steuern zu seiner Finanzierung. Augustus setzte eine zentrale Finanzverwaltung ein, die eine Kopfsteuer und eine Bodensteuer einführte.

Augustus und der Senat

Augustus regierte zwar autokratisch, hielt jedoch am Senat fest, um die konservative römische Bevölkerung nicht zu verprellen. Er machte sich aber zum Vorsitzenden des Gremiums und reduzierte die Zahl der Senatoren von 1000 auf 600. Von 31 bis 23 v. Chr. ließ er sich von einem ansonsten untätigen Senat zum Konsul wählen. Im Januar 27 v. Chr. übertrug er dem Senat die Herrschaft über alle Reichsprovinzen, ließ sich allerdings kurz darauf für zehn Jahre die Herrschaft über Spanien, Gallien und Syrien übertragen. Damit behielt er seine Machtbasis, da der größte Teil seiner Armee in diesen Provinzen stand.

Augustus erhob den Anspruch, kraft seiner *auctoritas* zu regieren, einer schwer zu definierenden Mischung aus persönlichem Ansehen, Erfahrung und nachweislichem Erfolg. Im Jahr 27 v. Chr. fügte er dem Cäsarentitel, den er von seinem

AUGUSTUS
63 V. CHR.–14 N. CHR.

63 V. CHR. Augustus wird als Gaius Octavius geboren. Sein Großonkel Julius Cäsar adoptiert ihn und setzt ihn als Erben ein.

44 V. CHR. Julius Cäsar wird ermordet.

43 V. CHR. Augustus bildet ein Triumvirat mit Mark Anton und Marcus Aemilius Lepidus.

31 V. CHR. Sieg über Mark Anton und Kleopatra in der Schlacht von Actium.

30 V. CHR. Eroberung Ägyptens.

27 V. CHR. Der Senat verleiht ihm den Titel Augustus („der Erhabene").

23 V. CHR. Augustus erhält die übergeordnete Macht im Staat *(imperium maius)* und auf Lebenszeit die „tribunizische Gewalt".

12 V. CHR. Augustus wird *Pontifex maximus.*

2 V. CHR. Der Senat verleiht ihm den Titel *Pater patriae.*

14 N. CHR. Augustus stirbt und wird kurz darauf zum Staatsgott erhoben. Sein Stiefsohn Tiberius wird sein Nachfolger.

Großonkel übernommen hatte, den Titel „Augustus“ hinzu. Dieser alte Begriff bedeutete „der Erhabene“, hatte aber durch seine Verwandtschaft mit dem Wort *augurium* für Weissagung des göttlichen Willens auch eine religiöse Konnotation. Die Kombination aus *auctoritas* und *augustus* erhob den Herrscher weit über jede verfassungsgemäße Definition seiner Rolle. So hörte er 23 v. Chr. auf, sich wiederholt zum Konsul wählen zu lassen, und ließ sich eine übergeordnete Gewalt *(imperium maius)* übertragen, die ihn über alle Ämter stellte. Damit waren ihm automatisch auch die Prokonsuln unterstellt, die die Provinzen verwalteten. Zusätzlich übernahm er auf Lebenszeit die Aufgaben des Volkstribuns, des ursprünglich jährlich gewählten Vertreters der Plebejer, der römischen Bürger.

Imperiale Herausforderungen

Militärische Erfolge unterstrichen seine Aura: Das Partherreich erkannte 20 v. Chr. dem Römischen Reich Armenien zu, und ein Jahr später schloss Agrippa die Eroberung Spaniens ab. Augustus erhielt 2 v. Chr. den Titel *Pater patriae*, „Vater des Vaterlandes“, sah sich aber auch weiterhin mit imperialen Herausforderungen konfrontiert. So stellte er 6 n. Chr. Judäa unter direkte römische Verwaltung und wurde noch im selben Jahr mit Revolten in Pannonien und Illyrien konfrontiert. Sie stellten die größte Bedrohung dar, die Rom seit Hannibal erlebt hatte, und es dauerte drei Jahre, die Aufstände niederzuschlagen. Germanische Stämme unter Arminius rieben 9 n. Chr. drei römische Legionen auf und geboten Expansionsplänen nach Böhmen und Westgermanien Einhalt. Dennoch vergaß Augustus nicht, für seine Machtbasis, das Militär, zu sorgen. Er stellte sicher, dass Soldaten, die in den Ruhestand gingen, eine Abfindung aus Steuereinnahmen erhielten.

Die Statue zeigt Augustus als etwa 45-jährigen Feldherrn. Auf seinem Brustpanzer sind ein besiegter Barbar und ein römischer Offizier abgebildet.

Vergöttlichung

Augustus’ Amtsgewalt wurde 13 n. Chr. um weitere zehn Jahre verlängert. Wie schon zuvor handelte es sich dabei um eine reine Formalität. Nur einen Monat nach seinem Tod am 19. August 14 n. Chr. nahm der Senat ihn unter die römischen Staatsgötter auf. Sein Stiefsohn Tiberius trat seine Nachfolge an und fügte seinem Namen den Titel „Augustus“ hinzu, der eigentlich ein einmalig verliehener Ehrentitel seines Stiefvaters gewesen war. Die Strukturen, die dieser aufgebaut hatte, hielten das Reich noch weitere 300 Jahre zusammen. Dass Rom dem Ansturm barbarischer Stämme aus dem Norden und Osten zunächst erfolgreich standhielt, war nicht zuletzt Augustus zu verdanken.

KONSTANTIN I., *der Große*, Roms erster christlicher Kaiser und Gründer Konstantinopels

REG. 312–337 N. CHR.

Im 3. Jahrhundert n. Chr. war die Verehrung des Sol Invictus, der „unbesiegten Sonne", in der römischen Armee äußerst populär. Auch Flavius Valerius Constantinus war ein Anhänger dieses Kults. Wie alle Römer sah er irdischen Erfolg als Lohn persönlicher Frömmigkeit an und ernannte den Sonnengott zu seinem persönlichen Schutzgott. Als er später die Christen, eine bis dahin verfolgte Sekte, unterstützte, versetzte das der traditionellen römischen Religion mit ihren rituellen Opfern und Ritualen einen herben Schlag und vernichtete sie letztlich.

Konstantins Drängen auf eine geeinte Kirche und klare Glaubenslehren gab dem Christentum eine neue Identität und Zielstrebigkeit. Ansonsten wäre die junge Religion möglicherweise als einer von vielen Mysterienkulten der spätrömischen Welt untergegangen. Die kaiserliche Unterstützung veränderte aber auch das Römische Reich, da das Christentum durch sie aufs Engste mit dem Überleben der römischen Ordnung und des Staates verknüpft wurde. Die ersten Christen hatte man verfolgt und getötet, weil sie sich geweigert hatten, neben dem einen wahren Gott die römischen Kaiser zu verehren. Später verschaffte die Idee einer geheiligten politischen Ordnung, die den Segen der Kirche besaß, den christlichen Herrschern nach Konstantin eine immense neue Machtbasis. Von nun an galt Unge-

325 ließ Konstantin am Standort der Hagia Sophia in Konstantinopel eine Kirche erbauen. Von ihr ist nichts mehr erhalten, aber die Basilika, die später an ihrer Stelle entstand, gehört zu den großartigsten Zeugnissen byzantinischer Baukunst. Der Innenraum ist mit zahlreichen Goldmosaiken geschmückt, unter anderem dem Deesis-Mosaik aus dem 13. Jahrhundert mit Christus als Weltenrichter.

horsam gegenüber dem Staaat nicht nur als Verrat, sondern als Ketzerei. Als langfristige Folge der „konstantinischen Wende“ bildete sich ein Verständnis von staatlicher Macht heraus, das auf Einheit bedacht und bereit war, Abweichungen zu bestrafen.

Die Geburt des Byzantinischen Reichs

Konstantin war der Sohn des Flavius Valerius Constantius, eines Offiziers, der 293 untergeordneter Mitkaiser (Cäsar) des Oberkaisers (Augustus) Maximian wurde. Er trennte sich später von Konstantins Mutter Helena, um eine Tochter Maximians zu heiraten. Konstantin wuchs am Hof des zweiten Augustus Diokletian in Nikomedia, dem heutigen Izmit in der Türkei, auf. Dort dürfte er bereits mit dem Christentum in Berührung gekommen sein, denn 303 leitete Diokletian in den östlichen Reichsprovinzen, deren Städte bedeutende christliche Zentren waren, eine grausame, systematische Christenverfolgung ein.

Die Kultur Nikomedias war griechisch geprägt, aber die Sprache des Hofes, in der Konstantin erzogen wurde, war Latein. Obwohl Konstantin Griechisch nicht fließend beherrschte, traf er die folgenschwere Entscheidung, die neue Hauptstadt und das Verwaltungszentrum seines Reichs im griechischen Osten anzusiedeln. Die Einweihung Konstantinopels 330 markiert daher den Beginn des Byzantinischen Reichs, das aus dem Zerfall des Römischen Reichs hervorging. Die Lage der Stadt am Bosporus, der Asien und Europa trennt, ist ein Symbol für die römische Ordnung, die im 3. Jahrhundert nach einer langen Phase der Instabilität durch eine Hinwendung zum Osten wiederhergestellt wurde.

Die Bronzestatue Konstantins steht in Nordengland vor dem York Minster in der Nähe der Stelle, an der er 306 zum Kaiser ausgerufen wurde.

Die Proklamation Konstantins I. zum Kaiser

Die beiden Oberkaiser Diokletian und Maximian traten 305 zurück und ihre Unterkaiser Galerius und Constantius wurden ihre Nachfolger. Als Constantius 306 starb, übernahm Flavius Valerius Severus dessen Amt als Herrscher über die Westhälfte des Reichs. Zur gleichen Zeit rief die Armee Konstantin, der sich in Britannien aufhielt, in York zum Augustus aus. Galerius gestand ihm allerdings nur den Cäsarentitel zu. Sein Hauptrivale in den folgenden Auseinandersetzungen war jedoch Maxentius, der Sohn des ehemaligen Kaisers Maximian, der ebenfalls einen Kaisertitel für sich beanspruchte. 312 besiegte Konstantin Maxentius in der Schlacht an der Milvischen Brücke in der Nähe von Rom. Nun war er alleiniger Kaiser des Westreichs; Kaiser des Ostens wurde Licinius. In den folgenden Jahren kam es immer wieder zu Konflikten zwischen den beiden Herrschern, bis Konstantin Licinius 324 in einer Schlacht besiegte und so alleiniger Kaiser über den Osten und Westen des Römischen Reichs wurde.

Göttliche Inspiration

Als Konstantin 312 seine Truppen nach Rom führte, hatte er der Legende nach eine religiöse Vision. Der Kirchenvater Eusebius schrieb später in seiner Biografie Konstantins, dem Kaiser seien das Christusmonogramm erschienen und die Worte: «In diesem Zeichen wirst du siegen.» Hier mag religiöser Eifer am Werk gewesen sein, es steht jedoch fest, dass Konstantin beschloss, die Schlacht an der Milvischen Brücke im Namen Christi zu führen, und seinen Soldaten befahl, das Christusmonogramm *Chi-Rho* auf ihre Schilde und Standarten zu malen. Von dieser Zeit an deutete er seine Erfolge als Beweise dafür, dass die göttliche Vorsehung die Geschichte lenke. Die Inschrift des Triumphbogens, den Konstantin zum Gedenken an seinen Sieg über Maxentius in Rom errichten ließ, führt den Erfolg auf die «göttliche Eingebung» sowie auf die «Größe des Geistes» des Kaisers zurück. Eine Konstantinstatue, die um die gleiche Zeit entstand, zeigt ihn mit einem Kreuz in der Hand. Die Inschrift lautet: «Durch dieses rettende Zeichen habe ich eure Stadt vom Tyrannen befreit und die Freiheit des Senats und des römischen Volkes wiederhergestellt».

In der Schlacht an der Milvischen Brücke errang Konstantin 312 den entscheidenden Sieg über Maxentius und wurde alleiniger Herrscher über das Weströmische Reich. Dieses Ereignis illustrierte Rubens 1620 in seinem Gemälde „Die Maxentius-Schlacht".

Mit dem sogenannten Toleranzedikt von Mailand (313) stellte Konstantin das Christentum den anderen Religionen des Reichs gleich, sicherte den Anhängern die freie Ausübung ihres Glaubens zu und ordnete die Rückgabe des Eigentums an, das während der Verfolgungen konfisziert worden war. Zudem schenkte Konstantin dem Bischof von Rom das Gelände des Lateran und stiftete eine Kathedrale, die Lateranbasilika. Zudem räumte er den Priestern finanzielle und rechtliche Privilegien ein und befreite sie von staatlichen Pflichten. Im Verlauf seiner Regentschaft verbot er Kreuzigungen und das Brandmarken bestimmter Krimineller. Die Einhaltung der Sonn- und Feiertage wurde offiziell gefördert.

Konflikte innerhalb der Christenheit

Je stärker sich der Kaiser der Kirche verband, desto wichtiger wurde die Einheit der Kirche für die Reichseinheit. Auch hätte eine Kirchenspaltung Gottes Missfallen erregt und Konstantins besondere Stellung im göttlichen Plan gefährdet.

Die Vision Kaiser Konstantins vor der Schlacht an der Milvischen Brücke, dargestellt von Peter Paul Rubens, gilt als zentrales Ereignis in seinem Leben. Er verwendete das Christusmonogramm als Schlachtzeichen und siegte erstmals im Namen des christlichen Gottes.

Daher sah er innerkirchliche Konflikte als ernsthafte Probleme an und kümmerte sich persönlich darum. In Nordafrika hatten sich die Donatisten abgespaltet. Sie vertraten die Meinung, dass Sünder aus der Kirche ausgeschlossen werden müssten. Der Kaiser übte scharfe Kritik an dieser rigorosen Position und drängte auf die Wiederaufnahme der Ausgeschlossenen. Doch die Spaltung ließ sich nicht rückgängig machen. Als schwerwiegender und hartnäckiger erwies sich jedoch der „Arianische Streit", eine theologische Auseinandersetzung über die Natur Christi. Für Konstantin ging es auch hier um Ordnung und Disziplin in seinem Reich. Die theologischen Feinheiten der Dreifaltigkeitslehre interessierten ihn wenig. Allerdings unterschätzte er die Leidenschaft, mit der diese Fragen diskutiert wurden, und so gelang es auch auf dem von ihm einberufenen Konzil von Nicäa nicht, die Kontroverse beizulegen.

Konstantins Wendung nach Osten

326 hatte Konstantin mit privaten Zwistigkeiten innerhalb seiner Familie zu kämpfen. Aus ungeklärten Gründen befahl er, seinen ältesten Sohn Crispus und seine Frau Fausta zu töten. Die beiden Morde geschahen, während Konstantin in Rom an den Feiern zu seiner 20-jährigen Regentschaft teilnahm. Als er sich weigerte, sich an einer heidnischen Prozession zu beteiligen, erregte er den Unmut der Bevölkerung und verließ die Stadt, um nie wiederzukehren. Von nun an konzentrierte er sich auf den Osten, wo sich im 4. Jahrhundert die geistigen und wirtschaftlichen Zentren befanden. Rom war zwar weiterhin emotional das Herz des Reichs, wirkte aber zunehmend provinziell. Unmittelbar nach dem Tod Faustas und ihres Sohnes unternahm Konstantins Mutter Helena eine Pilgerfahrt ins Heilige Land, die womöglich auch als Akt der Buße gedacht war. Sie ließ die Geburts- und die Grabeskirche errichten, wodurch ihre Reise eine Erweiterung des imperialen Horizonts zur Folge hatte.

Neue Kirchen in Jerusalem, Rom und Konstantinopel

Konstantin weihte 336 die Grabeskirche in Jerusalem ein, die an der überlieferten Kreuzigungsstätte erbaut wurde. Legenden behaupteten später, Helena selbst habe das heilige Kreuz entdeckt beziehungsweise es sei bei den Aushubarbeiten für den Kirchenbau gefunden worden. Dies diente der Stärkung der Legitimation Konstantins als christlicher Kaiser. Ähnliche architektonische Demonstrationen seiner Macht folgten in Rom, wo Ende der 320er-Jahre die Bauarbeiten an der Peterskirche auf dem Vatikanischen Hügel begannen, und in Konstantinopel, wo die Grundsteine für einen Vorgängerbau der Hagia Sophia und die Apostelkirche gelegt wurden. Weitere Kirchenbauten in Antiochia, Alexandria, Trier, Nikomedia und Gaza lassen erkennen, wie breit angelegt Konstantins Vision eines christlichen Kaisertums war.

Der Entschluss Konstantins, sich erst auf dem Totenbett taufen zu lassen, zeugt sowohl von der Ernsthaftigkeit seines Glaubens als auch von seinem Bewusstsein, dass er als Herrscher zwangsläufig Blut an den Händen hatte. Daher hielt er es für am besten, Gott gegenüberzutreten, ohne das Taufversprechen gebrochen zu haben. Kurz vor seinem Tod in Nikomedia legte er den kaiserlichen Purpur ab und das weiße Taufgewand an. Nach seinem Tod überführte man seinen Leichnam nach Konstantinopel und setzte ihn in der Apostelkirche bei. Als Herrscher hatte er den Anspruch erhoben, *isapostolos*, „den Aposteln gleich" zu sein. Entsprechend wurden zu beiden Seiten seines Grabes Statuen der zwölf Apostel aufgestellt.

Das Ende der klassischen Antike

Die Unterdrückung der alten römischen Religion durch Konstantin markierte stärker als jedes andere historische Ereignis den beginnenden Niedergang der klassischen Antike. Er ging dabei jedoch sehr behutsam vor, da die römische Kultur von Grund auf konservativ war. Von römischen Kaisern erwartete man, dass sie die Tradition achteten und nicht untergruben. Daher musste das Ausmaß der von ihm vollzogenen Wende kaschiert werden. Konstantin tolerierte daher weiterhin die Magie, die traditionell auf dem Land praktiziert wurde, und auch die heidnische Priesterschaft, die für das zivile Leben in den Provinzen von grundlegender Bedeutung war, blieb unangetastet. Gleichzeitig verschwanden die heidnischen Götter nach und nach von Konstantins Münzen. Der *solidus*, die neue Goldmünze, die er einführte, blieb über Jahrhunderte die stabile Währung des Byzantinischen Reichs. Als Kaiser war er berühmt-berüchtigt für seine hohen Ausgaben. Die Plünderung alter heidnischer Tempel erlaubte es ihm, seinen Anhängern üppige Geschenke zu machen. Aber den größten Teil der Staatsausgaben deckte er durch die Einführung einer Handelssteuer *(collatio lustralis)*, die alle fünf Jahre erhoben wurde und viel Groll erregte.

Eine wichtige Neuerung war auch die Unterteilung der Reichsverwaltung in einen fiskalischen und einen militärischen Bereich, die auf Diokletians Reformen aufbaute. Auch die Gründung Konstantinopels schloss in gewisser Weise an Diokletian an, der Nikomedia zu einer bedeutenden Stadt im Osten des Reichs ausgebaut hatte. Doch Konstantins Aufbau und Förderung einer christlichen Elite in seiner neuen Stadt stellte eine kulturelle Revolution ganz eigener Art dar.

Neben der traditionellen klassischen Kultur entstand nun eine christliche Kultur. Konstantin förderte das Christentum zum Teil durch Gesetze, vor allem aber durch seine persönliche Gunst und sein eigenes Vorbild. Dass er es zur staatstragenden Religion erhoben hatte, war hingegen sein größtes Vermächtnis.

KONSTANTIN I.

UM 280–337

306 Konstantin wird in York zum Augustus ausgerufen.

312 Konstantin bekehrt sich zum Christentum und gewinnt die Schlacht bei der Milvischen Brücke gegen seinen Rivalen Maxentius.

313 Konstantin ist nun Augustus (ranghöchster Kaiser) Westroms; er erlässt das Edikt von Mailand, das den Christen freie Religionsausübung zusichert.

324 Konstantin wird Alleinherrscher des West- und Oströmischen Reichs.

325 Konstantin beruft das Konzil von Nicäa ein.

326 Konstantin befiehlt die Tötung seiner Frau Fausta und seines ältesten Sohnes Crispus.

330 Er verlegt seine Hauptstadt nach Byzanz; sie wird Konstantinopel genannt.

336 Baubeginn der Grabeskirche in Jerusalem an der vermuteten Stätte von Jesu Kreuzigung.

337 Konstantin wird kurz vor seinem Tod in Nikomedia getauft. Sein Leichnam wird nach Konstantinopel gebracht und in der Apostelkirche bestattet.

AL-MANSUR, der zweite Kalif der Abbasiden von Bagdad

REG. 754–775

Al-Mansur, der zweite Kalif der Abbasiden-Dynastie, sah 762 seine Vision einer neuen Stadt in Erfüllung gehen, als Arbeiter am Ufer des Tigris mit dem Bau Bagdads begannen. Im Hochsommer war der Kalif zum ersten Mal an diesen Ort gekommen und hatte hier übernachtet. Am nächsten Morgen war er aufgewacht und hatte «die süßeste, sanfteste Nacht auf Erden verbracht», wie der irakische Geschichtsschreiber al-Tabari im 9. Jahrhundert berichtete.

Vor allem waren es aber wohl wirtschaftliche und politische Aspekte, die Bagdad zum idealen Standort für al-Mansurs neue Hauptstadt machten. Ein Kanalnetz sorgte für fruchtbares Ackerland, das die Stadtbevölkerung mit Nahrungsmitteln versorgen und dem Staat Handelseinnahmen einbringen konnte. Die Gründung der Stadt sollte die Stärke und Dauerhaftigkeit der Abbasiden-Dynastie demonstrieren sowie das Vordringen der islamischen Kultur von ihrem ursprünglichen Kernland auf der arabischen Halbinsel nach Osten untermauern.

Der frühe Islam war geprägt von der Schlichtheit und dem Nomadentum der arabischen Stämme. Sie bildeten die Armee, die im 7. Jahrhundert unter Führung des Propheten Mohammed von der Arabischen Halbinsel aus zu einem großen Eroberungszug aufbrach. Mit der geographischen Verlagerung der islamischen Zentren vollzog sich ein beträchtlicher gesellschaftlicher Wandel hin zu einem komplexen Staatswesen. Bagdad lag an der Hauptroute nach Persien. Der dortige Verwaltungsstil beeinflusste al-Mansurs Regierung stark und auch das Hofzeremoniell in Bagdad lehnte sich an die Traditionen altorientalischen Königtums an, die eine ehrfurchtsvolle Distanz zwischen Herrscher und Volk vorsahen.

Der Mongolensturm auf Bagdad und die Zerstörung der Stadt 1258 beendeten die 500-jährige Herrschaft der Abbasiden-Dynastie. Auch die künstlerischen Traditionen der Region änderten sich. Kalligrafie und Illustration rückten in den Vordergrund. Das Manuskript aus der mongolischen Schule aus dem 15. Jahrhundert zeigt Szenen aus dem Leben Mohammeds.

بفرمود تا قنبر نامور / برفتن سوی کوه بندگمر
بدان تا بداند که سالار کیست / بدز اندرون نامبردار کیست

یکی نامه بنوشت و سر مهر کرد / بقنبر چنین گفت کای شیرمرد
ببر نامهٔ من بدین نامدار / جوابی بیاور که آید بکار

روان گشت قنبر چو شیر دژم / برفتند ده مرد با او بهم
خبر شد بسیاف خنجرگزار / که آمد فرستاده بر حصار

بفرمود تا بازدادند راه / بیامد بر پهلوان سپاه

چو قنبر به پیش بزرگان رسید / نگه کرد سیاف و او را بدید

باکرام او زود برخاست پیش / که او را فشاند بپهلوی خویش

فرستاده لب را بدندان گزید / که یعنی مکن راز پنهان پدید

ازان پس زبان آتش آمیز کرد / زبان را بسان سنان تیز کرد
که ای کوته اندیش پرخاشجوی / بدین بد چه اندیشه داری بگوی

نمی ترسی از گردش روزگار / که بودت بدین جنبش آموزگار
کمند تو چندانکه باشد بلند / سر آسمان ایمنست از کمند

بنیروی بازوی زور آزمای / کسی کوه را بر نگیرد ز جای
میندار قطره بدریای ژرف / که دریا بترسد ز باران و برف

مپندیش کین پشه بی خبرست / نمک تیغ چون دست شمشیر بست
چنین داد پشت غشمشم پیام / که شمشیر شیران بجان و بنام

ترا زهره باشد که در رزم شاه / برانگیزی این خوار مایه سپاه
برون آی تا نزد شاهت برم / بخواهش بدان بارگاهت برم

AL-MANSUR
709–775

709 Geburt als Abu Dschafar in Humaymah in Syrien.

749 Abu Dschafars Bruder, Abu al-Abbas as-Saffar wird Kalif.

754 Abu al-Abbas stirbt; Abu Dschafar folgt ihm unter dem Namen „al-Mansur“ auf den Thron. Sein Onkel Abdallah beansprucht das Kalifenamt für sich, aber seine Revolte wird niedergeschlagen.

755 Al-Mansur lässt Abu Muslim, den populären Statthalter von Khorasan, töten, um seine Herrschaft zu sichern. Eine darauffolgende Rebellion wird unterdrückt.

762 Baubeginn von al-Mansurs neuer Palaststadt Madinat as-Salem, aus der sich Bagdad entwickelt.

775 Al-Mansur stirbt während einer Pilgerfahrt nach Mekka.

Die Rundstadt Bagdad

Eine doppelte Mauer aus Lehmziegeln und ein Wallgraben umgaben die Rundstadt Bagdad, die einen Durchmesser von 2700 Metern besaß. Direkt an der Mauer befanden sich Wohnhäuser für die Kalifenfamilie und die Angestellten des Hofes, in einem inneren Ring Regierungsgebäude und Kasernen. In der Mitte lagen der Palast des Kalifen und die Moschee. Wohnviertel und Märkte der Stadt entstanden außerhalb der Mauern. Sie waren bewusst von der Stadt des Herrschers abgetrennt. Der Palast war prunkvoll ausgestattet und wurde von zahllosen Kammerherrn, Pagen und Eunuchen bevölkert. In einem Saal gab es später einen Baum aus Gold und Silber mit mechanischen Vögeln auf den Zweigen, deren Anblick und Gesang Besucher in Erstaunen versetzte. Al-Mansurs Palast und Stadt wurden zu Symbolen einer absoluten Herrschaft, die ihre Macht durch Prachtentfaltung demonstrierte.

Das Kalifat

Die Kalifen, die religiöse und politische Autorität in sich vereinten, strebten von Anfang an danach, das Reich zu konsolidieren, das die Araber im 7. Jahrhundert erobert hatten. Mitte des 7. Jahrhunderts umfasste es ganz Arabien, weite Teile des Herrschaftsgebiets der iranischen Sassaniden und die byzantinischen Provinzen Syrien und Ägypten. Kaum 30 Jahre waren vergangen, seit der Prophet Mohammed 622 von Mekka nach Medina ausgewandert war und die erste islamische Gemeinde gegründet hatte, deren Mitglieder an seine Botschaft von dem einen transzendenten Gott glaubten. Die Kalifen verstanden sich als Nachfolger Mohammeds als zivile und religiöse Führer der islamischen *umma* (Gemeinschaft).

Der erste Kalif war Abu Bakr, Mohammeds engster Vertrauter, Berater und Initiator der militärischen Expansion. Er und seine drei Nachfolger, Umar I., Uthman und Mohammeds Schwiegersohn Ali, wurden von den Führern der Gemeinde gewählt. Sie werden als die vier „rechtgeleiteten“ Kalifen bezeichnet. Die Ermordung Uthmans 656 führte dann zu einer Spaltung der Muslime. Seine Anhänger, angeführt von dem syrischen Statthalter Muawija aus der Familie der Omaijaden, verlangten Sühne für seine Ermordung und akzeptierten Ali nicht als Nachfolger. Es kam zu militärischen Auseinandersetzungen zwischen den Parteien. Aber erst nach der Ermordung Alis setzte sich Muawija als Kalif durch und führte die dynastische Erbfolge für das Kalifenamt ein. Die Partei Alis *(shi'at Ali)*, die Schiiten, spaltete sich daraufhin dauerhaft von der Mehrheit der Muslime, den Sunniten, ab.

Der Sturz der Omaijaden

Das urbane Leben verdrängte zu großen Teilen die alten Stammesloyalitäten, die den Islam bis dahin geprägt hatten. Von ihrer Hauptstadt Damaskus aus beherrschte die Omaijaden-Dynastie den gesamten östlichen Mittelmeerraum. Während Mekka und Medina mehr und mehr an politischer Bedeutung verloren, entfaltete der Islam seine wahre Stärke weiter östlich. Die Städte im Irak wurden

größer und bedeutender, und die alteingesessene persische Elite begann sich mit der arabischen Führungsschicht zu vermischen. Die Omaijaden hatten zunehmend Schwierigkeiten, ihre Herrschaft in diesen östlichen Regionen durchzusetzen. Als 747 in Chorasan im Nordwestiran Aufstände ausbrachen, breiteten sie sich schnell aus.

Die Abbasiden, die ihre Herkunft auf Mohammeds Onkel al-Abbas ibn Abd al-Muttalib zurückführten, unterstützten Abu Muslim, den persischen Anführer der Revolte in Chorasan. Als arabische und persische Rebellen sich 749/750 zusammenschlossen, besiegten sie den letzten Omaijaden-Kalifen Marwan II. Auch die Schiiten beteiligten sich an den Kämpfen, doch anstatt Alis Nachkommen das Kalifat zu überlassen, beanspruchten die Abbasiden es für sich. Da der Klanführer der Abbasiden, al-Mansurs Bruder Ibrahim, von Marwan gefangen genommen worden war und in Gefangenschaft starb, wurde ein anderer Bruder al-Mansurs, Abu al-Abbas, erster Abbasiden-Kalif. al-Mansur trat 754 seine Nachfolge an.

Der Omaijaden-Kalif Hisham (691–743) baute 60 Kilometer westlich von Palmyra in der syrischen Wüste ein festungsartiges Schloss mit Steinfundamenten und Mauern aus gebrannten Lehmziegeln. Das Qasr al-Hair al-Gharbi wurde 727 fertiggestellt. Die abgebildete Originalfassade wurde abgetragen und im syrischen Nationalmuseum in Damaskus wiederaufgebaut.

Die Herrschaft al-Mansurs

Die Abbasiden machten Abu Muslim zum Statthalter von Chorasan. Mit seiner Hilfe schlug al-Mansur 754 eine von seinem Onkel Abdallah ibn Ali angeführte Rebellion nieder. Aus Sorge über den wachsenden Einfluss des siegreichen Abu Muslim enthob al-Mansur ihn jedoch anschließend seines Amtes und ließ ihn 755 hinrichten. In den Jahren 762 und 763 kam es zu massiven Aufständen der Schiiten, die sich unter al-Mansurs Regentschaft zu unversöhnlichen Gegnern des sunnitischen Islam, der größeren der beiden Glaubensrichtungen, entwickelten.

Die Abbasiden stellten ihre Autorität sowohl durch gezielte Einschüchterungspolitik als auch durch Prachtentfaltung wieder her. Beides sollte den Untertanen imponieren und ihren Gehorsam sichern. Da die Abbasiden mithilfe der unterschiedlichsten Interessengruppen an die Macht gekommen waren, beschlossen sie, eine loyale Führungselite zu schaffen, die allein ihren Interessen diente. Sie rekrutierten sie besonders erfolgreich aus traditionellen persischen Beamtenfamilien, die inzwischen zum Islam konvertiert waren.

Das Kontrollsystem der Abbasiden

Hofbeamte kontrollierten den Zugang zum Kalifen. Ein Scharfrichter an seiner Seite erinnerte ständig daran, dass der Herrscher nach Belieben richten und Urteile vollstrecken lassen konnte. Ein Wesir stand an der Spitze der zivilen Verwaltung, die sich in mehrere *diwans* gliederte: Die Finanzverwaltung trieb Steuern ein und überwachte die Ausgaben des Staates, eine Kanzlei kümmerte sich um amtliche Unterlagen und Dokumente, und ein *diwan* war eigens für die Armee zuständig. Den gesamten Verwaltungsapparat kontrollierte ein hochentwickelter Geheimdienst, der den Kalifen über die Vorgänge in seinen Reichsgebieten informierte. Die wichtigste Aufgabe des Geheimdienstes war es, aufzupassen, dass lokale Amtsinhaber nicht allzu mächtig wurden und ihre Macht missbrauchten, da sie weit von Bagdad entfernt waren. Sowohl der Kalif als auch seine Provinzgouverneure hielten aus diesem Grund öffentliche Versammlungen ab, auf denen man Beschwerden gegen Beamte vorbringen und Entschädigungen für erlittenes Unrecht beantragen konnte.

Um Armee und Verwaltung finanzieren zu können, systematisierten die Abbasiden das Steuersystem. Bei den Abgaben auf Grundbesitz und dessen Erträge waren ursprünglich die Muslime begünstigt worden. Sie mussten weniger bezahlen als Juden, Zoroastrier und Christen. Dieser Unterschied bestand zunehmend nur noch theoretisch, doch die Kopfsteuer *(jizyah)*, die von Nichtmuslimen entsprechend ihren Besitzverhältnissen erhoben wurde, bestand weiter und es kamen neue Steuern auf Import- und Exportgüter hinzu.

Orientierung nach Osten

Hatten die Omaijaden sich auf Nordafrika, den Mittelmeerraum und Südeuropa konzentriert, so richteten al-Mansur und seine Nachfolger ihren Blick vor allem nach Osten: nach Persien und Transoxanien, das Gebiet des heutigen Usbekistan, Tadschikistan und Südwestkasachstan. Eine Folge davon war, dass regionale Dynastien in Spanien, Ägypten und Nordafrika Gegenkalifate errichteten. Der östlich orientierte Internationalismus der Abbasiden stützte sich zunehmend auf den Islam als einigende Größe. Es war nicht mehr die ethnische Zugehörigkeit zu den arabischen Stämmen, die die Identität des Reichs ausmachte, sondern die Idee einer Glaubensgemeinschaft, der auch nichtarabische Konvertiten angehörten. Für die meisten Untertanen war der Kalif in Bagdad fern, aber indem er zeigte, dass er ihren Glauben und ihre Moral teilte, konnte er seinen Herrschafts- und Loyalitätsanspruch ihnen gegenüber festigen. Dazu passte, dass al-Mansur auf einer Pilgerfahrt nach Mekka starb.

Ein Zentrum arabischer Gelehrsamkeit

Al-Mansurs Legitimitätsanspruch basierte wie der seiner Nachfolger auf seiner Abstammung von der Familie des Propheten Mohammed. Das Kalifat von Bagdad pflegte daher die sunnitische Theologie, die auf den überlieferten Aussprüchen und Handlungen des Propheten Mohammed basiert. Die Dynastie förderte auch die Entwicklung des islamischen Rechts, das in dieser Zeit erstmals systematisiert wurde. Unter den Abbasiden entwickelte sich der Richter oder *qadi* zu einem eigenständigen Amt mit der Kompetenz, maßgebliche Rechtsurteile zu fällen. Im 9. Jahrhundert avancierte Bagdad zudem zu einem bedeutenden Zentrum arabischer Gelehrsamkeit. Im Bait al-Hikma („Haus der Weisheit"), einer Art Akademie mit

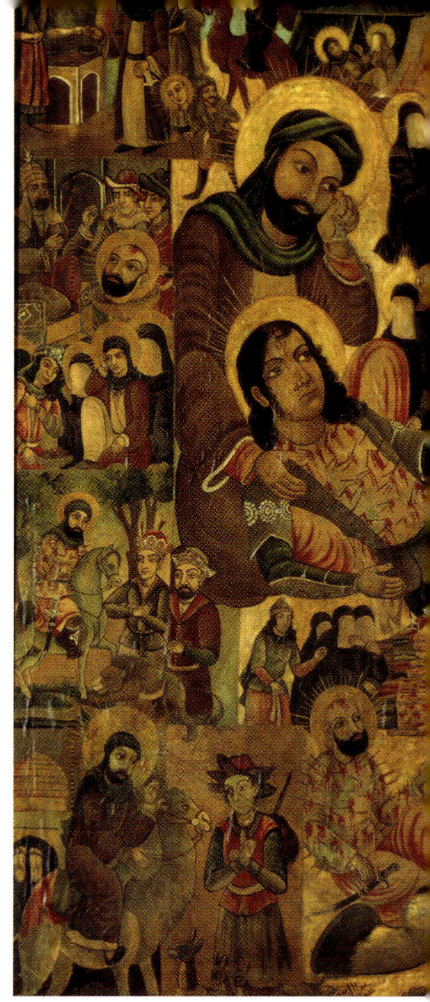

Die Schlacht von Kerbala 680 war ein tragisches Schlüsselereignis in der Geschichte der Schiiten. Mohammeds Enkel Hussein weigerte sich, dem Omaijaden-Kalifen Yazid, Muawijas Nachfolger, die Treue zu schwören, und zog mit 72 Soldaten und einigen Verwandten gegen dessen 4000 Mann starke Armee. An Husseins Niederlage und Tod, hier dargestellt auf einem Gemälde des frühen 20. Jahrhunderts, erinnern die Schiiten alljährlich beim Aschura-Fest.

Bibliothek, die Kalif Mamun 830 gründete, übersetzten Gelehrte mathematische, wissenschaftliche und philosophische Texte aus dem Griechischen ins Arabische. Es entstand eine reiche islamische Buchkultur, für die Bagdads Papiermühle das Material produzierte, das Pergament und Papyrus ersetzte.

Das Ende des Abbasiden-Kalifats

811 bis 813 brach ein Bürgerkrieg aus, bei dem sich das Fehlen einer loyalen Armee als ein Hauptproblem des Kalifats erwies. Die Kalifen pflegten nichtmuslimische Berber, Slawen und vor allem Angehörige von Turkstämmen Zentralasiens als Söldner für ihr Heer anzuwerben. Diese Soldaten aus den Grenzregionen des Reichs mochten zwar zum Islam konvertieren, doch allein durch ihre Präsenz untergruben sie al-Mansurs Ziel, ein nach islamischem Recht und Glauben regiertes Reich zu schaffen. Ihre Offiziere waren ohne Weiteres bereit, jeden Kalifen zu töten, der ihren Forderungen nicht nachkam, da er für sie keine religiöse Autorität verkörperte. Und besonders die turkstämmigen Söldner verweigerten sich einer kulturellen Assimilation.

Um 930 gelangten die Buyiden im Westiran an die Macht. Sie eroberten 945 Bagdad und degradierten die Abbasidenkalifen zu Marionettenherrschern. Die Seldschuken, die 1055 die Buyiden besiegten, sprachen dem Abbasiden-Kalifat jegliche weltliche Macht ab, setzten es aber als religiöse Institution und Fokus der islamischen Einheit wieder ein. 1258 gingen die Abbasiden endgültig unter, als die Mongolen Bagdad plünderten und das Bewässerungssystem zerstörten, das den Wohlstand der Stadt begründet hatte. Die letzten Reste jener Vision waren nun zerstört, die al-Mansur nahezu 500 Jahre zuvor an einem Sommermorgen gehabt hatte.

KARL *der Große*, fränkischer König und römischer Kaiser

REG. 768–814 (774–814, 800–814)

In den 500 Jahren bevor Karl der Große seine Regentschaft antrat, erlebte Europa eine Völkerwanderung von Osten nach Westen, die das zerfallende Römische Reich großem Druck von außen aussetzte. Unter Karl dem Großen ließ dieser Druck allmählich nach, und der christliche Kriegeradel Westeuropas setzte zu einem Gegenstoß in die Mitte und den Osten des Kontinents an.

Karls Vorstellungen von königlicher Macht legten das Fundament für ein neues europäisches Selbstvertrauen. Die Wiederbelebung antiker römischer und imperialer Herrschaftsansprüche und Eroberungspläne erwies sich als kulturelle Inspiration sowie als effektive Möglichkeit, militärische Macht aufzubauen.

Das Fränkische Reich

Zwischen 500 und 800 entwickelte sich aus dem römischen Gallien das Königreich der Franken. Dieser germanische Volksstamm hatte sich zunächst in der Region des Maas- und Moseltals niedergelassen, bevor er seine Herrschaft nach Süden bis in die Provence und an die Pyrenäen ausdehnte. Nach Osten drangen die Franken über den Rhein bis nach Germanien vor und besiegten unter Chlodwig, ihrem ersten christlichen König, die Alemannen. All diese Erfolge erlebte das Fränkische Reich unter der Herrschaft der Merowinger. Schließlich kam es jedoch zu Bruderkriegen, da der Erstgeborene nicht automatisch Anspruch auf die Thronfolge hatte und der altgermanische Glaube immer noch präsent war, dass alle Erben des Königs Anteil an seinem Charisma hätten und daher gemeinsam herrschen könnten. In der Folge wurde das Fränkische Reich im 7. Jahrhundert zweigeteilt: in Austrien im Nordosten und Neustrien im Nordwesten.

Das Gemälde Albrecht Dürers von 1512 zeigt Karl den Großen im Krönungsgewand. Papst Leo III. krönte Karl den Großen Weihnachten 800 zum Kaiser des Heiligen Römischen Reichs.

Dis ist der gstalt und biltnus gleich
Kaiser Karlus der das Remisch reich Dem teitschen under tenig macht
Sein kron und klaidung hoch geacht
Zaigt man zu Nurenberg alle Jar Mit andern haltum offenbar

In beiden Gebieten lag die effektive Macht bei dem jeweiligen Hausmeier *(maior domus)*, einer Art Reichsregenten, während die Merowingerkönige nur noch dem Titel nach herrschten. Pippin von Herstal, der Hausmeier Austriens, behauptete sich schließlich sowohl innerhalb des austrischen Adels als auch gegen Neustrien. Von 687 an herrschte er über das gesamte Fränkische Reich. Seine Familie, die ausgedehnte Ländereien im fränkischen Kernland besaß, wurde später nach ihrem berühmtesten Mitglied, Karl dem Großen, als Karolinger bezeichnet.

Karl Martells Sieg bei Tours und Poitiers

Karl Martell, ein illegitimer Sohn Pippins, trat dessen Nachfolge als Hausmeier an und setzte die Ausweitung der fränkischen Herrschaft über die germanischen Völker nach Osten fort. Als Herzog Edo von Aquitanien von arabischen Heeren belagert wurde und Karl Martell zu Hilfe rief, errang dieser in der Schlacht von Tours und Poitiers einen wichtigen Sieg: Das Vordringen der Araber in Europa war gestoppt. Der Sohn Karl Martells und Vater Karls des Großen, Pippin der Jüngere, setzte 750/751 den letzten Merowingerkönig, Childerich III., ab. Das Geschlecht der Karolinger, das bereits effektiv die Macht innehatte, erhielt nun mit dem Segen des Papstes auch die legitime Königswürde.

Frühe Leistungen Karls des Großen

Karl der Große trat 768 die Thronfolge an. Zu seinen frühen Leistungen zählt der Sieg über die Langobarden, einen germanischen Stamm, der sich im Zuge der Völkerwanderung in Norditalien angesiedelt hatte. Die Langobarden waren hervorragende Reiter und besaßen bereits Steigbügel, eine Erfindung der Chinesen aus dem 4. Jahrhundert, die wesentlich zu ihren Erfolgen beitrug. Aber sie gründeten nie eine Königsdynastie und unterlagen letztlich der größeren Geschlossenheit der Franken, die 774 ihre Hauptstadt Pavia einnahmen. Karl der Große ließ sich zum König der Langobarden krönen, sehr zur Erleichterung des Papstes, für den die Langobarden eine große Bedrohung dargestellt hatten.

Die Aachener Königspfalz

Karl der Große pflegte in den 770er- und 780er-Jahren mit seinem Hofstaat von einer Pfalz zur anderen zu reisen, bevorzugte aber mit der Zeit immer mehr den Nordosten seines Reichs. Der König, der ein guter Schwimmer war, liebte die Thermalquellen in Aachen, und Ende der 780er-Jahre beschloss er, die dortige Pfalz zu seiner dauerhaften Residenz auszubauen. In dem großen, eingeschossigen Palast gab es eine große, rechteckige Königshalle von 46 Metern Länge und 20 Metern Breite, die sich zu drei Apsiden öffnete. In einer dieser Apsiden stand der Königsthron, der Salomos Thron in Jerusalem nachgebildet war. Vor dem Palast erstreckte sich ein Hof mit Säulengängen und den Unterkünften der königlichen Dienerschaft. Bären, Löwen und nach 800 auch ein Elefant – ein Geschenk des Abbasiden-Kalifen in Bagdad –, die in Käfigen gehalten wurden, galten als Symbol königlicher Autorität. Zu Karls Hofstaat gehörten unter anderen seine

Der Hof Karls des Großen verzichtete auf Prunk und aufwändiges Zeremoniell. Karls schlichter Thron aus Marmorplatten steht heute im Aachener Dom.

Nebenfrauen. Vier von ihnen sind namentlich bekannt, aber es gab wohl noch wesentlich mehr Konkubinen, die dem König nach Wunsch zur Verfügung standen. Bei der Heiligsprechung Karls des Großen mussten die Kirchenoberen sicher mehr als ein Auge zudrücken.

Der Bau der Kapelle der Aachener Königspfalz begann in den 790er-Jahren. Sie symbolisierte die Überzeugung der Franken, ein auserwähltes Volk zu sein. Ihre Könige waren Hüter des Mantels *(cappa)*, den der heilige Martin von Tours – seit dem Merowingerkönig Chlodwig der fränkische Nationalheilige – der Legende nach mit einem Bettler geteilt hatte. Der Ort, an dem die Reliquie aufbewahrt wurde, erhielt daher den Namen Kapelle *(capella)*, die zuständigen Priester nannte man Kaplane *(capellani)*. Die karolingische Pfalzkapelle, die heute Teil des Aachener Doms ist, ist ein überkuppeltes Oktogon, umgeben von einem 16-seitigen Umgang. Es wirkt architektonisch nüchtern und streng, wurde aber von Karl dem Großen prunkvoll ausgestattet.

Die Kapelle besaß Bronzetüren, farbige Bodenfliesen und antike Säulen mit Schäften aus Marmor und Porphyr, die aus Ravenna importiert wurden. Das Mosaik im Kuppelgewölbe zeigt Christus als Weltenherrscher, umgeben von den 24 Ältesten der Apokalypse des Johannes. Womöglich hatte sich Karl der Große zu dem Bau von der Kirche San Vitale in Ravenna inspirieren lassen. 786 und 787 war er in der Stadt, doch auch in Rom, das er 774, 781 und 788 besuchte, dürfte er achteckige Gebäude gesehen haben wie etwa das Baptisterium der Lateranbasilika.

Ein schlichter Hof

Das Hofzeremoniell Karls des Großen war ebenso bescheiden wie seine Kleidung. Sein Biograf Einhard berichtete, dass er sein juwelenbesetztes Schwert nur an hohen liturgischen Feiertagen und beim Empfang ausländischer Gesandter trug. Andere Regalien sind nicht erwähnt. In der Königshalle der Pfalz wurden Amtsgeschäfte erledigt und nach der Jagd Festessen veranstaltet. Sie bot jedoch keinen Rahmen für ein aufwändiges Zeremoniell in byzantinischer Tradition. Am Hof Karls des Großen ging es nicht um oberflächlichen Pomp, sondern um substanzielle Macht. Die Fülle der überlieferten amtlichen Dokumente zeugt von den weitreichenden Ambitionen des Königs. Dass er sich auch um zahlreiche Detailfragen kümmerte, zeigen Edikte wie das Verbot, bei der Weinherstellung Trauben mit den Füßen zu maischen – da es als unhygienisch galt –, sowie seine Maßnahmen gegen Inzest und Sodomie innerhalb des Klerus.

Sieg über die Sachsen

Die Kriege gegen die heidnischen Sachsen, die 772 begannen und bis 804 dauerten, nahmen eine zentrale Stellung in der Regentschaft Karls des Großen ein. Die Unterwerfung und Christianisierung wurde mit äußerster Brutalität durchgesetzt.

Widerständige wurden in Massen getötet oder deportiert. Danach sollten strenge Gesetze helfen, die sächsischen Gebiete zu befrieden, in denen immer wieder Aufstände aufflammten. Sächsische Magier und Wahrsager wurden als Leibeigene den neu geschaffenen Kirchengütern übergeben. Die freie Bevölkerung musste ein Zehntel ihres Einkommens und Vermögens an die Kirche abführen. Dies war der erste Fall des mittelalterlichen Zehnts.

Die karolingische Renaissance

Die Sachsenkriege trugen Karl einen düsteren Ruf ein. Doch von der Aachener Königspfalz ging auch eine künstlerische und geistige Bewegung aus, die die klassische Bildung wiederaufleben ließ. Sie wird als karolingische Renaissance bezeichnet. Es handelte sich dabei jedoch um keine nostalgische Sehnsucht nach der Antike, sondern um eine nach vorn gerichtete *renovatio*. Karl der Große ließ auch die alten Volkssagen und Lieder der Franken sammeln und schriftlich festhalten. Mit der karolingischen Minuskel entstand eine einheitliche Schrift, die sich durch präzise Buchstaben und eine klare Rechtschreibung auszeichnete. Eine ähnlich tiefgreifende Veränderung vollzog sich in den bildenden Künsten, wovon Illustrationen von Evangeliaren und Psaltern zeugen. Die Darstellungen menschlicher Figuren wurden lebendiger und ausdrucksstärker mit ihren fließenden, langgestreckten Formen. Sie ersetzten die flächigen, byzantinisch beeinflussten Illustrationen früherer westlicher Handschriften.

Doch nicht nur die Aachener Werkstätten mit ihren eigens aus Italien angeworbenen, in den antiken Techniken bewanderten Handwerkern brachten künstlerische Meisterwerke hervor. Die Domschule von Metz etwa war berühmt für ihre Musik, Orleans war ein bedeutendes Zentrum für Buchmalerei, und Bischof Arno von Salzburg schuf eine große Bibliothek und ließ Abschriften von 150 klassischen, literarischen, christlichen und theologischen Werken anfertigen.

Der Staatsschatz Karls des Großen

Eroberungen sorgten dafür, dass die neue künstlerische Blüte finanziert werden konnte. Große Schätze erbeutete Karl der Große in Pavia von den Langobarden und auch von den Sachsen. Die reichste Beute brachten aber die Feldzüge gegen die Awaren. Dieses kriegerische Reitervolk aus Zentralasien hatte sich im 6. Jahrhundert im Gebiet des heutigen Ungarn niedergelassen und nahezu ein Jahrhundert lang von Byzanz jährlich 80 000 Gold-Solidi erpresst, damit es Konstantinopel verschonte. Diesen gewaltigen Schatz horteten die Awaren in einem riesigen Befestigungsring, der ihnen als Hauptlager diente. Nach ihrer Niederlage 796 wurde der Schatz in 15 Wagen nach Aachen geschafft. Da die Gold- und Silberminen Europas bereits seit spätrömischer Zeit erschöpft waren, ermöglichte diese Kriegsbeute Karl dem Großen, Europas chronischen Mangel an Münzmetallen auszugleichen und seine Bildhauer, Architekten, Künstler, Schreiber sowie seine Armee zu bezahlen.

KARL DER GROSSE
742 (747?)–814

750–751 Der Vater Karls des Großen, Pippin der Jüngere, setzt den letzten merowingischen Herrscher ab und lässt sich selbst zum König ausrufen.

768 Karl der Große besteigt den fränkischen Thron.

772 Beginn der Kriege gegen die heidnischen Sachsen.

774 Karl schlägt die Langobarden in der Schlacht von Pavia und wird König der Langobarden.

778 Karl der Große erlebt seine einzige größere militärische Niederlage in Spanien; es gelingt ihm nicht, Saragossa einzunehmen.

796 Sieg über die zentralasiatischen Awaren; ihr Schatz wird nach Aachen verschleppt.

800 Karl der Große wird von Papst Leo III. in Rom zum römischen Kaiser gekrönt.

804 Ende der Christianisierung der Sachsen.

805 Papst Leo III. weiht den Aachener Dom.

814 Karl der Große stirbt; Nachfolger wird sein Sohn Ludwig der Fromme.

Die Kaiserkrönung

Im November 800 reiste Karl der Große nach Rom. Er hatte sich geweigert, die Absetzung Papst Leos III. durch die Römer zu akzeptieren. Zum Dank krönte Leo ihn am 25. Dezember 800 zum Imperator Augustus und machte ihn damit zum ersten Kaiser des Römischen Reichs in Westeuropa, seit das antike Westrom im 5. Jahrhundert untergegangen war.

Nach Karls Tod im Jahr 814 in Aachen kam es zwischen seinen streitlustigen Enkeln zu einem Machtkampf und zur Teilung des Reichgebiets in ein ostfränkisches Reich, aus dem später Deutschland hervorging, und ein westfränkisches Reich, das dem späteren Frankreich entsprach.

Das Fortleben des karolingischen Kaisertums

In Frankreich berief sich die Dynastie der Kapetinger auf Karl den Großen als bedeutenden Vorfahren und feierte ihn als Bewahrer Galliens und der gallischen Kultur. Der deutsche Teil des alten Karolingerreichs, dessen Zentrum nun in Sachsen lag, führte ebenfalls das Erbe Karls des Großen fort, indem er das karolingische Kaisertum wiederaufrichtete. Otto I., Herzog der Sachsen, wurde 936 in Aachen zum König der Deutschen gewählt, gesalbt und inthronisiert, wobei die Abfolge des Zeremoniells karolingischer Tradition folgte. Der Papst krönte ihn, wie schon zuvor Karl den Großen, 962 zum Kaiser. Ottos Krönung markierte den offiziellen Beginn des Heiligen Römischen Reichs, das bis 1806 bestand. Seine Herrscher beriefen sich auf Karl den Großen – wie so viele, die an die europäische Einheit glauben.

Die mit Edelsteinen und Email verzierte goldene Karlsbüste ist ein Reliquiar aus dem 14. Jahrhundert und befindet sich in der Nähe der Grabstätte des Königs im Aachener Dom.

KAMMU, der 50. Tenno von Japan

REG. 781–806

Kaiser Kammu beschloss, in der Mitte von Honshu, der größten der vier Hauptinseln Japans, jene Stadt zu bauen, die zum Symbol für den Traditionalismus, die Autorität und die Abgeschiedenheit der japanischen Kultur werden sollte: Kyoto, das mehr als 1000 Jahre lang, von 794 bis 1868, als Hauptstadt und Kaiserresidenz diente, wurde nach exakten Vorgaben angelegt. Die Straßen bildeten ein geometrisches Gitternetz. Im Norden, wo der japanischen Mythologie zufolge traditionell böse Geister wohnen, schützten Berge die Stadt, während die Flüsse Kamo und Katsura ihre Ost- und Westgrenze bildeten.

In dieser rechteckigen, ummauerten Stadt kam die höfische und aristokratische Kultur Japans zu höchster Entfaltung. Förmliche Teezeremonien, Ikebana, die Kunst des Blumenarrangierens, erlesene Kalligrafie, Malerei sowie die ritualisierte Ästhetik des No-Theaters entwickelten sich während der langen Blütezeit Kyotos.

Vom 11. bis zum 16. Jahrhundert überfielen politisch ambitionierte buddhistische Mönche von ihrem Kloster auf dem nordöstlich von Kyoto gelegenen Berg Hieizan immer wieder die Stadt, und während des japanischen Bürgerkriegs 1467 bis 1477 wurden große Teile Kyotos zerstört. Aber jedes Mal wurde es nach dem Vorbild der Originalanlage wiederaufgebaut, denn Kammus Stadt war mittlerweile zum Sinnbild einer ganzen Kultur geworden.

Die ersten Japaner

Die Japaner gingen aus einer Vermischung von Einwanderern vom asiatischen Festland und aus dem südpazifischen Raum hervor. Erstmals erwähnt werden sie in chinesischen Chroniken der Hanzeit (206 v. Chr.–220 n. Chr.) als Volk, «das in über 100 Staaten aufgeteilt ist und in regelmäßigen Abständen Tribut zahlt». Vom 3. Jahrhundert an kam es zu einer gewissen Einheit unter einem Herrscher, der in Yamato in der Nara-Ebene im Zentrum der Insel Honshu residierte. Ende des 4. Jahrhunderts zog ein größeres japanisches Heer aus, um gegen Koguryo, das größte der drei unabhängigen Königreiche Koreas, zu kämpfen. Yamato verbün-

Kammus Hauptstadt Heian (Kyoto) inspirierte ein neues Genre der Malerei: Hauptstadtszenen (rakuchu rakugai zu). Die farbenfrohen, detaillierten Panoramen bestanden meist aus sechs Tafeln und zeigten das alltägliche Leben in und um Kyoto. Das abgebildete Beispiel entstand zwischen 1625 und 1650.

dete sich dabei mit dem Königreich Paekche an der Südwestspitze Koreas gegen die beiden anderen koreanischen Königreiche Koguryo und Silla.

Mit dem Engagement in Korea gelangten chinesische Einflüsse nach Japan. Sowohl Yamato als auch Paekche wandten sich den südchinesischen Staaten zu, während die beiden anderen koreanischen Reiche sich an Nordchina orientierten. Im 6. Jahrhundert vertrieb das militärisch überlegene Silla die Truppen des Yamato-Reichs von der koreanischen Halbinsel. In der Folgezeit verlor der Herrscher von Yamato an Bedeutung. Stattdessen gewannen die Führer des Soga-Klans durch Einheirat in die Herrscherfamilie und durch ihr finanzpolitisches Geschick an Macht. Zudem förderten sie am Hof aktiv den Buddhismus, der von China über Paekche nach Japan gekommen war.

Der gebildete Prinz Shotoku

Prinz Shotoku (574–622) aus dem Soga-Klan war der zweite Sohn des Kaisers Yomei. Als seine Tante Suiko (regierte 592–628) Kaiserin wurde, stieg er zum Kronprinzen und später zum Prinzregenten auf. Shotoku war ein überzeugter Buddhist und außerdem bewandert im Konfuzianismus. Er schickte Gesandte nach China, wo die Sui-Dynastie (581–618) herrschte, und ermunterte chinesische Künstler, Handwerker und Schreiber, sich in Japan niederzulassen. Shotokus Staatschroniken nach chinesischer Tradition gelten als erste Bücher Japans. Am Hof führte er 602 eine zwölfstufige Rangordnung ein, die sich entsprechend der konfuzianischen Lehre an Verdiensten, nicht an Herkunft orientierte. Die Ränge wurden durch unterschiedlich farbige Kopfbedeckungen kenntlich gemacht.

Die Mischung aus Buddhismus und Konfuzianismus, die der Prinz vertrat, ergänzte den traditionellen Shintoismus des japanischen Volkes. Dies führte unter

KAMMU
737–806

781 Kammu besteigt den Thron im Alter von 44 Jahren.

784 Er verlegt die Hauptstadt von Nara nach Nagaoka.

794 Erneute Verlegung der Hauptstadt nach Heian, dem heutigen Kyoto. Es bleibt Japans Hauptstadt bis 1868.

806 Kammu stirbt. Drei seiner Söhne folgen ihm nacheinander auf den Thron: Heizei, Saga und Junna.

Obwohl er die Macht der buddhistischen Priester zurückdrängte, sandte er während seiner Regierungszeit zwei Mönche nach China, die nach ihrer Rückkehr den Tendai- und Shingon-Buddhismus begründeten.

anderem zu einem Wandel der bis dahin schlichten architektonischen Traditionen des Landes. So entstanden etwa hölzerne buddhistische Tempel in chinesischem Stil mit riesigen Ziegeldächern. Dem Prinzregenten Shotoku gelang es, die Feudalherren wieder unter seine Kontrolle zu bringen, und er stärkte die Autorität des Herrscherhauses durch seine 17 Verfügungen. Dabei handelte es sich um eine Art Verfassung, die eine klare Trennung zwischen Kaiser und Ministern vorschrieb.

Konflikte und Anarchie

Nach Shotokus Tod 622 brach im Land Anarchie aus, und 643 wurde fast seine ganze Familie von anderen Mitgliedern des Saga-Klans getötet. Auch im übrigen Ostasien breiteten sich Konflikte aus, da das Koguryo-Reich mit Militärgewalt die Vorherrschaft in Korea an sich riss und zwei Armeen der geschwächten Sui-Dynastie aus China besiegte. Die rigorose Wiederherstellung der Ordnung in China durch die Tang-Dynastie erwies sich als wichtige Inspiration für die Herrschaftsstruktur Japans. Im Jahr 645 schien ein Putsch bevorzustehen, der Iruka, den Sohn des Klanoberhaupts der Soga, auf den Thron bringen sollte. Nakano Oe, ein Prinz des Kaiserhauses, und Nakatomi Kamatari aus dem mächtigen Nakatomi-Klan verhinderten ihn, indem sie ihrerseits putschten und die Soga-Familie auslöschten. In der Folgezeit erlebte Japan erstmalig eine absolutistische Regierung.

646 bestieg Prinz Karu, ein Onkel Nakano Oes, als Kaiser Kotoku den Thron. Ein Edikt des gleichen Jahres schaffte das Privateigentum der regionalen Klanoberhäupter *(uji)* an Land und Menschen ab. Die ehemaligen *uji*-Ländereien gingen in Staatsbesitz über und wurden vom Kaiser als Lehen an Untertanen vergeben, die es bewirtschafteten und festgelegte Abgaben zahlten. Der Kaiser ernannte Provinzgouverneure und ließ die gesamte Bevölkerung Japans zentral registrieren. Die „Taika"-Reformen nach chinesischem Vorbild stärkten die Macht der japanischen Kaiser. Im Jahr 662 folgte Prinz Nakano Oe selbst unter dem Namen Tenji auf den Kaiserthron. Kamatari wurde als Dank für seine Ministerdienste 669 der neue Familienname Fujiwara verliehen. Sein Klan sollte jahrhundertelang eine dominante Rolle in der japanischen Politik spielen.

Kampf um die Thronfolge

Nach Tenjis Tod 672 kam es zwischen seinem Onkel und seinem jüngeren Bruder zu massiven Kämpfen um die Thronfolge. Letzterer setzte sich durch und bestieg als Kaiser Temmu den Thron. Er ordnete die Niederschrift der Mythologie und frühen Geschichte Japans an, um seine Dynastie zu legitimieren. So entstand das „Kojiki", in dem die Herkunft des Herrscherhauses auf den legendären ersten Kaiser Jimmu, einen Sohn der Sonnengöttin Amaterasu, zurückgeführt wurde. Auch die Zeremonien im höchsten Heiligtum Japans, dem der Amaterasu geweihten Schrein von Ise, nutzte Temmu, um seine Dynastie zu stärken. Die Taika-Reformen ließ er im Asuka-Kiyomihara-Kodex schriftlich fixieren. Dieses Gesetzeswerk behandelte äußerst detailliert Verwaltung, Zivil- und Strafrecht Japans.

Auf ihm basierte das politische und rechtliche System des *ritsuryo*. Darin stand der Kaiser als staatliches und religiöses Oberhaupt an der Spitze des Staatsrates und des Götteramtes, das die Opfer und Feste für die Götter beaufsichtigte. Die in der Taika-Periode eingeführte staaatliche Verwaltung des gesamten Landes hatte sich als nicht praktikabel erwiesen. Daher übergab man Ländereien, die jährlich einen bestimmten Betrag abwarfen, als Pfründe an hohe Beamte, Shinto-Schreine und buddhistische Tempel.

Da die wachsende Bevölkerung die Anlage zusätzlicher Reisfelder erforderte, durfte von 743 an jeder, der Land urbar machte, dieses im Priavtbesitz behalten. Damit wurde jedoch ein wesentliches Merkmal der japanischen Verwaltung untergraben.

Die Buddhastatue im Todai-Tempel von Nara ist mit ihren 15 Metern Höhe die größte vergoldete Bronzefigur der Welt. Sie entstand im Jahr 752 und wurde im Laufe der Jahrhunderte mehrfach restauriert, wenn sie durch Kämpfe oder Erdbeben Schäden erlitten hatte.

Buddhistische Einflüsse

Von 710 bis 784 war Nara Hauptstadt und Kaiserresidenz Japans. In dieser Zeit förderte Kaiser Shomu mit Nachdruck den Buddhismus und herrschte nach buddhistischen Prinzipien. Im Todai-Tempel stellte er einen riesigen Bronze-Daibutsu („großer Buddha") als Hüter des Landes auf. Die vielen buddhistischen Tempel, die er zusätzlich in den Provinzen errichten ließ, häuften beträchtliche Reichtümer an, und ihre Mönche erlangten großen politischen Einfluss, was bei vielen japanischen Aristokraten Unmut erregte.

Die Familie Fujiwara, aus der auch die Ehefrau Kaiser Shomus stammte, gehörte zur neuen Oberschicht von Beamten und Adeligen, die bei Hof aufgestiegen waren. Unter Shomus Tochter, Kaiserin Koken, wurde der buddhistische Priester Dokyo leitender Minister. Nach ihrem Tod 770 gingen die Fujiwara aktiv gegen die Dominanz der buddhistischen Priester in der Politik und am Hof ihres Landes vor. Sie entließen Dokyo, der verdächtigt wurde, selbst den Kaisertitel anzustreben. Stattdessen brachten sie Kaiser Konin auf den Thron, der weniger dem Buddhismus zuneigte. Außerdem setzten sie nach ihren schlechten Erfahrungen mit Koken fest, dass Frauen von der Thronfolge ausgeschlossen werden sollten.

Wiederherstellung der alten Ordnung unter Kammu

Konins Nachfolger Kammu teilte dessen Misstrauen gegenüber dem Buddhismus als politische Kraft. Daher verlegte er die Kaiserresidenz und Hauptstadt von Nara, das voller Priester und Tempel war, nach Heian (heute Kyoto) und führte wieder eine Regierung nach dem *ritsuryo*-System ein. Dieser Ortswechsel spiegelte aber auch eine dynastische Verlagerung wider. Kammu stand eher in der Nach-

Auch als Tokyo im 19. Jahrhundert Hauptstadt wurde, fanden die Krönungszeremonien der Taisho- und Showa-Kaiser weiter in Kyoto statt. Die Illustration zeigt eine Krönungszeremonie vor dem Taikyokuden-Tempel im Kaiserpalast der Stadt.

folge Tenjis als Temmus, und die Provinz Yamashiro, in der die neue Hauptstadt lag, war die Heimat der anderen Nachfahren Tenjis. Kammu stellte die alte Ordnung wieder her, modifizierte sie aber auch, indem er sie praktikabler machte.

Die Verteilung der Reisfelder erfolgte nun nicht mehr wie vorher in einem Turnus von sechs Jahren, sondern von zwölf Jahren. Kammu gab auch die alte Gewohnheit auf, Soldaten aus der Bauernschaft zu rekrutieren. Stattdessen schickten nun lokale Beamte ihre Söhne, die über erprobte militärische Fähigkeiten verfügten, in die Armee. Mit ihrer Hilfe führte Kammu Feldzüge gegen das Volk der Ezo in Nord-Honshu. Alle, die kapitulierten, siedelte er im Land verstreut an, um sie zu assimilieren. Buddhistische Priester spielten keine politische Rolle mehr, auch wenn der Kaiser die Religion als nützlichen Aspekt der Nationalkultur ansah. Kammu förderte daher die Entwicklung einer japanischen Ausprägung des Buddhismus, die sich weniger offenkundig am chinesischen Vorbild orientierte.

Niedergang der kaiserlichen Autorität

Das von Kammu modifizierte *ritsuryo*-System hielt sich nach seinem Tod noch 150 Jahre lang. Es wurden Münzen geprägt, Geschichtswerke verfasst und Gesetzeswerke ergänzt. Letztlich geriet die Verwaltung jedoch unter starken Druck, da die Registrierung der Bevölkerung nicht mit deren Veränderung Schritt halten konnte. Das hatte chaotische Folgen für die Landzuteilung. Zudem kam es zu Korruption, da die Provinzgouverneure die Festsetzung und das Eintreiben der Steuern in ihrem Bereich selbst verwalten durften. Zwei neue Ämter, die außerhalb des *ritsuryo*-Systems standen, untergruben schließlich Kammus Vermächtnis: das des *sessho* oder Regenten (für einen unmündigen Kaiser) und das des *kampaku* oder Obersten Rates. Das Amt des Regenten übernahmen Männer, deren Töchter in die Kaiserfamilie eingeheiratet und einen Sohn geboren hatten, der bei seiner Thronbesteigung noch nicht volljährig war. Schon bald hatte die Familie Fujiwara zugleich das Amt des Regenten als auch das des *kampaku* inne. Langfristig führte die Entwicklung zu einem Niedergang kaiserlicher Autorität.

Das wichtigste Vermächtnis Kammus war die kulturelle Eigenständigkeit Japans. Ende des 9. Jahrhunderts beschloss Japan, die offiziellen Beziehungen zu China abzubrechen. Zum Teil waren dafür politische Unruhen verantwortlich, die sich nach dem Machtverlust der Tang-Dynastie ausbreiteten. Ein gewichtigerer Grund war jedoch, dass die japanische Kultur nicht mehr auf Anregungen aus China angewiesen war. Das Land war erwachsen und selbstsicher geworden.

ABD AR-RAHMAN III., Emir und Kalif von Córdoba

REG. 912–961 (929–961)

Die große Moschee in Córdoba ist die bedeutendste Moschee Westeuropas und eines der schönsten Beispiele maurischer Kunst. Nach dem Fall Córdobas wurde das Gebäude 1236 zur Kirche geweiht.

Mitte des 10. Jahrhunderts stand die Große Moschee von Córdoba, das architektonische Glanzstück der islamischen Kultur Andalusiens, kurz vor ihrer Vollendung. Zwei Jahrhunderte zuvor waren die Vorfahren Abd ar-Rahmans III., Abkömmlinge der Omaijaden-Dynastie, in die Stadt gekommen. Sie hatten sich hierher vor den Abbasiden geflüchtet, die mit Gewalt das Kalifat an sich gerissen hatten. Seit der ersten muslimischen Invasion 711 herrschten heftige Rivalitäten zwischen den arabischen Stammesführern Spaniens.

ABD AR-RAHMAN III.

891–961

912 Abd ar-Rahman wird Emir von Córdoba und dehnt sein Reich auf andere Gebiete des islamischen Spaniens aus.

929 Er nimmt den Kalifentitel an und vollzieht damit die Trennung vom abbasidischen Kalifat.

933 Die Truppen Abd ar-Rahmans nehmen Toledo ein.

936 Baubeginn der Palaststadt Madinat al-Zahra.

939 Abd ar-Rahman wird in der Schlacht von Simancas von christlichen Truppen geschlagen.

961 Tod des Kalifen; sein Nachfolger wird sein Sohn al-Hakam.

Diese Konflikte boten Abd ar-Rahman I., einem Omaijadenprinzen, der die Ausrottung seiner Familie durch die Abbasiden überlebt hatte, eine Chance. Er verpflichtete ein Söldnerheer und besiegte 755 den arabischen Statthalter des muslimisch besetzten Gebiets der Iberischen Halbinsel. Das Eintreffen weiterer Anhänger der Omaijaden aus Syrien sicherte das Überleben der Dynastie an ihrem neuen Standort. Abd ar-Rahman gründete ein Emirat und begann in der Hauptstadt Córdoba mit dem Bau einer Moschee. Nach 200 Jahren nahezu ununterbrochener Erweiterungsarbeiten unter den nachfolgenden Herrschern war sie 976 vollendet: Der Gebetssaal bestand aus 19 Längsschiffen mit 850 Säulen aus Porphyr, Jaspis und farbigem Marmor. Doppelstöckige Hufeisenbögen aus weißem und rotem Stein verbanden die Säulen miteinander, deren Kapitelle mit floralen Stuckdekorationen versehen waren. Mosaiken schmückten die Kuppeln und Alabastertafeln mit eingemeißelten Korantexten die Wände. Córdobas Glanz konnte es durchaus mit der Pracht des abbasidischen Bagdad aufnehmen.

Im 10. Jahrhundert war Córdoba mit fast 100 000 Einwohnern die größte Stadt Europas. Ihre hochwertigen Exportgüter wie Lederwaren, Schmuck, Seide und Brokat waren auf den Märkten Europas, Nordafrikas und des Nahen Ostens gefragt. Córdoba war ein Paradebeispiel für die Wiederbelebung der Kultur des Mittelmeerraums durch den Islam. Aber die Stadt am Guadalquivir hatte bereits eine bewegte Geschichte hinter sich, als die Omaijaden kamen.

Die Geschichte Spaniens bis zur islamischen Invasion

Córdoba war ursprünglich eine Siedlung der Karthager, die 152 v. Chr. von den Römern erobert wurde. Kaiser Augustus machte die reiche Handelsstadt zur Hauptstadt der Provinz Baetica. Nachdem die germanischen Westgoten 410 unter ihrem König Alarich Rom geplündert hatten, unternahmen sie 415 bis 418 erste Vorstöße nach Spanien. Bereits 409 hatte sich in Südspanien einschließlich der Provinz Baetica ein weiteres germanisches Volk niedergelassen, die Vandalen. Sie hingen wie die Westgoten dem Arianismus an, einer christlichen Strömung, die die Trinitätslehre der katholischen Kirche ablehnte. Der Vandalenkönig Geiserich zog 429 mit einem großen Teil seines Volkes nach Nordafrika und eroberte dort zunächst als Verbündeter, später als Gegner Roms mehrere Städte. Die Erinnerung an den kurzen Aufenthalt der Vandalen in Spanien lebte in der arabischen Bezeichnung Al-Andalus, „Vandalenland“, für diese Region fort.

Die Westgoten verbündeten sich 418 mit den Römern und siedelten sich in Aquitanien zwischen Garonne und Loire an. Von dieser Basis aus erweiterten sie ihr zunehmend unabhängiges Königreich um weite Teile Spaniens und verlegten ihre Hauptstadt schließlich von Toulouse nach Toledo. Der Arianismus der Westgoten bot dem Merowingerkönig Chlodwig I. einen willkommenen Vorwand, ihnen den Krieg zu erklären. Nach dem Sieg der Franken 507 in der Schlacht von Vouillé bei Poitiers mussten die Westgoten ihre französischen Gebiete aufgeben.

Córdoba war die Hauptstadt des omaijadischen Emirats und Kalifats in Spanien und konnte es in seiner Pracht mit manchen der bedeutendsten Städte der Welt aufnehmen. Das Gemälde des spanischen Malers Dionisio Baixeras-Verdaguer von 1885 stellt eine Szene am Hof Abd ar-Rahmans III. dar.

Die islamische Invasion

Das westgotische Spanien wandte sich zunehmend dem Katholizismus zu. Wegen seiner Intoleranz gegenüber der beträchtlichen jüdischen Bevölkerung begrüßten die Juden die Ankunft der muslimischen Eroberer. Diese wurden möglicherweise unterstützt von Gegnern des im Jahr zuvor gewählten westgotischen Königs Roderich, der vermutlich bis dahin Militärgouverneur von Baetica gewesen war.

Der arabische Statthalter der marokkanischen Stadt Tanger, Tariq ibn Ziyad, überquerte die Meerenge von Gibraltar mit einem 7000 Mann starken Heer, das überwiegend aus nichtmuslimischen Berbern sowie einigen Syrern und Jemeniten bestand, und eroberte 711 Toledo und Córdoba. Im folgenden Jahr traf ein weiteres Invasionsheer von 18 000 Mann ein. Bis 714 war der größte Teil Spaniens unter muslimischer Kontrolle.

Arabische Herrschaft in Spanien

Unter der Herrschaft der neuen arabischen Führungsschicht entwickelte sich eine immense religiöse und ethnische Vielfalt. Der Großteil der Bevölkerung bestand aus Hispano-Römern und Westgoten. Sklaven, die zum Islam konvertierten, wurden in die Freiheit entlassen. Dies trug erheblich zur Islamisierung der spanischen Kultur und zur Stärkung der politischen Kontrolle durch die Araber bei. Spanische Christen, die an ihrer Religion festhielten, aber die arabische Sprache und Sitten übernahmen, bezeichnete man als Mozaraber; Nachfahren von Christen, die zum Islam konvertiert waren, hießen Muwalladun. Nicht zuletzt wirkte sich die Einwanderung von Berbern, die in mehreren Wellen ins Land kamen, stark auf die Bevölkerungsstruktur aus. Als die Berber in Nordafrika gegen die arabische Herrschaft rebellierten, kam es 741 auch in Spanien zu einem großen Aufstand der berberischen Garnisonstruppen. Um die arabische Herrschaft zu sichern, holte man eine starke syrische Armee ins Land, die das Völkergemisch noch bunter machte. Im Nordwesten, wo es besonders viele Berbersiedlungen gab, bot deren Rebellion dem christlichen Königreich Asturien die Chance, sich das geschwächte islamische Galicien einzuverleiben.

Die innerarabischen Rivalitäten verminderten jedoch nicht den Expansionsdrang nach Norden, der erst von dem fränkischen Hausmeier Karl Martell 732 bei Tour gestoppt wurde. Als 740 auch in Kleinasien die Muslime eine Niederlage gegen das Byzantinische Reich erlitten, deutete sich an, dass der Islam im Osten wie im Westen die Grenzen seiner Ausbreitung erreicht hatte. Den Preis hatte das omaijadische Kalifat in Syrien zu zahlen, das viele Muslime schon lange für zu weltlich hielten.

Interne Nachfolgestreitigkeiten und massive Aufstände im Iran, Irak und Chorasan hatten die Dynastie der Omaijaden geschwächt. 750 schlugen die Truppen der Abbasiden, die ihre Ansprüche auf einen Onkel des Propheten Mohammed zurückführten, die Omaijaden in der Schlacht am Großen Zab, einem Nebenfluss des Tigris, in Mesopotamien vernichtend. Unter den Angehörigen der Herrscherfamilie ließ der abbasidische Feldherr Abu Muslim ein Blutbad anrichten. Nur Abd ar-Rahman gelang die Flucht.

Innerarabische Konflikte

Córdobas erste Omaijaden-Herrscher beanspruchten als Emire nur politische, nicht aber religiöse Unabhängigkeit vom abbasidischen Kalifat. Von Anfang an wurden sie mit großen Herausforderungen konfrontiert: Karl der Große marschierte 778 in Spanien ein und gründete 801 die „Spanische Mark" im Norden des Landes. Unzufriedene muslimische Adlige bedrängten vom Ende des 8. Jahrhunderts an das Emirat und in der Mitte des 9. Jahrhunderts kam es zu Revolten der Mozaraber, die gegen ihre zunehmende Arabisierung protestierten. Zudem entstand eine Märtyrerbewegung, die die öffentliche Ordnung erheblich störte: Christen beleidigten öffentlich den Propheten und ließen sich dafür hinrichten.

Anfang des 5. Jahrhunderts waren die Westgoten von Südfrankreich nach Spanien vorgedrungen und hatten ihre Hauptstadt nach Toledo verlegt. Das Westgotenreich endete mit der Einnahme der Stadt durch die Omaijaden 711. Das Bild zeigt die Martinsbrücke über den Tagus aus dem 14. Jahrhundert.

In der zweiten Hälfte des 9. Jahrhunderts kam es zu mehreren Aufständen von Muwalladun. Das Königreich Asturien mit der Hauptstadt Oviedo entwickelte sich zu einem starken christlichen Vorposten, besonders als 813 in Compostela das angebliche Grab des Apostels Jakobus entdeckt wurde. Es dehnte sein Territorium nach Süden aus und nannte sich ab 910 Léon. Immer mehr Mozaraber suchten von nun an dort Zuflucht.

Die Herrschaft Abd ar-Rahmans III.

Als 909 die schiitischen Fatimiden ein Kalifat mit Sitz in Tunesien begründeten, änderten sich die Machtverhältnisse innerhalb der islamischen Welt. Abd ar-Rahman III. ernannte sich ebenfalls zum Kalifen, machte sich damit von den Abbasiden unabhängig und legte sich als Kalif den Titel Al-Nasir li-Din Allah, Sieger für die Religion Gottes, zu. Mit gestärkter Autorität wehrte er Angriffe der Fatimiden im westlichen Mittelmeer ab und unterstützte örtliche Revolten gegen ihre Herrschaft in Nordafrika. Unter der Regentschaft seines Großvaters Abdallah war es in Spanien verbreitet zu Rebellionen gekommen, und es erforderte 20 Jahre der Kämpfe, die Autorität des Kalifats restlos durchzusetzen. Toledo, die letzte Bastion des Widerstands gegen den Kalifen, fiel 933. Léon unterwarf sich seiner Oberhoheit, behielt aber seine Unabhängigkeit.

Um der Gefahr vorzubeugen, dass lokale Dynastien seine Herrschaft bedrohten, wechselte der Kalif häufig die Statthalter der Provinzen aus und baute fünf Kilometer von Córdoba entfernt eine neue Stadt, Madinat al-Zahra. Sie wurde seine Residenz und Sitz seiner umfangreichen Verwaltung. Das konsolidierte Kalifat erlebte eine wirtschaftliche Blütezeit und prägte in der neuen Münze des Landes reine Gold- und Silbermünzen.

Expansion des spanischen Omaijadenreichs

Auch außenpolitisch erzielten die spanischen Omaijaden bemerkenswerte Erfolge. Die Fatimiden gaben ihre Feldzüge nach Westen weitgehend auf und konzentrierten sich auf Ägypten, wo sie 969 die Herrschaft errangen. Das Machtvakuum, das dadurch im Maghreb entstand, füllten die spanischen Omaijaden.

Abu Amir al-Mansur, der tatkräftige Kämmerer des Kalifats (978–1002), der das islamische Spanien anstelle des minderjährigen Kalifen Hischam regierte, machte die nordafrikanischen Gebiete zu einem Vizekönigtum Córdobas. Er verfügte über eine starke, gut geschulte Armee aus Berbern, die ihm treu ergeben waren, genoss innerhalb des arabischen Adels eine Vorrangstellung und stand einer Regierung vor, deren hohe Beamte er großenteils selbst ernannt hatte. Daneben förderte er Dichter und Gelehrte nach islamischer und arabischer Tradition. Es war jedoch die letzte Hochblüte des islamischen Spaniens, denn mit dem Vormarsch der Reconquista, der Rückeroberung Spaniens durch die Christen, zerbrach die territoriale Einheit des Reichs im 11. Jahrhundert.

Córdoba blieb jedoch ein geistiges Zentrum: Averroes (1126–1198), der hier als Richter tätig war, verfasste die wichtigsten europäischen Kommentare zu Platon und Aristoteles, und der in Córdoba gebürtige Moses Maimonides (1135–1204) war ein international anerkannter jüdischer Rechtsgelehrter und Philosoph. Vom Ende des 11. Jahrhunderts an erlangten nacheinander die marokkanischen Berberdynastien der Almorawiden („Krieger an der Grenze“) und der Almohaden („Bekenner der Einheit Gottes“) die Macht im muslimischen Spanien. Es kam zu heftigen Kämpfen gegen die christlichen Königreiche im Norden. 1212 siegte die Koalition der Reiche von Léon, Navarra, Kastilien und Aragón über die Berber. Córdobas Glanzzeit endete mit dem Fall der Stadt 1236. In der großen Moschee wurden von nun an katholische Messen gefeiert.

BASILEIOS II.,
der Bulgarentöter,
byzantinischer Kaiser

REG. 976–1025

Ende Juli 1014 rächte sich Basileios II., ein stämmiger, vollbärtiger Krieger von 56 Jahren mit leuchtend blauen Augen, grausam an den Bulgaren, gegen die sein Reich mehr als 200 Jahre lang gekämpft hatte.

Die Bulgaren waren Nachfahren eines zentralasiatischen Turkvolks, das Ende des 4. Jahrhunderts in die europäischen Steppengebiete westlich der Wolga eingewandert war. Ein Teil hatte sich in den Niederungen zwischen Donau und Balkan niedergelassen und sich bis zum 7. Jahrhundert mit den einheimischen Walachen und den ebenfalls zugewanderten Slawen vermischt. Unter Khan Krum (802–814) erstreckte sich das Großbulgarische Reich bis nach Konstantinopel und war in ständige Konflikte mit Byzanz verwickelt. Nach der Christianisierung unter Khan Boris I. (852–889) entwickelten die Bulgaren eine eigene slawische Liturgie und bildeten eine kulturelle Einheit. Sie waren aber nach wie vor bereit, die Byzantiner anzugreifen und deren Gebiete südlich ihrer Grenzen zu erobern.

Basileios' grausamer Feldzug

Basileios II. hatte mit einem Feldzug in den Jahren 1000 bis 1004 bereits den größten Teil des Balkans von Thessaloniki bis zum Eisernen Tor an der Donau, einer Schlucht, die Serbien und Rumänien trennt, für das Byzantinische Reich zurückerobert. Im Juli 1014 rückte er über den schmalen Pass von Kleidion in das Struma-Tal vor. Der bulgarische Zar Samuil und seine Armee hatten aber den Zugang zum Tal mit Befestigungen und Palisaden gesichert. Basileios schickte einen Trupp um den bewaldeten Berg herum, um die Bulgaren von hinten anzugreifen, während er selbst die Palisaden durchbrach. Er machte 15 000 Gefangene und befahl, sie in Gruppen von jeweils 100 Mann aufzuteilen. Dann ließ er jeweils 99 auf beiden Augen und einen auf einem Auge blenden. Die Einäugigen mussten die blinden Überlebenden zum Zaren zurückführen, der selbst dem Gemetzel entkommen war.

Erst im Oktober erreichten sie die Burg Zar Samuils in Prespa. Als der Zar sie sah, erlitt er einen Schlaganfall und starb zwei Tage später, ohne das Bewusstsein wiedererlangt zu haben. Dreieinhalb Jahre später zog Basileios im Triumph in die

bulgarische Hauptstadt Ohrid (im heutigen Mazedonien) ein. Der gesamte Balkan war wieder unter byzantinischer Herrschaft. Auf seinem Vormarsch durch die Region nahm der Kaiser, der sich den Beinamen Bulgaroktonos, „Bulgarentöter“, wohl verdient hatte, Huldigungen und Treueeide entgegen.

Auf dem Frontispiz eines Psalters aus dem frühen 11. Jahrhundert ist Basileios II. abgebildet, der über die Bulgaren triumphiert. Aus dem Himmel reicht Christus einem Engel eine Krone, die dieser Basileios aufsetzt.

Die frühen Jahre

Basileios wurde schon früh mit Brutalität konfrontiert. Nachdem sein Vater Romanos II. im März 963 gestorben war, bat seine Mutter Theophanu den Feldherrn Nikephoros Phokas, sie selbst und ihre beiden Söhne Basileios und Konstantin zu beschützen. Der asketische kappadokische Adelige, der 961 Kreta von den Arabern zurückerobert hatte, befand sich zu diesem Zeitpunkt mit seinem Heer bei Caesarea in Kappadokien. Er war nach einem siegreichen Syrienfeldzug gegen den arabischen Emir Saif ad-Daula auf dem Heimweg nach Konstantinopel. Als Beweis seiner Frömmigkeit und seines Heldenmuts brachte er den Rock Johannes' des Täufers mit, den er bei der Eroberung Aleppos 962 erbeutet hatte. Als Nikephoros in Konstantinopel eintraf, ließ er diesen Rock während des Triumphzugs zum Hippodrom vor sich hertragen. Als er danach zu seinem Heer in Kappadokien zurückkehrte, riefen ihn seine Offiziere nach altrömischer Manier zum Kaiser aus. Am 16. August 963 wurde er vom Patriarchen in der Sophienkirche in Konstantinopel gekrönt.

Kaiser Nikephoros II. Phokas war zugleich Beschützer seiner beiden unmündigen Mitkaiser, der Söhne seines Vorgängers. Doch das dynastische Prinzip war durchbrochen. Durch seine Heirat mit Theophanu stärkte Nikephoros seine Position zusätzlich. Während seiner Regentschaft brachte er jedoch einflussreiche Gruppierungen gegen sich auf. Die Kirche war empört über sein Edikt, das ihr die Annahme von Schenkungen verbot. Mit der Verordnung, dass Land immer an den Meistbietenden zu verkaufen sei, verprellte er kleine Grundbesitzer, die bis dahin das Vorrecht genossen hatten, Kaufangebote benachbarter Grundstücksbesitzer abzulehnen. Die Steuern stiegen, und Nikephoros weigerte sich, den jährlichen Tribut an die Bulgaren zu zahlen, die dem Byzantinischen Reich seit 927 als Puffer zum Reich der Kiewer Rus dienten. Nikephoros' Entschluss, sich mit deren Herrscher, Fürst Swjatoslaw I., gegen die Bulgaren zu verbünden, erwies sich als katastrophal. Swjatoslaw besiegte die Bulgaren mit einer Armee aus Russen, Magyaren und Petschenegen und bedrohte im Herbst 969 das Byzantinische Reich an der thrakischen Grenze.

Johannes Tzimiskes und die Ermordung des Nikephoros

In der Nacht zum 11. Dezember 969 wurde Nikephoros von dem Feldherrn und Liebhaber Theophanus, Johannes Tzimiskes, ermordet. Danach begab sich Johannes in den Thronsaal des Palasts, zog die purpurnen Kaiserstiefel an und ließ sich mit Theophanu, Basileios und Konstantin an seiner Seite von den Höflingen als neuer Kaiser feiern. Bald darauf schickte er Theophanu in die Verbannung und nahm die gegen die Kirche gerichteten Gesetze zurück. Johannes' Schwager, Bardas Skleros, führte gemeinsam mit dem Neffen des ermordeten Kaisers, Peter Phokas (der als Eunuch keine dynastischen Ambitionen hegte), ein Heer an, das im Frühjahr 970 die russischen Invasionstruppen bei Arcadiopolis besiegte. Swjatoslaw unterzeichnete einen Friedensvertrag und trat den Rückzug an. In Bulgarien töteten ihn seine früheren Verbündeten, die Petschenegen, und machten aus seinem Schädel einen Trinkpokal. Johannes zwang Zar Boris von Bulgarien zur Abdankung und stellte die bulgarische Krone als Symbol für das Ende der Unabhängigkeit der Bulgaren triumphierend auf den Hochaltar der Sophienkirche. Im

BASILEIOS II.
958–1025

976 Basileios wird Kaiser des Byzantinischen Reichs.

979 Er schlägt den Aufstand des Bardas Skleros nieder.

988 Als Dank für militärische Hilfe gibt Basileios Wladimir I. von Kiew seine Schwester Anna zur Frau. Wladimir konvertiert zum Christentum.

989 Basileios schlägt eine Revolte des Bardas Phokas nieder.

995 Eroberung großer Teile von Syrien.

996 Basileios erlässt ein Edikt, das die Ländereien vieler mächtiger Großgrundbesitzer zerschlägt und die kleinen Bauern unterstützt.

1000 Er schließt einen zehnjährigen Waffenstillstand mit dem ägyptischen Kalifat.

1014 Er besiegt die Bulgaren und nimmt Rache.

1018 Mit dem Sieg über die Bulgaren hat das Reich erstmals nach 400 Jahren seine Ausdehnung bis zur Donau wiedererlangt.

1025 Basileios stirbt; er hinterlässt keinen Erben, aber ein starkes, großes Reich.

Die Illustration zeigt, wie Nikephoros Phokas nach seinen Siegen in Kreta und Syrien 963 mit einem Triumphzug in Konstantinopel einzog.

Westen schlug er das fatimidische Kalifat in Ägypten zurück, das über den Sinai vorstieß und 971 Antiochien angriff. Bis 974 brachte Johannes den größten Teil Syriens, des Libanons und Palästinas wieder unter byzantinische Herrschaft.

Basileios auf dem Thron

Nach dem plötzlichen Tod des Johannes Tzimiskes bestieg Basileios 976 den Thron, musste sich aber zunächst gegen weitere Thronanwärter durchsetzen. Den langjährigen Reichskämmerer, einen korrupten Eunuchen, der ebenfalls Basileios hieß, schickte er 985 in die Verbannung. Bardas Skleros, der sich als rechtmäßiger Nachfolger des Johannes Tzimiskes ansah, revoltierte mithilfe der Ostarmeen gegen ihn. Basileios überredete einen weiteren Neffen Kaiser Nikephoros', Bardas Phokas, ihm die Treue zu schwören und gegen Skleros zu kämpfen. Nach dreijährigen Kämpfen siegte Phokas, doch Skleros gelang die Flucht. 987 nahm er seinen Kampf um den Kaiserthron wieder auf und verbündete sich mit Phokas, der ihn jedoch verriet und gefangen nahm, bevor er mit einer Armee auf Konstantinopel zog. Zur gleichen Zeit flammte der Konflikt mit den Bulgaren wieder auf. In Westbulgarien, das vom letzten Krieg weitgehend verschont geblieben war, setzte sich der neue Zar Samuil an die Spitze einer nationalen Erhebung. Seine Truppen eroberten die Stadt Larisa im byzantinischen Thessalien. Der griechische Gegenangriff endete mit einer demütigenden Niederlage.

Neue Dynamik

Basileios bat Fürst Wladimir von Kiew um militärische Unterstützung. Dieser entsandte 6000 Waräger, russisierte Wikinger, die wesentlich am militärischen Erfolg der Kiewer Rus beteiligt waren. Sie trafen 988 in Konstantinopel ein. Als Gegenleistung willigte Kaiser Basileios in eine Heirat seiner Schwester Anna mit Wladimir ein, wenn dieser zum Christentum konvertierte. Dies war der Auftakt zur Christianisierung der Rus. Die neue Kirche wurde dem Patriarchat von Konstantinopel unterstellt und entwickelte sich zu einem dynamischen Element der orthodoxen Kultur.

Im Februar 989 überquerten Wladimirs Waräger den Hellespont und schlugen Phokas' Heer bei Chrysopolis. Phokas starb danach an einem Schlaganfall. Skleros, der mittlerweile wieder frei, aber nahezu völlig erblindet war, unterwarf sich Basileios und riet dem Kaiser, die kleinasiatischen Fürsten mit Steuern zu belegen und ihren Grundbesitz einzuschränken, um sie in Schach zu halten. Am 1. Januar 996 erließ Basileios ein Edikt, durch das der gesamte Grundbesitz, der innerhalb der letzten 61 Jahre erworben worden war, ohne Entschädigung wieder an den Vorbesitzer fiel. Damit zerstörte er die Machtbasis einflussreicher Adelsfamilien wie der des Phokas, stärkte kleine Grundbesitzer, die das Rückgrat der kaiserlichen Armee bildeten, und sorgte dafür, dass große Landgüter wieder an den Kaiser fielen.

Im April 995 zog Basileios' Heer durch Kleinasien und legte in nur 16 Tagen an die 1000 Kilometer zurück. Mit 17 000 Mann nahm er Aufstellung vor den Stadtmauern von Aleppo, das von den Fatimiden belagert wurde. Nachdem er Aleppo und damit Nordsyrien erfolgreich verteidigt hatte, schloss Basileios mit dem ägyptischen Kalifat einen zehnjährigen Friedensvertrag, der seine syrische Ostgrenze sicherte. Im Westen drangen währenddessen Samuils Bulgaren in die byzantinische Provinz Hellas vor, zogen plündernd bis nach Korinth und besetzten den Adriahafen Dyrrachium (Durrës im heutigen Albanien), bevor sie durch Dalmatien weiter nach Bosnien vorrückten. Basileios schützte seine Westfront, indem er im Jahr 1000 die dalmatische Küstenregion zu einem Protektorat machte, das unter byzantinischer Oberhoheit von den Venezianern verwaltet wurde.

Zu den Gebieten, die Kaiser Basileios II. gegen Ende seiner Regentschaft eroberte, gehörten auch Armenien und Georgien. Diese Skulptur der Madonna mit Kind aus byzantinischer Zeit stammt aus dem armenischen Kloster Haghartsin in der Provinz Tawusch.

Im selben Jahr wurde Fürst David von Obertao in Georgien ermordet, was Basileios durchaus gelegen kam. David hatte die Rebellion des Bardas Phokas unterstützt. Als Strafe war festgesetzt worden, dass seine Ländereien nach seinem Tod wieder an das Byzantinische Reich zurückfallen sollten. Dazu gehörten große Gebiete nördlich des Vansees. Basileios machte Bagrat, den König von Abasgia, zum Statthalter dieser neuen östlichen Grenzregion und zog nach Norden, um seinen spektakulären Sieg über die Bulgaren zu erringen.

Territoriale Expansion des Byzantinischen Reichs

Aus dem Bulgarischen Reich wurden die byzantinischen Provinzen Bulgarien und Paristrium. Im Westen regierten Lokalfürsten unter byzantinischer Oberhoheit Kroatien, Dioklitien, Raszien und Bosnien.

In anderen Regionen musste weiter Krieg geführt werden. Als König Bagrat von Abasgia 1014 starb, löste sein Sohn Georg das Abkommen auf, das sein Vater mit dem Byzantinischen Reich getroffen hatte, und marschierte in der georgischen Provinz Tao ein. Mit einem Feldzug sicherte Basileios sich 1021 bis 1022 erneut die Kontrolle über dieses Gebiet und erweiterte es durch Diplomatie um das armenische Königreich Vaspurakan und Teile Aserbaidschans. Als Basileios starb, bereitete er sich gerade auf die Invasion Siziliens vor, das seit Ende des 9. Jahrhunderts von den Arabern besetzt war.

Basileios identifizierte sich vollständig mit Byzanz, das unter seiner Regentschaft seine größte territoriale Ausdehnung erreichte. Da er aber unverheiratet und ohne Erben blieb, bestieg nach seinem Tod sein schwacher Bruder Konstantin den Thron. In der Schlacht von Manzikert besiegten die Seldschuken 1071 die Byzantiner und eroberten deren kleinasiatische Gebiete. Die Bulgaren nutzten die Angriffe der Seldschuken 1185 zu einer nationalen Revolte, aus der das Zweite Bulgarische Reich hervorging. In der ersten Hälfte des 13. Jahrhunderts entwickelte es sich zur stärksten Macht auf dem Balkan, wurde aber Ende des 14. Jahrhunderts durch dieselbe Großmacht zerstört, die auch Byzanz vernichtete: die Osmanen.

OTTO III., ein jugendlicher Visionär als römischer Kaiser

REG. 996–1002

Otto III. war erst drei Jahre alt, als er zum deutschen König gekrönt wurde. Er übernahm bereits als Jugendlicher die Regierungsgeschäfte und erwarb sich große Achtung. Seine Regentschaft dauerte nur sechs Jahre und war geprägt von dem Wunsch einer *Renovatio imperii Romanorum*, einer „Erneuerung des Römischen Reichs". Viele von Ottos Visionen blieben durch seinen frühen Tod unerfüllt. Die Beziehungen zu den Ländern Mittel- und Osteuropas stellte er jedoch auf eine neue Grundlage, die richtungsweisend wurde für das Verhältnis der deutschen Herrscher zu ihren Nachbarn.

Otto I. wurde als erster Kaiser des Heiligen Römischen Reichs 962 mit dieser Krone gekrönt. Anders als die meisten Kronen ist sie nicht rund, sondern achteckig und besteht aus acht mit Scharnieren verbundenen Goldplatten, die reich mit Perlen und Edelsteinen besetzt sind.

Die mittelalterlichen Gesellschaften Europas waren aufgrund der hohen Sterblichkeit an sehr junge, sogar jugendliche Könige gewöhnt, die von ebenso jugendlichen Höflingen und Beratern umgeben waren. Angehörige der herrschenden Elite gelangten häufig schon in jungen Jahren in hohe Ämter, weil ihre Vorgänger starben. Die meisten Kaiser des Heiligen Römischen Reichs waren bei ihrer Wahl unter 25 Jahre alt, was durchaus von Vorteil war, da sie körperlich fit und anpassungsfähig sein mussten. In einer Zeit, als der kaiserliche Hof ständig auf Reisen war, um seine Territorien zusammenzuhalten, die von der Nordsee bis ans Mittelmeer reichten, verbrachten die Kaiser einen Großteil ihres Lebens zu Pferde.

Die Ottonen

Otto III. gehörte der sächsischen Herrscherdynastie der Ottonen an. Sein Großvater, Otto I., Herzog von Sachsen, wurde 936 von den deutschen Adligen und Fürsten zum Deutschen König gewählt. Seine Kaiserkrönung 962 markierte den Beginn des Heiligen Römischen Reichs. Sachsen war reich, seit man zu Beginn des 10. Jahrhunderts im Harz Silberminen entdeckt hatte. Zudem erhielt der Landesfürst aus den eroberten slawischen Gebieten Pacht- und Tributzahlungen, Frondienste und Leibeigene. Dieser Reichtum ermöglichte es den Ottonen, ihre Macht aufwändig zur Schau zu stellen. Sie konnten es sich leisten, in stattlichen Zügen durch ihr Reich zu reisen, in den größeren Orten feierlich Einzug zu halten und prunkvolle Krönungszeremonien abzuhalten. Durch die neuen Finanzmittel verfügte die sächsische Armee zudem über die nötige Ausrüstung wie Schwerter, Helme und Rüstungen, um offensiv agieren zu können. Die Zeiten der Kopfbedeckungen aus Stroh, die ihre Vorgänger getragen hatten, waren vorbei. Die sächsischen Soldaten wurden berühmtberüchtigt für die tödliche Präzision in der Technik des Schwertkampfs.

Der entscheidende Sieg, den Otto I. in der Schlacht auf dem Lechfeld (955) gegen die Ungarn errang, begründete seinen Anspruch auf die Kaiserkrone. Durch militärische Erfolge in der Lombardei dehnte er seinen Einflussbereich zudem nach Italien aus. Dies musste zu Konflikten mit Konstantinopel führen, da die byzantinischen Kaiser nach wie vor Ansprüche auf diese Region erhoben. Otto I. arrangierte 972, ein Jahr vor seinem Tod, die Heirat seines Sohnes mit der griechischen Prinzessin Theophanu, einer Nichte des Kaisers Johannes Tzimiskes. Das beschwichtigte die Byzantiner zunächst, aber unter Otto II. flammten die Feindseligkeiten wieder auf. Der Sohn, der aus dieser Ehe hervorging, entwickelte ein ausgeprägtes praktisches Verständnis für beide Seiten seiner Herkunft.

Otto III. und seine Regenten

Als Junge bat Otto III. seinen Lehrer, den Franzosen Gerbert von Aurillac, «die griechische Feinheit zu schüren, die wie ein Funke unter der Asche meiner sächsischen Rohheit verborgen liegt». Durch seine anderen Lehrer, den Griechen Johannes Philagathos und den Sachsen Bernward, erhielt der Kindkönig eine gleichermaßen griechische, römische, sächsische und fränkische Ausbildung. Als Otto drei Jahre alt war, starb sein Vater nach zehnjähriger Regentschaft (973–983) mit 28 Jahren. Unmittelbar darauf wurde Otto am Weihnachtstag 983 von den Erzbischöfen von Ravenna und Mainz in Aachen zum König gekrönt. Karl der Große und die karolingische Idee eines christlichen europäischen Reichs hatten von Anfang an starken Einfluss auf ihn. Theophanu regierte das Reich in Ottos Namen bis zu ihrem Tod 991. Dann übernahm seine Großmutter Adelheid, die Witwe Ottos I., die Regierungsgeschäfte, bis Otto alt genug war, die Regentschaft auszuüben. Otto war noch keine 20 Jahre alt, als er sich um eine Aussöhnung der oströmisch byzantinischen und westlich katholischen Traditionen bemühte und eine Reform des Papsttums anregte, das sich Ende des 10. Jahrhunderts auf einem Tiefpunkt befand. War doch Papst Johannes XII., der Otto I. zum Kaiser gekrönt hatte, ein ungebildeter, sinnenfreudiger Mensch, der in den Armen seiner Geliebten starb, und Papst Johannes XV. war ein nepotistischer, geldgieriger Günstling der römischen Adelsfamilie Crescenti.

Die Illustration aus einem Evangeliar, das für Otto III. (um 1000) angefertigt wurde, zeigt den Kaiser, umgeben von Klerikern und Adligen. Das prunkvolle Tuch im Hintergrund, die Weltkugel, das von einem Adler gekrönte Zepter und die mit Edelsteinen besetzte Krone sind Symbole kaiserlicher Macht.

Ottos Päpste und byzantinisches Zeremoniell

Nach dem Tod Papst Johannes' XV. machte Otto 996 seinen Kaplan Bruno zu dessen Nachfolger als Papst Gregor V. Ihm folgte ein weiterer Kandidat Ottos auf den

Papststuhl: sein Lehrer Gerbert, der als Sylvester II. amtierte. Beide Päpste unterstützten Ottos Bestrebungen, einen engen Schulterschluss zwischen dem Papsttum und der geistlichen Erneuerungsbewegung zu schaffen, die zu dieser Zeit von den Klöstern – insbesondere vom Benediktinerkloster Cluny – ausging. Nach Ottos Auffassung brauchte das Papsttum eine starke Führung durch den Kaiser, um dieses Ziel zu erreichen. Dabei orientierte er sich an dem byzantinischen Kaiser Justinian, dem im 6. Jahrhundert eine bemerkenswerte Wiederbelebung des Oströmischen Reichs gelungen war.

OTTO III.
980–1002

962 Otto I. wird vom Papst in Rom zum Kaiser gekrönt. Dieses Ereignis markiert den Beginn des Heiligen Römischen Reichs.

983 Otto III. wird mit drei Jahren zum deutschen König gewählt.

991 Seine Mutter Theophanu stirbt; die Regentschaft übernimmt seine Großmutter Adelheid von Burgund.

994 Otto wird volljährig.

996 Otto bestimmt seinen Hofkaplan zum Papstnachfolger. Dieser krönt ihn als Gregor V. in Rom zum Kaiser.

1000 Otto nimmt den Titel „Knecht Jesu Christi“ an und besucht in Aachen das Grab Karls des Großen.

1001 Er ändert seinen Titel in „Knecht der Apostel“ in Anlehnung an die Bezeichnung Konstantins des Großen als „13. Apostel“.

1002 Otto stirbt und wird in Aachen an der Seite Karls des Großen bestattet.

Daher ließ er sich auf seinem kaiserlichen Siegel als vollbärtiger, griechischer *basileus* darstellen, denn er besaß ein ausgeprägtes Gespür für Ikonografie und Symbolik. Ottos Stiefel waren mit Adlern, Drachen und Löwen besetzt – Tieren, die mit kaiserlicher und königlicher Macht assoziiert wurden. An hohen kirchlichen Feiertagen trug er eine Dalmatika, ein liturgisches Gewand, meist aus Seide, Damast oder Samt, die mit goldenen Adlern verziert war. Seine Kaiserrobe war mit 365 Glöckchen bestickt, eine für jeden Tageslauf der Himmelsgestirne, da er als Kaiser im Namen einer kosmischen Harmonie herrschte. Diese Innovationen zeugten vom Einfluss des byzantinischen Zeremoniells. Durch sein Vorbild sorgte er dafür, dass der päpstliche Hof dieselben Formen übernahm und besonderen Wert auf Gewänder und Embleme legte.

Ottos neue Titel

Im Jahr 1000 legte sich Otto den Beinamen „Knecht Jesu Christi“ zu, änderte ihn aber ein Jahr später in „Knecht der Apostel“. Diese Formulierung war eine Reminiszenz an Konstantin den Großen, der sich als *isapostolos*, „den Aposteln gleich“, bezeichnet hatte. Otto erhob damit den Anspruch, Stellvertreter des Apostels Petrus und somit legitimer Herrscher über die Territorien zu sein, die mit dem Apostolischen Stuhl verbunden waren. Dahinter stand, dass er die „Konstantinische Schenkung“ als Fälschung betrachtete. Dieses Dokument aus dem 8. Jahrhundert beurkundete angeblich, dass Kaiser Konstantin den Päpsten im 4. Jahrhundert geistliche sowie weltliche Macht über den Kirchenstaat und das Weströmische Reich übertragen hatte. Davon leiteten die Päpste vor allem ihren Anspruch ab, die weltlichen Herrscher Westeuropas zu ernennen. Otto kam dem Papst entgegen, indem er ihm einige norditalienische Gebiete erneut übertrug. Das tat er jedoch nur aus persönlicher Gefälligkeit gegenüber Gerbert und machte deutlich, dass er als Kaiser einen vorrangigen Anspruch auf alle Territorien besaß, die die Päpste mit Verweis auf Konstantin für sich reklamierten. Seiner Ansicht nach hatten die Päpste durch Vernachlässigung so viel von ihrem territorialen Erbe verloren, dass sie sich mittels gefälschter Dokumente kaiserliches Land angeeignet hatten.

Otto entwickelte seine eigene idealisierte Sicht von Rom als „Hauptstadt der Welt“ ungeachtet der ungeordneten römischen Verhältnisse der damaligen Zeit. Er fand, dass es die Stadt der Kaiser sein müsse, nicht der Päpste. Die Herrschaft über Italien, eine wiederbelebte Stadt Rom und die Kontrolle über das Papsttum waren die Aspekte, die Ottos Politik in Italien bestimmten. Ebenso ehrgeizige Pläne verfolgte er für das deutsche Kernland seines Reichs und die dortige Kirche.

Die deutsche Reichskirche

Die Schaffung der Reichskirche im Heiligen Römischen Reich war weitgehend ein Werk Ottos I. Er nutzte sie dazu, seine Macht über den häufig gespaltenen Adel zu festigen. Sie war jedoch auch ein wesentliches Instrument der Ostexpansion der Ottonen. Die Bistümer und Erzbistümer, die sie in Polen, Böhmen, Mähren und

Ungarn schufen, waren Außenposten der Kirchenzentren Mainz, Magdeburg, Salzburg und Passau. Zudem waren sie Teil einer Politik der kulturellen Germanisierung und spielten eine wichtige Rolle bei der Errichtung einer Kolonialmacht, die die Ottonen im Osten anstrebten. Diese kaiserliche Förderung der missionierenden Kirche führte zu einer blühenden Renaissance der Architektur und der dekorativen Kunst.

Ottos Vorgehen in Osteuropa

Im Jahr 1000 reiste Otto III. nach Aachen, um das Andenken Karls des Großen zu würdigen. Mit seiner Politik in Osteuropa griff er die Bestrebungen des ersten römisch-deutschen Kaisers auf, die Slawen zu besiegen, um die Ostgrenzen seines Reichs zu sichern. Doch er wusste, dass Karls letzter Vorstoß nach Osten die Ressourcen des Fränkischen Reichs überstiegen hatte und dass er die slawische Bevölkerung nie hatte integrieren können. Zudem hielt er eine Eroberung der slawischen Länder für unklug, da diese sich mit Hilfeersuchen an Byzanz wenden könnten. Aus diesen Gründen verzichtete er auf einen Feldzug gegen die Slawen und entwickelte für die östlichen Territorien eine föderale Politik. Zwar erwartete er von diesen Ländern und ihren Herrschern, dass sie ihn als Kaiser anerkannten, ließ ihnen aber im Inneren eine gewisse Autonomie. Sein Kaiserreich war ein lockererer Verbund, als Otto I. es mit seiner strikten Unterwerfungspolitik angestrebt hatte.

Mit der Krönung Stephans I. zum König von Ungarn im Jahr 1000 schloss sich Ungarn an die Gemeinschaft christlicher Länder Europas an. Stephan wurde 1083 heiliggesprochen. Sein Reiterstandbild mit dem Doppelkreuz steht in Budapest vor der Fischerbastei.

So schuf Otto in Polen ein autonomes Erzbistum Gnesen mit den drei Suffraganbistümern Kolberg, Krakau und Breslau. Großzügig verzichtete er auf die Tributzahlungen, die die polnischen Herrscher bis dahin hatten leisten müssen. Dieses Vorgehen signalisierte den Polen, dass sie nicht deutsch werden mussten, um sich dem lateinischen Westen anzuschließen. Zudem hatte es eine große Wirkung auf den ungarischen Fürsten Stephan, der um die Vormachtstellung unter den anderen ungarischen Adeligen rang. Im Zuge einer Westorientierung Ungarns heiratete er Gisela, die Schwester des Herzogs von Bayern, und entschloss sich auf Drängen Ottos, die Christianisierung seines Landes unter päpstlicher Leitung fortzusetzen. Im Dezember 1000 wurde er mit einer Krone, die der Papst geschickt hatte, als Stephan I. zum König der Ungarn gekrönt.

Als Otto III. im Alter von 21 Jahren starb, hatte er mit seiner Reichspolitik eine neue Synthese europäischer Kulturen geschaffen. Sie sollte die religiösen Bindungen, dynastischen Loyalitäten und politischen Bestrebungen der Europäer in den folgenden 1000 Jahren maßgeblich prägen.

WILHELM I., *der Eroberer,* König von England

REG. 1066–1087

Im Januar 1066 beschloss Wilhelm, Herzog der Normandie, England und seine Krone zu erobern. Diesem Entschluss war mehr als ein halbes Jahrhundert der Verhandlungen, Auseinandersetzungen und Kriege vorausgegangen. Die Normannen erhoben Anspruch auf das Reich der Angelsachsen, seit König Æthelred von England 1002 Emma, die Schwester des normannischen Herzogs Richard II., Wilhelms Großvater, geheiratet hatte. Zwei ihrer Söhne bestiegen den englischen Thron: Æthelreds Sohn, Eduard der Bekenner (1042–1066), und Hardiknut (1040–1042), der aus Emmas späterer Ehe mit Knut, dem dänischen Eroberer und König von England (1016–1035), hervorgegangen war. Als Eduard am 5. Januar 1066 kinderlos starb, wählte der englische Adel seinen Schwager Harold, Herzog von Wessex, zu seinem Nachfolger. Das mag Eduards letztem Willen entsprochen haben, widersprach aber den Zusagen, die er seinem Vetter Wilhelm gemacht hatte.

Eduard lebte nach dem Tod seines Vaters 1016 meist im Exil in der Normandie. Knuts Heirat mit Emma war ein geschickter Schachzug, um die Normannen von einer Invasion zugunsten der Thronfolge ihres Sohnes abzuhalten. Als Eduard 1042 doch noch König von England wurde, entzog er seiner Mutter ihre englischen Besitztümer. Die Unterstützung, die Eduard während seines Exils von seinen normannischen Verwandten erfahren hatte, die Verwandtschaft zu Eduard sowie dessen Kinderlosigkeit schürten Wilhelms Ambitionen auf den Thron. Während Eduards Regentschaft hatte der Herzog dem König zudem manchen Dienst erwiesen.

Der Teppich von Bayeux illustriert die normannische Eroberung Englands in einer Bildfolge mit lateinischen Inschriften. Das Detail zeigt Wilhelm, der König Harold 1066 in der Schlacht bei Hastings tötet.

RVNT QVIER

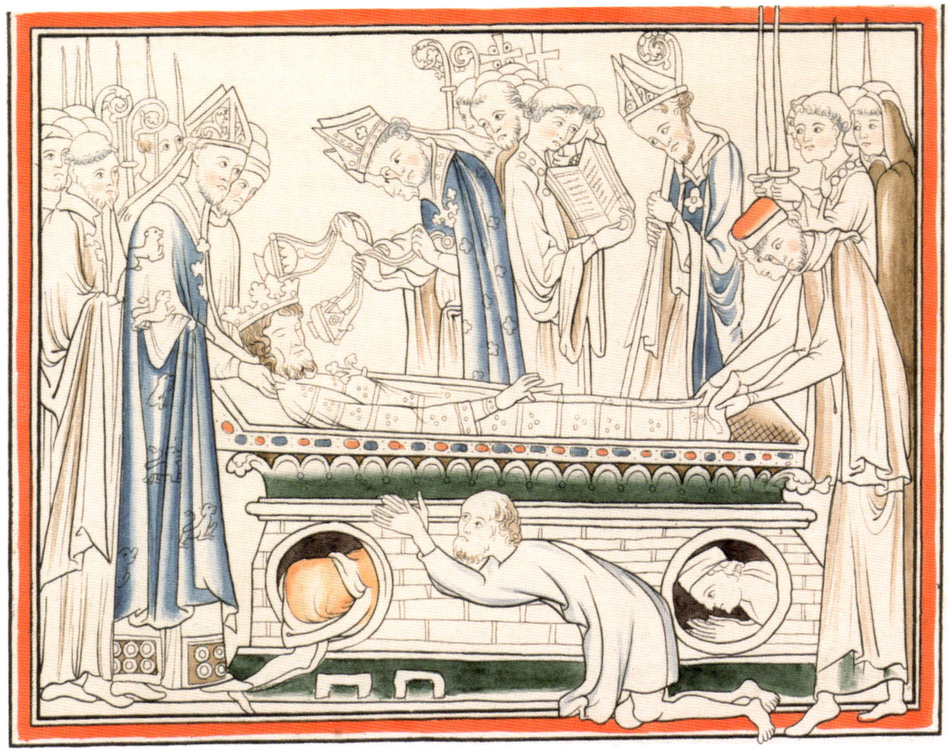

Eduard der Bekenner ist der einzige englische König, der heiliggesprochen wurde. Nach seinem Tod am 5. Januar 1066 wurde er in der Westminster Abbey beigesetzt, in der Wilhelm sich noch im selben Jahr krönen ließ. Die Illustration aus einer Handschrift des 13. Jahrhunderts zeigt die Beisetzung Eduards.

Earl Godwin von Wessex, Harolds Vater und einer der mächtigsten Adligen Englands, stand dem normannischen Einfluss am Königshof argwöhnisch gegenüber. Dennoch verheiratete er seine Tochter Edith mit Eduard. Dieser verstieß jedoch seine Frau wegen seiner Konflikte mit Godwin und schickte ihre ganze Familie 1051 in die Verbannung. Diese Maßnahme musste er zwei Jahre später zurücknehmen, als Godwin kurz vor seinem Tod mit einer Armee gegen den König zog und durchsetzte, dass seine Familie ihren Grundbesitz zurückerhielt und Eduard seine normannischen Günstlinge entließ. Harold, der die Nachfolge seines Vaters antrat, hatte seine militärische Überlegenheit und sein politisches Geschick bereits unter Beweis gestellt, als er 1063 mit einem englischen Heer gegen die Waliser in den Kampf zog und 1065 mit Rebellen in Northumbria verhandelte. Seine Ernennung zum Thronfolger berücksichtigte zwar seine Vormachtstellung in England, lief aber den Interessen eines untersetzten, ungehobelten und cleveren Normannenkriegers zuwider, der darauf brannte, seine vermeintlichen Rechte durchzusetzen.

Die Normannen und die Normandie

In Wilhelms Adern floss Wikingerblut, denn er stammte als Normanne von jenen heidnischen skandinavischen Piraten ab, die vom 8. Jahrhundert an Raubzüge nach Süden und Westen unternommen hatten. Herzog Wilhelms Vorfahren ließen sich um 900 im unteren Seinetal nieder. Die Franken übertrugen dem Wikingerfürsten Rollo 911 dort ein Lehen, und seine Nachkommen dehnten ihr Reich innerhalb einer Generation nach Westen auf die „Normandie“ aus.

Durch ihre religiöse und kulturelle Anpassungsfähigkeit erlangten sie bald die Herrschaft über ihre eroberten Gebiete. Typisch war die von ihnen entwickelte Burgform der Motte, die aus einem von Wällen und Gräben umgebenen künstlichen Erdhügel mit einer Burg bestand. Sie übernahmen die Prinzipien des karolingischen Feudalsystems und bauten in der Normandie einen zentralisierten Feudalstaat auf. Durch die Gründung von Benediktinerklöstern im 11. Jahrhundert machten sie die Normandie zudem zu einem Zentrum der Gelehrsamkeit.

Wilhelms Überlebenskampf

Wilhelm war der einzige Sohn von Herzog Robert I. und trat dessen Nachfolge bereits mit sieben Jahren an. Da seine Mutter Arlette nur die Konkubine seines Vaters gewesen war, hielt man ihm seine illegitime Herkunft vor. Drei seiner Vormunde starben eines gewaltsamen Todes. Nachdem Wilhelm 1042 zum Ritter geschlagen worden war, sah sich der junge Herzog von 1046 bis 1055 wiederholt mit Aufständen verschiedener Vasallen konfrontiert. Allerding genoss er die Unterstützung seines Feudalherrn, Heinrich I. von Frankreich. Herzog Robert hatte diesem 1031 bei der Durchsetzung seiner Herrschaft gegen seinen jüngeren Bruder geholfen. Aus diesem Grund fühlte sich Heinrich den Herzögen der Normandie zu Dank verpflichtet und half Wilhelm 1047, eine massive Rebellion niederzuschlagen und seine verlorenen herzöglichen Ansprüche und Einnahmen wiederzuerlangen. Zunächst unterstützte Heinrich auch Wilhelms Bestrebungen, sein Herrschaftsgebiet bis zur Grafschaft Maine auszudehnen, und stand ihm bei einem Feldzug gegen den Grafen von Anjou, Gottfried Martell, zur Seite. Weitere Aufstände zwangen Wilhelm 1052, Frieden mit Gottfried zu schließen, aber mittlerweile führte er bereits ernsthafte Verhandlungen mit Eduard von England.

1051 hatte der englische König Godwin in die Verbannung geschickt. Möglicherweise gelang es Wilhelm deshalb, Eduard die Zusage abzuringen, ihn zu seinem Nachfolger zu machen. Vielleicht setzte Wilhelm ihn auch mit seinen diplomatischen Verbindungen unter Druck. Er hatte inzwischen Mathilde, die Tochter von Balduin V. von Flandern, geheiratet, eines Vasalls des französischen Königs, der aber gegen Heinrich III. rebellierte. Die Tatsache, das Wilhelm und Eduard beide Balduin unterstützten, könnte auch als Argument für die Schaffung eines anglonormannischen Machtblocks gedient haben.

Herzog Harolds Treueeid

Nachdem Wilhelm 1063 die Grafschaft Maine erobert hatte, schickte Eduard Harold aus unbekannten Gründen zu dem mächtigen Herzog in die Normandie. Spätere normannische Schilderungen behaupteten, damals habe Harold einen Eid abgelegt, er werde Wilhelms Thronfolge anerkennen. Im Winter und Frühjahr 1066 überschlugen sich jedoch die Ereignisse: Harolds verbannter Bruder, Graf Tostig von Northumbria, hatte Wilhelm bereits seine Unterstützung bei einer Eroberung Englands angeboten. Wie Wilhelm war er durch Heirat ein Verbündeter des Grafen von Flandern und er war bereit, England auf eigene Faust anzugreifen. Im Mai begann er mit Überfällen auf die englische Küste und brachte im September gemeinsam mit König Harald III. Hadrade von Norwegen seine Truppen vor der Küste Northumbrias in Stellung.

WILHELM I.
1028–1087

1028 Wilhelm wird als illegitimer Sohn des normannischen Herzogs Robert I. geboren.

1051 Eduard der Bekenner schlägt einen Aufstand angelsächsischer Adliger unter der Führung Godwins von Wessex nieder.

1052 Wilhelm verbündet sich mit Gottfried von Anjou.

1053 Er heiratet Mathilde von Flandern.

1064 Harold Godwinson schwört, Wilhelms Anspruch auf den Thron zu unterstützen.

1066 Harold wird zum Thronfolger erklärt. Wilhelm besiegt ihn in der Schlacht von Hastings.

1072 Eroberung Schottlands.

1075 Wilhelm schlägt die Rebellion der Herzöge von Hereford und Essex nieder.

1081 Eroberung von Wales.

1082 Gefangennahme von Bischof Odo.

1086 Erstellung des Domesday Books.

1087 Wilhelm stirbt; sein Reich wird auf die Königreiche Frankreich und England aufgeteilt.

Die Schlacht bei Hastings

Die Normannen mussten handeln. Starke Winde hielten die Flotte, die Wilhelm zusammengezogen hatte, im August 1066 in der Mündung des nordfranzösischen Flusses Dives fest. Im September zwangen Herbststürme aus dem Westen seine Schiffe den Ärmelkanal hinauf. Wilhelm sammelte seine Schiffe in Saint-Valéry an der Somme, und als die Stürme sich gelegt hatten, segelte er am 27. September zur Südostküste Englands und schlug in Hastings seine Basis auf.

Nach Wilhelms Sieg bei Hastings sollte sich das englische Königreich mehr nach Frankreich hin orientieren und seine skandinavischen Verbindungen lockern. Zunächst war aber kaum mit einem normannischen Sieg zu rechnen: Am 25. September hatte Harold, der inzwischen König geworden war, sowohl Tostig als auch Harald Hardrade bei Stamford Bridge in der Nähe von York besiegt und getötet. Am 13. Oktober überraschte die englische Armee die Normannen bei Hastings und trieb sie beinahe in die Flucht. Es war wohl eher seine Hartnäckigkeit als sein strategischer Scharfsinn, der Wilhelm in der Schlacht am folgenden Tag siegen ließ. Gegen Ende des 14. Oktober fiel Harold. Wilhelm konsolidierte seine militärische Position und ließ sich am Weihnachtstag in Westminster Abbey zum König von England krönen.

Expansion, Rebellion und Konsolidierung

Unmittelbar nach seiner Krönung verließ Wilhelm England, musste aber 1067 bis 1071 zurückkehren, als Aufstände ausbrachen. Bei ihrer Niederschlagung wurden große Teile des englischen Adels ausgelöscht und durch Normannen ersetzt. Mit der Invasion in Schottland 1072 und in Wales 1081 sowie der Schaffung von Grenzmarken gelang Wilhelm die Sicherung seines Reichs. Da Wilhelm auch die Grenzen seines Herzogtums verteidigen musste, verbrachte er die letzten 15 Jahre seines Lebens mehr in der Normandie als in England. Während seiner Regentschaft besuchte er sein Königreich fünf Jahre lang gar nicht. Dennoch hielten ihm die meisten seiner neuen anglo-normannischen Vasallen die Treue.

Die Verwaltung Englands lag in den Händen der Bischöfe. Eine dominante Rolle spielte dabei Lanfranc, der ehemalige Prior des normannischen Klosters Le Bec und persönlicher Freund Wilhelms, den er zum Erzbischof von Canterbury ernannt hatte. Die Episkopalregierung war die englische Variante der Methoden, die Wilhelm in der Normandie praktizierte. Dort sorgte er durch seinen Vorsitz bei den Synoden für eine fügsame und korruptionsfreie Kirchenverwaltung. Seine Entscheidung, den Engländern ihr angestammtes Rechtswesen und ihre Gesetze zu lassen, war typisch normannisch. Mithilfe seiner Vasallen und Bischöfe regierte Wilhelm innerhalb der ererbten Strukturen, die er seinem Willen unterwarf.

Drei Monate nach seiner Krönung befahl Wilhelm den Bau einer Burg in London. Der normannische White Tower bildet den Kern des Towers of London.

Unter der Führung der Herzöge von Hereford und Essex, die von der dänischen Flotte unterstützt wurden, kam es 1075 zu einem letzten Ausbruch größerer innerer Unruhen. 1082 musste Wilhelm seinen Halbbruder Odo gefangen nehmen, der als Bischof von Bayeux und Herzog von Kent eine hohe Position in der normannischen Regierung innehatte. Er plante, nach Italien zu ziehen, um den Papst gegen Kaiser Heinrich IV. zu verteidigen, und versuchte, ohne Erlaubnis des Königs eine eigene Armee aufzustellen. Dieser eindeutige Bruch seiner Vasallentreue musste bestraft werden.

Das Domesday Book

Im selben Jahr stärkte Wilhelm seine Oberhoheit über das ganze Land, indem er in Salisbury persönlich allen Großgrundbesitzern Englands den Lehnseid abnahm. Dieser Treueeid hatte Vorrang vor allen anderen Vasallenpflichten dieser Adligen. Nachdem er 1085 einen weiteren Invasionsversuch der Dänen abwehren konnte, war Wilhelm überzeugt, dass die Normannenherrschaft in England auf einer soliden Basis ruhte, und ordnete 1086 an, die Lehnsverhältnisse seines Reichs schriftlich festzuhalten. Diese sind in dem zweibändigen „Domesday Book", einem Reichsgrundbuch, bis heute erhalten geblieben.

Die Normandie bereitete Wilhelm dagegen durchgängig Sorgen, vor allem seit Philipp I. von Frankreich sich mit Robert von Flandern und Knut IV. von Dänemark gegen ihn verbündet hatte. Wilhelm musste 1081 einen Frieden mit Anjou schließen, der auf einem Kompromiss beruhte: Sein ältester Sohn Robert Curthose durfte Graf von Maine werden, jedoch als Vasall der Grafen von Anjou. Robert hatte bereits 1077 gegen seinen Vater rebelliert und versuchte es 1083 erneut. Wilhelm bestimmte ihn daher nicht zu seinem Nachfolger.

Bevor Wilhelm 1087 starb, teilte er sein Erbe auf. Robert erhielt die Normandie und die Grafschaft Maine, sein jüngerer Bruder Wilhelm Rufus wurde König Wilhelm II. von England. Die normannischen Vasallen in England, die beide Domänen von einem gemeinsamen Herrscher regiert sehen wollten, waren darüber verärgert. Die Eroberung Englands war Wilhelms größte Leistung gewesen, aber Englands Sonderrolle in Europa und seine Unabhängigkeit hatten die „normannische Eroberung" überlebt.

ROGER II., König von Sizilien

REG. 1130–1154

Alljährlich am Palmsonntag ritt König Roger II. von Sizilien auf einem weißen Esel in die Kirche, um der Messe zum Beginn der Karwoche beizuwohnen. Damit erinnerte er an Jesu Einzug in Jerusalem auf einem Eselsfüllen. In der Kirche La Martorana in der Hauptstadt Palermo befindet sich ein Mosaik, das die Krönung Rogers durch Christus darstellt. Die beiden Figuren gleichen sich in vielen Details.

Das schien durchaus angemessen, da der König sich als Gottes Stellvertreter in seinem Königreich Sizilien verstand, das außer der Insel noch Süditalien von Kalabrien an der Stiefelspitze bis zu den Abruzzen südlich des Kirchenstaates umfasste. Diesen Anspruch griffen auch die Mosaiken der Cappella Palatina in Palermo auf, die ihn als neuen David zeigten, der zurückgekehrt ist, um auf der Erde zu herrschen. Architektur und Dekoration der Hofkapelle zeugen von der kulturellen Vielfalt von Rogers Königreich. Die lateinische Basilika ist mit byzantinischen Mosaiken dekoriert und hat eine typisch arabische Stalaktitendecke aus Holz.

Die Hofhaltung Rogers II.

An hohen kirchlichen Feiertagen trug Roger II. Gewänder, die ihn als König und Priester auswiesen: Zu einer Tunika und Dalmatika aus sizilianischer Seide trug er einen Königsmantel und seidene Schuhe und Strümpfe in einem dunklen Rot, das an den Purpur altrömischer und byzantinischer Kaiser erinnerte. Die gleiche Assoziation weckten auch die Königsgräber, die er in Auftrag gab. Sie bestanden aus Porphyr, einem roten Gestein, das den römischen Kaisern vorbehalten war. Andererseits besaß König Roger einen Harem, Sarazenen als Leibwächter und einen arabischen Koch. Zudem förderte er muslimische Dichter, die sein Loblied sangen, und lustwandelte südlich von Palermo in Parks mit Seen und Sommerhäusern arabischen Stils. Der sizilianische Hof war damals der kultivierteste des Mittelmeerraums. Diese Kultiviertheit war jedoch erkauft durch die Siege, die Roger mit typisch normannischer Aggressivität und Ehrgeiz errungen hatte.

Der Innenraum der Kirche La Martorana (offiziell Santa Maria dell'Ammiraglio) in Palermo ist üppig mit Goldmosaiken in byzantinischem Stil dekoriert.

Die normannische Eroberung Siziliens

Vom Anfang des 11. Jahrhunderts an drangen normannische Abenteurer nach Süditalien vor und unterstützten eine Reihe lokaler Aufstände, die der ohnehin instabilen byzantinischen Präsenz in dieser Region ein Ende bereiteten. Roger war der Sohn von Graf Roger I. von Sizilien, der gemeinsam mit seinem Bruder Robert Guiscard die letzte Eroberungsphase angeführt hatte. Bari auf dem italienischen Festland fiel 1071, und 1072 folgte Palermo, das bedeutendste Emirat auf der überwiegend arabisch bevölkerten Insel Sizilien. Als Roger II. 1105 den Grafentitel seines Vaters erbte, übernahm zunächst seine Mutter die Regentschaft. 1112 übernahm er selbst die Regierungsgeschäfte. Nach dem Tod von Robert Guiscard konnte er seine Herrschaft auf ganz Sizilien ausdehnen. Sein Vater hatte zudem bereits in den 1060er-Jahren das überwiegend von Griechen bewohnte Kalabrien an der Südspitze Italiens erobert. Und als der normannische Herzog von Apulien starb, marschierte Roger dort ein und verleibte auch diese Region seinem Reich ein.

Oberhalb der sizilianischen Küstenstadt Cefalù ließ Roger II. eine Kathedrale bauen, die seine Grabkirche werden sollte. Die dreischiffige Säulenbasilika mit großem Querschiff in normannischem Stil weist auch byzantinische und islamische Stilelemente auf.

Konflikte mit dem Papst

Roger II. strebte nun nach der Königswürde und der damit verbundenen Macht. Nach der umstrittenen Papstwahl 1130 unterstützte Roger den Gegenpapst Anaklet II., dessen Abgesandter ihn noch im selben Jahr in Palermo zum König krönte. Als Anaklet 1138 starb, nahm Roger Papst Innozenz II. gefangen und zwang ihn, seinen Königstitel 1139 anzuerkennen. Die Beziehungen Siziliens zum Papsttum waren ungewöhnlich eng, seit Urban II. Roger I. 1098 zum päpstlichen Gesandten ernannt hatte. Damit besaß der Graf von Sizilien das Recht, Bischöfe zu ernennen und Kirchenabgaben einzutreiben. Der apostolische Stuhl sah darin aber keineswegs eine Abtretung seiner Macht, sondern lediglich einen nützlichen Notbehelf. Denn Sizilien war seit Jahrhunderten islamisch und besaß keine katholische Kirchenverwaltung. Die wenigen Christen, die dort lebten, gehörten der byzantinischen Kirche an. Zudem gab es einen großen jüdischen Bevölkerungsanteil. Selbst unter Roger II. blieb Westsizilien überwiegend arabisch geprägt. Aus eigener Kraft konnte die Kirche keine Christianisierung der Insel erreichen und hatte deshalb Roger I. für diese Aufgabe eingesetzt. Daher betrachteten die Päpste auch die späteren Könige von Sizilien als Vasallen, die ihre Autorität dem Stuhl Petri verdankten.

Genau darin lag Konfliktpotenzial. Von großer Bedeutung war der genaue Wortlaut des Königstitels Rogers II. Er spiegelte die Angst der Päpste vor einem starken, unabhängigen Normannenreich wider und lautete: «König von Sizilien, vom Herzogtum Apulien und vom Fürstentum Capua». Da Apulien und Capua päpstliche Lehen waren, mussten sie gesondert aufgeführt werden. Aber Roger II. besaß nun einen erblichen Königstitel, und die Päpste mussten akzeptieren, dass über diese Territorien nur ein König herrschte.

Der Hoftag Rogers II.

Roger II. nutzte aber auch andere Quellen, um seine Herrschaft zu legitimieren. Eine davon war die sizilianische Geschichte: Bereits in der klassischen Antike hatte es auf Sizilien griechische Kolonien gegeben, die von dynastischen Herrschern *(tyrannos)* regiert wurden. Auch die Vorstellung Konstantins des Großen von einem Herrschertum, das religiöse und weltliche Macht in einer Person vereinte, ließ sich im Sinne der Normannen nutzen. Sie wurde entsprechend häufig in den Mosaiken griechischer Künstler illustriert. Das Vermächtnis Kaiser Justinians war wiederum eine wichtige intellektuelle Quelle. Seine Rechtsgelehrten hatten nämlich aufgezeigt, dass Rebellion gegen einen von Gott eingesetzten Herrscher ein Sakrileg war. Die Gesetzestexte Justinians, die dem römischen Recht zugrunde lagen, waren im 11. Jahrhundert in Süditalien weit verbreitet und hatten großen Einfluss auf den Kodex, den Roger II. 1140 in den „Assisen von Ariano" niederlegte. Auch das mittlerweile in ganz Westeuropa verbreitete Feudalsystem machte sich Roger II. zunutze. So rief er 1129 seine Vasallen im süditalienischen Melfi zu einem Hoftag zusammen, verkündete einen Landfrieden und versicherte sich dadurch ihrer Loyalität. Die vielfältigen Einflüsse, die Roger II. zur Festigung seiner Macht nutzte, waren damit noch nicht erschöpft. Seinen griechischen Untertanen präsentierte er sich als griechischer *basileus*, seinen arabischen Untertanen als neuer Emir.

Hinter allen diesen Strategien stand die Entschlossenheit Rogers II., sein Königreich als geeintes Staatsgebilde zu regieren, das keinem übergeordneten Reich angehörte. Wenn er Machtbefugnisse an Feudalherren delegierte, erwartete er als Gegenleistung Militärdienste und behielt sich das Recht vor,

Sarazenen, wie die Muslime des Mittelmeerraums genannt wurden, herrschten über 200 Jahre auf Sizilien. Die Buchmalerei aus dem 14. Jahrhundert schildert den Sarazenenangriff von 843 auf Messina im Nordosten der Insel. Die muslimische Herrschaft auf Sizilien endete 1091, doch ihr Beitrag zum wissenschaftlichen, landwirtschaftlichen und kommerziellen Leben der Insel war von Dauer.

über die Vererbung von Lehnsgütern zu bestimmen. So konnte er Vasallen ablehnen, die er für unpassend hielt. Da Kapitalverbrechen allein der Gerichtsbarkeit des Königs unterstanden, reisten von ihm ernannte Richter bis in die entferntesten Winkel Süditaliens, um im Namen Rogers II. Recht zu sprechen. Auf dem Festland besaßen die Vasallen weiterhin beträchtliche Macht. Sizilien aber unterstand als Krondomäne unmittelbar dem König. Ein normannischer Verwaltungsapparat kontrollierte das Leben in den Städten, den Handel und die Beschaffung von Versorgungsgütern. Die Monarchie besaß umfangreiche Rechte an der Salzproduktion und das ausschließliche Recht zur Eisen- und Stahlherstellung. Damit verfügte Roger II. über eine ungewöhnlich konzentrierte Wirtschaftsmacht. Seine Bürokratie beruhte auf normannischen Grundlagen, ergänzt durch griechische und arabische Einflüsse.

Wohlstand und Handel Siziliens

Sizilien verdankte seinen Reichtum dem gut bewässerten, fruchtbaren Ackerboden. Unter der Regentschaft Rogers II. ernährten Siziliens Weizen- und Getreideexporte die Länder Europas, deren Bevölkerung rasch wuchs. Auch der Handel blühte. Es herrschte eine große Nachfrage nach sizilianischen Luxusgütern, die auf dem Seeweg nach Genua, Pisa, Venedig und in die Provence gebracht wurden. Die Handelsrouten wurden von der sizilianischen Marine geschützt, die unmittelbar dem Emir, dem obersten Minister des Königs, unterstellt war. Die Seemacht griff auch die Sarazenen an, deren Überfälle das westliche Mittelmeer unsicher machten, und ermöglichte es Roger II., in Nordafrika Fuß zu fassen, wo er in die Auseinandersetzungen einheimischer arabischer Führer eingriff.

Die Staatseinkünfte wurden zum großen Teil für die Kriegsführung verwendet. Ein langwieriger Aufstand auf dem Festland, den Kaiser Lothar II. unterstützte, bedrohte die Herrschaft Rogers II. bis Ende der 1130er-Jahre. Aber Kriege und Eroberungen konnten dem Reich auch neue Einkünfte in Form von Beute, Tribut- und Steuerzahlungen einbringen. Bei einem der zahlreichen Überfälle auf die griechische Küste wurden die Seidenweber von Theben gefangen genommen und in den königlichen Webereien in Palermo eingesetzt. Roger II. verteilte zudem im großen Stil Bestechungsgelder, vor allem in der Lombardei. Denn Sizilien war daran interessiert, dass die dortigen Städte ihren Widerstand gegen die vordringenden deutschen Kaiser aufrechterhielten.

„Rogers Buch“

Die Staatseinnahmen flossen aber auch in die Kultur, das höfische Leben und die Bildung. Ein Hauptinteresse Rogers II. waren die Naturwissenschaften. So gab er bei dem nordafrikanischen Gelehrten al-Idrisi das „Kitab Rujar“ („Rogers Buch“) in Auftrag, das Karten der bekannten Welt enthalten sollte. Außerdem wurden mit der Förderung Rogers II. Texte der griechischen Antike ins Lateinische übersetzt. Dies trug im 12. Jahrhundert zu einer kulturellen Renaissance in Europa bei.

Roger II. wollte ein lateinisches Königreich schaffen und setzte dies auf Kosten der griechischen Einflüsse auf Sizilien durch. Die Dokumente seiner Verwaltung waren aus pragmatischen Gründen in Griechisch, Latein und Arabisch abgefasst, da seine Untertanen sie ansonsten nicht verstanden hätten. Wenn Roger II. die Muslime an seinem Hof begünstigte, so tat er dies, um den griechischen und normannischen Adligen zu demonstrieren, dass er noch über eine andere zuverlässige Gefolgschaft verfügte. Seine rudimentären Arabischkenntnisse und seine Kultiviertheit waren sicher hilfreich beim Abschluss eines Handelsabkommens mit den fatimidischen Herrschern Ägyptens. Im Inland verfolgte Roger II. jedoch keine multikulturellen Ziele, sondern verlangte von Muslimen, die in die höchsten Ämter aufstiegen, dass sie zum Christentum konvertierten.

Das Vermächtnis Rogers II.

Als Rogers Tochter Konstanze, die erst nach seinem Tod geboren wurde, 1186 Heinrich VI., den Sohn und Thronfolger des deutschen Kaisers Friedrich Barbarossa, heiratete, änderte sich die politische und militärische Landschaft des zentralen Mittelmeerraums grundlegend. Die sizilianischen Normannen und die Staufer-Herrscher des Heiligen Römischen Reichs wurden durch diese Verbindung versöhnt, auch wenn die sizilianische Krone ihre Unabhängigkeit innerhalb des Reichs bewahrte. Aus der Ehe ging Kaiser Friedrich II. hervor, der die Eigenschaften und Ambitionen beider Großväter vereinte: Barbarossas Expansionsdrang nach Italien und Rogers Streben nach königlicher Oberhoheit. Nachdem die Kreuzritter im Zuge des Vierten Kreuzzugs 1204 Konstantinopel erobert hatten, galten die byzantinischen Kaiser nicht mehr als überzeugende Vertreter der antiken Idee eines Universalreichs. Diese Rolle übernahm nun das Kaiserreich Friedrichs II. Damit wurden die größten Befürchtungen der Päpste wahr: Sie sahen sich nun mit einer vereinten Macht konfrontiert, die sie von Norden und Süden bedrohte.

ROGER II.
1093–1154

1105 Nach dem Tod seines Vaters Roger I. wird Roger Graf von Sizilien; seine Mutter regiert an seiner statt.

1112 Roger wird volljährig und tritt die Herrschaft an.

1117 Heirat mit seiner ersten Frau Elvira, der Tochter von Alfons VI. von Kastilien.

1127 Er erobert Apulien und fügt es seinem Reich zu.

1129 Verkündigung eines Landfriedens in Melfi, Süditalien.

1130 Ein Abgesandter Papst Anaklets II. krönt Roger in Palermo zum König von Sizilien.

1138 Gefangennahme Papst Innozenz' II., der Rogers Königswürde im folgenden Jahr anerkennt.

1140 Roger setzt mit den „Assisen von Ariano“ sein eigenes Gesetzeswerk in Kraft und erklärt den Dukaten zur Standardwährung.

UM 1154 Der islamische Gelehrte al-Idrisi vollendet das „Buch Rogers“, eine silberne Karte der Erde.

1154 Roger stirbt und wird in der Kathedrale von Palermo bestattet.

SURYAVARMAN II., König von Kambodscha

REG. 1113–1150

Das größte Vermächtnis des Herrschers von Kambodscha ist wohl die Tempelanlage Angkor, die er für den Gott Vishnu, den Erhalter des Universums, und andere Hindu-Götter errichtete. Sie wurde nach präzisen astronomischen Berechnungen nahe der Residenzstadt der Khmer-Könige gebaut und bildete die hinduistische Kosmologie mit dem mythischen Berg Meru im Zentrum architektonisch nach. Die Mauern, die den Tempelpalast Angkor Wat umgaben, standen für die Gebirgszüge um den Meru, und der Wassergraben rund um den Tempel symbolisierte den mythischen Urozean.

Dieses enorme Bauprojekt Suryavarmans II. demonstrierte seinen Glauben an Vishnu als höchsten Gott und Quelle allen Lebens, stand aber auch für seine eigenen irdischen Erfolge. Die Skulpturen der Apsaras, himmlischer Tänzerinnen, standen für die erotischen Wonnen, die siegreiche Könige, erfolgreiche Feldherren und Heilige im Jenseits erwarteten, während mit Blattgold verzierte Reliefs an den Wänden die Kriegszüge des königlichen Reiterheers illustrierten. Weitere Reliefs schilderten Episoden aus den indischen Epen „Mahabharata" und „Ramayana", die tief in der Gedankenwelt des kambodschanischen Volks verankert waren. Die Gottkönige des Khmer-Reichs erwiesen sich durchgängig als fähig, Wohlstand und Sicherheit ihrer Untertanen zu gewährleisten. Angkor Wat zeugt aber auch von den Freuden in diesem Königreich.

Die „große Stadt" Angkor Thom

Berge galten in Südostasien bereits seit langer Zeit als besonders heilige Orte, da man sie für Wohnstätten der Götter hielt. Daher betrachteten die Khmer in Kambodscha ihre gesamte Hauptstadt als heilige Stätte, denn sie war rund um einen

Die fünf Türme von Angkor Wat symbolisieren den Berg Meru, das Zentrum des hinduistischen Universums. Die Khmer-Könige regierten von ihrer Hauptstadt Angkor aus über ein riesiges Reich, das sich von China und Vietnam bis an den Golf von Bengalen erstreckte.

solchen Berg im Nordwesten des Landes angelegt. Nach ihrer Gründung im 9. Jahrhundert hieß die Stadt zunächst Yasodharapura nach dem Khmer-König Yasovarman I. (890–910), der sie als Residenzstadt und Verwaltungszentrum errichten ließ. Das eigentliche Angkor Thom, „die große Stadt", wurde erst Anfang des 13. Jahrhunderts teilweise auf dem Gebiet von Yasodharapura erbaut.

Yasodharapura beziehungsweise das spätere Angkor waren die Hauptstädte eines Reichs, das sich von der Halbinsel Indochinas im Süden bis an die chinesische Grenze im Norden und von Vietnam im Osten bis an den Golf von Bengalen im Westen erstreckte. Im 13. Jahrhundert war der Buddhismus noch eine Religion der Oberschicht, entwickelte sich aber durch Massenbekehrungen im Laufe der folgenden 200 Jahre zur Volksreligion. Allein der Name Angkor, der sich von dem Sanskrit-Wort für Stadt herleitet, zeugt hingegen vom tiefgreifenden Einfluss, den der Hinduismus und die indische Kultur vom Anfang des 1. Jahrtausends an auf die Völker in dieser Region ausübten.

Die Apsaras, die Wände und Säulen vieler kambodschanischer Tempel zieren, waren eine Erfindung der Khmer. Inspiriert wurden diese Figuren von der hinduistischen Mythologie, in der himmlische Nymphen für die Götter tanzen.

Die Regentschaft Jayavarmans II.

Vom 6. bis 8. Jahrhundert bestand Kambodscha aus zahlreichen kleinen Fürstentümern. Einer der Regionalfürsten in Ostkambodscha nahm 790 den Herrschertitel Jayavarman II. an. Nachdem er sich die Kontrolle über das Mekong-Tal gesichert hatte, ließ er sich in Nordwestkambodscha zum *chakravartin* weihen. Dieser Sanskrit-Begriff bezeichnete einen idealen Herrscher, der gütig und gerecht über die ganze Welt herrscht.

Jayavarman lehnte es 802 ab, sich einem Reich auf Sumatra als Vasall unterzuordnen und setzte stattdessen die Unabhängigkeit von Kambuja, wie das Land damals hieß, durch. In der Folge wurde er als *devaraja* („Gottkönig") und damit als eine Manifestation des Gottes Shiva inthronisiert. In einer feierlichen Zeremonie mit aufwändigen Hinduritualen wurde dem neuen Herrscher die sakrale Königswürde durch ein *lingam*, das Shivas Macht repräsentierte, verliehen. Aus dem göttlichen Status der kambodschanischen Könige entwickelten sich mit der Zeit religiöse Rituale, die sie zu vollziehen hatten. So sorgten sie durch Fürsprache bei den Göttern dafür, dass die Fruchtbarkeit des Landes erhalten blieb. Als Gegenleistung mussten ihre Untertanen ihnen Militärdienste leisten.

Khmer-Tempel

Da Kambodschas Bevölkerung überwiegend aus Khmer bestand, war das Land im Vergleich zu seinen südostasiatischen Nachbarn ethnisch ungewöhnlich homogen. Nach Jayavarmans Tod im Jahr 850 kam es dennoch zu Aufständen und Thronfolgekämpfen. Der nächste bedeutende Herrscher, Indravarman I. (regierte 877–890), war vermutlich ein Usurpator, der seine Autorität durch wegweisende Maßnahmen sicherte und stärkte. Der Bakong, den er in seiner Hauptstadt errichten ließ, war der erste kambodschanische Tempel aus Sandstein statt aus

Backstein. Aber auch durch seine Form hatte der eindrucksvolle Tempelberg erheblichen Einfluss auf die spätere architektonische Entwicklung Angkors. Außerdem baute Indravarman Wasserspeicher, Kanäle und Seen zu einem Bewässerungssystem aus, mit dem sich die Wasserführung kambodschanischer Flüsse regulieren ließ. Dadurch konnten neue Anbauflächen für Reis erschlossen werden. Diese landwirtschaftliche Revolution verschaffte dem König weitere Ländereien und garantierte, dass die unzähligen Arbeitskräfte ernährt werden konnten, die für den Bau der stetig wachsenden Zahl kunstvoller Tempel gebraucht wurden.

Im Bayon-Tempel, den Jayavarman VII. im 13. Jahrhundert in Angkor erbaute, illustrieren zwei Reliefbänder historische Ereignisse und mythologische Geschichten. Der Ausschnitt zeigt Khmer-Krieger im Kampf gegen die Armee von Champa.

Indravarmans Sohn Yasovarman I. (regierte 890–910) errichtete seine neue Hauptstadt in der Region Angkor und umgab sie mit Stadtmauern. Nach dem Vorbild seines Vaters ließ er sich 893 auf einem felsigen Hügel oberhalb der Stadt einen eigenen Tempel bauen, den Phnom Bakheng (»großer Ahne«). Um den zentralen Tempelturm gruppieren sich 108 kleinere Turmschreine auf verschiedenen Ebenen. Der Bakheng repräsentierte wie später Angkor Wat den Berg Meru. Man glaubte, dass sowohl vom Felsen als auch von den Gebäuden darauf religiöse und weltliche Macht ausginge. Die ganze Anlage war daher von einer Symbolik durchdrungen, die den Zwecken des kambodschanischen Königtums diente.

Angkors übrige Tempel standen für jene Berge, die das Ende der bekannten Welt markierten, und seine Wasserelemente für die großen Flüsse der Erde. Aber Wasserbecken und Kanäle wurden mittlerweile auch zu ganz praktischen Zwecken angelegt. Das überaus effiziente Bewässerungssystem der zentralkambodschanischen Ebene versorgte riesige Reisfelder.

Eine neue Dynastie: Suryavarman I. und Suryavarman II.

Die Arbeitskräfte, die die technischen Errungenschaften und architektonischen Meisterwerke umsetzten, stammten überwiegend aus dem Herrschaftsgebiet der Khmer. Bis Anfang des 10. Jahrhunderts wurde Kambodscha von inneren Unruhen erschüttert. Angkor war gut 30 Jahre verlassen, bis die Zentralgewalt Mitte des 10. Jahrhunderts wiederhergestellt wurde. Dabei spielte Suryavarman I. (regierte 1004–1050), der sich nach Jahren der Thronfolgestreitigkeiten durchgesetzt hatte, eine wesentliche Rolle. Er brachte die Gebiete, die sich unabhängig gemacht hatten, wieder unter die Kontrolle des König und dehnte das Khmer-Reich Richtung Westen bis nach Thailand aus. Durch den wirtschaftlichen Wohlstand, den das Reich während seiner Regierungszeit erlebte, wuchs die Zahl der Städte von 20 auf annähernd 50. Das ausgehende 11. Jahrhundert war erneut von unsicheren Machtverhältnissen geprägt, aber schließlich gewann eine neue Dynastie die

Der Bayon-Tempel bildete das Zentrum von Angkor Thom, der Residenzstadt Jayavarmans VII. im 13. Jahrhundert. Der Bau des vornehmlich buddhistischen Tempels markierte eine religiöse Wende in einem Land mit bis dahin überwiegend hinduistischer Bevölkerung.

Oberhand. Ihr bedeutendster Herrscher war Suryavarnam II., der dafür sorgte, dass Kambodscha überlebte und sich weiter ausdehnte. Er setzte die Expansion nach Thailand fort. Seine wichtigste militärische Initiative war jedoch ein Feldzug gegen das Königreich Champa, das Zentral- und Südvietnam beherrschte und Angkor mehrfach angegriffen hatte.

Im Angkor zur Zeit Suryavarmans II. dienten Technik, Religion und Politik dazu, die königliche Macht zu stärken. Das Volk hatte Angkor schon immer als heilige Stadt verehrt. Zudem sorgte seine Bewässerungstechnik für reiche landwirtschaftliche Erträge und sicherte damit die Lebensgrundlage der kambodschanischen Ebene. Religiöse Zeremonien unterstrichen den Status der Stadt und erhöhten das Ansehen der Dynastie. Dabei übernahm der König die Rolle des Fürsprechers seines Volkes und erbat von den Göttern genügend Regen.

Kambodscha als Ziel für Invasionen

Die Beamten am Hof nahmen sowohl weltliche Verwaltungsaufgaben wahr als auch religiöse Funktionen. Denn sie dienten einem König, der nach seinem Tod mit dem Gott Shiva vereint sein würde, den er auf Erden repräsentierte. Durch den Bau der Bewässerungsanlagen fiel auf der kambodschanischen Ebene viel Erdaushub an. Daraus schuf man künstliche Hügel und errichtete darauf Tempel, die Bildnisse der Götter und der kambodschanischen Könige beherbergten. Der prachtvolle Tempel in Angkor, der des Königs ganzer Stolz war, belastete die Wirtschaft und Arbeitskraft des Landes möglicherweise so stark, dass Kambodscha anfällig für Angriffe von außen wurde.

Truppen des Königreichs Champa in Vietnam drangen 1177 erneut ins Land ein und plünderten Angkor zum ersten Mal in der Geschichte Kambodschas. Dieser Angriff bedeutete für die Khmer-Könige eine große militärische und religiöse Herausforderung. Offenbar waren ihre Bitten um göttlichen Schutz für Kambodscha nicht erhört worden. Jayavarman VII. (regierte 1181–1220) gelang es jedoch, in einem bemerkenswerten Feldzug noch als Feldherr seines Vorgängers die Cham bis 1181 aus seinem Land zu verdrängen, ihr Territorium zu erobern und ganz Champa zu einer Provinz seines Reichs zu machen. Diese Leistung feierte er, indem er in der Nähe von Angkor seine eigene Hauptstadt Angkor Thom baute und sie mit einem 16 Kilometer langen Wall, Bewässerungsanlagen und großartigen Bauten wie dem Bayon-Tempel ausstattete.

Die Einführung des Buddhismus

Indem er sich dem Buddhismus zuwandte, brach der König mit einer 400-jährigen Tradition der Khmer-Herrscher. Bereits im 5. Jahrhundert war die Lehre Buddhas aus Indien nach Kambodscha gelangt, wo sie friedlich neben dem Hinduismus existierte. Zum ersten Mal erfuhr der Buddhismus nun jedoch die Förderung durch einen Khmer-Herrscher. Diese Wendung spiegelte womöglich eine gewisse Unzufriedenheit mit dem Hinduismus nach der Cham-Invasion wider. In der Folgezeit setzte sich der Theravada-Buddhismus durch, die ältere Strömung dieser Religion, und nahm großen Einfluss auf das kambodschanische Volk.

Die Regentschaft Jayavarmans VII. war die letzte Blütezeit der Khmer-Könige. Mit dem Tod des Königs endete die territoriale Expansion Kambodschas. Im 14. Jahrhundert gelang es den Thai-Fürstentümern im heutigen Nordthailand, sich vom Reich der Khmer unabhängig zu machen. 1351 hatten sich die Thai in der Region, die später als Siam bekannt wurde, fest etabliert. Sie entwickelten sich zu einer dominanten Regionalmacht und konnten die Khmer in Richtung des Mekong-Deltas verdrängen. Inzwischen hing der Großteil der kambodschanischen Bevölkerung dem Theravada-Buddhismus an, wodurch die Idee des hinduistischen Gottkönigtums an Bedeutung verlor und die Loyalität des Volkes gegenüber seinen Herrschern abnahm. Anfang des 15. Jahrhunderts war das Khmer-Reich auf die Region um Phnom Penh geschrumpft. Angkor wurde aufgegeben und der Dschungel bemächtigte sich der Tempel und Paläste, durch die einst die Khmer-Könige gewandelt waren. Bald wusste die Welt nur noch aus Gerüchten von der Existenz dieser Stadt.

SURYAVARMAN II. ?–1150

1113 Suryavarman wird König des Khmer-Reichs von Kambodscha.

UM 1115 Restauration und Erweiterung der Tempelanlage von Angkor als Zeichen seiner Identifikation mit dem Gott Vishnu.

1116 Wiederaufnahme diplomatischer Beziehungen mit China.

1123–1136 Erfolgloser Kriegszug gegen das nordvietnamesische Königreich Dai Viet.

1145 Sieg über Champa, das Teil Kambodschas wird.

1147 Der König von Champa schlägt Suryavarmans Heer.

1150 Suryavarman stirbt während eines erneuten Krieges gegen Champa. Posthum erhält er den Namen Paramavishnuloka („Inkarnation Vishnus").

ELEONORE VON AQUITANIEN, Königin von Frankreich und England

REG. 1137–1152, 1154–1204

Eleonore war temperamentvoll und willensstark und nahm selbst im hohen Alter noch großen Einfluss auf Staatsangelegenheiten. Ihre Grabskulptur zeigt die Königin in frommer Kontemplation.

Als der französische König Ludwig VII. sich 1147 bis 1149 gemeinsam mit seiner Königin auf dem Kreuzzug ins Heilige Land befand, kam es zum Bruch zwischen den Eheleuten. Eleonore war die Tochter Wilhelms X., des Herzogs von Aquitanien und Grafen von Poitou, und hatte nach dessen Tod 1137 dessen Herzogtum geerbt, das größer war als das Territorium, über das der französische König herrschte.

Einen Monat nach dem Tod ihres Vaters heiratete Eleonore Ludwig und ging damit eine dynastische Verbindung ein, die schon Ludwigs Vater, König Ludwig VI., und dessen Ratgeber, Abbé Suger, geplant hatten, um die Macht der Kapetinger-Dynastie zu stärken. Der junge König verliebte sich in seine schöne, gebildete Ehefrau, die politisch und persönlich großen Einfluss auf ihn ausübte.

Kreuzzug

Seit Papst Urban II. 1095 das erste Mal dazu aufgerufen hatte, die heiligen Stätten des Christentums in Palästina aus islamischer Herrschaft zu befreien, fühlten sich die französischen Könige dazu besonders verpflichtet. Am Ende des erfolgreichen Ersten Kreuzzugs waren verschiedene Kreuzfahrerstaaten in Palästina, Syrien und Kleinasien entstanden, die als feudale Außenposten von französischen Adligen regiert wurden. Sie wurden in den 1140er-Jahren von dem syrischen Emir Zengi ernsthaft bedroht, was einen zweiten Kreuzzug notwendig machte.

Der eifersüchtige König wollte Eleonore nicht in Paris zurücklassen und bestand darauf, dass sie ihn auf diesem Kreuzzug begleitete. Diese Maßnahme erwies sich als unklug und provokant. Denn die Reise war nicht nur lang, sondern aufgrund

Die Miniatur aus einer Handschrift des 15. Jahrhunderts illustriert die Einnahme von Antiochia im Jahr 1098 durch die Kreuzfahrer. Nahezu 50 Jahre später brach Ludwig VII. zum Zweiten Kreuzzug auf, der mit einem Fehlschlag endete.

von Versorgungsproblemen und der Hitze des Nahen Ostens auch sehr beschwerlich. Eleonore, die einen starken Willen besaß, ärgerte sich über Anzeichen von Schwäche bei ihrem Mann und suchte schon bald Zuflucht in den Armen ihres jungen Onkels Raymond von Aquitanien, des Fürsten von Antiochien. Während die Kreuzfahrer 1148 erfolglos versuchten, Damaskus einzunehmen, kursierten außerdem Gerüchte, die Königin habe eine Affäre mit einem muslimischen Sklaven.

Scheidung und erneute Heirat

Ludwigs persönliche Situation wurde noch verschlimmert durch die Niederlagen gegen Nur ad-Din, der die Nachfolge seines Vaters Zengi angetreten hatte, sowie durch einen Aufstand seines jüngeren Bruders, des Grafen de Drieux, in der Heimat. Suger schrieb dem König aus Paris, er müsse umgehend zurückkehren und sich behaupten, statt «wie ein Gefangener im Exil zu bleiben». In Bezug auf die Königin riet er ihm: «Haltet Euren Groll zurück, bis Ihr mit Gottes Gnade heimgekehrt seid und diese Angelegenheit zusammen mit allen anderen regeln könnt.»

Nach der Rückkehr des Königspaares verweigerte Suger Ludwig die Scheidung von Eleonore. Sowohl ihr Erbe als auch ihr politisches Gespür dienten den Interessen des Königreichs. Als Suger kurze Zeit später starb, gab der gedemütigte König seinen Gefühlen nach. Unter dem Vorwand einer zu engen Blutsverwandtschaft zwischen ihm und Eleonore erwirkte er 1152 eine Annullierung der Ehe durch den Papst.

Zwei Monate später heiratete Eleonore Heinrich Plantegenet, den späteren König Heinrich II. von England. Bei ihrer Scheidung waren ihre Territorien in Aquitanien wieder an sie zurückgefallen und gelangten nun in den Besitz eines skrupellosen Kriegsherrn, der dem französischen König weitere Niederlagen und Schmach zufügte.

Ihre Liebe zur Musik und Poesie hatte Eleonore möglicherweise von ihrem Großvater, Wilhelm IX., übernommen, der selbst Troubadour gewesen war. Die Buchmalerei, die einen Troubadour mit Fidel zeigt, stammt aus der Liedersammlung „Cantigas de Santa Maria“ aus dem späten 13. Jahrhundert.

Eleonores Einfluss in Europa

Aufgrund ihres langen Lebens und des Einflusses, den auch ihre Kinder hatten, war Eleonore eine zentrale Gestalt im Europa des 12. Jahrhunderts. Zu den acht Kindern, die sie Heinrich Plantagenet gebar, gehörten Gottfried, Herzog der Bretagne, und Richard Löwenherz, König von England (1189–1199) und Held des Dritten Kreuzzugs. Sein Nachfolger wurde ihr Sohn Johann Ohneland. Ihre Tochter Mathilde heiratete Heinrich den Löwen, Herzog von Sachsen und Bayern, ihre Tochter Eleonore heiratete König Alfons VII. von Kastilien und ihre Tochter Johanna erst König Wilhelm II. von Sizilien und später Graf Raimund von Toulouse.

Durch ihren persönlichen Einfluss auf den Werdegang ihrer Kinder stand Eleonore im Zentrum der europäischen Militärpolitik und Diplomatie. Sie trug aber auch wesentlich zur Kultur ihrer Zeit als Förderin der Troubadoure am Hof Aquitaniens in Poitiers bei.

Vom aufgeschlossenen geistigen Klima des 12. Jahrhunderts zeugen ebenfalls die intellektuellen Leistungen zweier weiterer Frauen, nämlich der deutschen Äbtissin, Dichterin, Mystikerin und Komponistin Hildegard von Bingen und der Ehefrau des Pariser Theologen und Philosophen Peter Abaelard, Heloïse. Eleonore war aufgrund ihrer Stellung in der Lage, Künstler zu fördern und ihren ästhetischen Geschmack zu einem Aspekt königlicher Macht zu erheben. Die verfeinerte, höfische Liebe als ritterliches Ideal breitete sich von Aquitanien und der Provence bis an die Höfe Norditaliens und Deutschlands aus.

Kunstmäzenin

Eleonores Förderung trug maßgeblich dazu bei, dass die Troubadourdichtung beim Adel so populär wurde. Einer der berühmtesten provenzalischen Troubadoure, Bernart de Ventadorn, kam sogar von 1152 bis 1155 nach England. Dort unterstützte Eleonore auch die Weiterentwicklung der „Matière de Bretagne", bretonischer und keltischer Sagen um den legendären britannischen König Artus. Geoffrey von Monmouth hatte sie 1135 bis 1138 in seinen „Historias Regum Britannicae" zusammengestellt. Eleonore förderte sie nun im Rahmen einer frankobritischen Kultur, die sich während des kurzlebigen Angevinischen Reichs unter der Regentschaft ihres zweiten Ehemanns rasch entwickelte.

Das Angevinische Reich Heinrichs II.

Heinrich II. war elf Jahre jünger als Eleonore und trat 1150 die Nachfolge seines Vaters als Herzog der Normandie und 1151 als Graf von Anjou an. Über seine Mutter Mathilde, eine Tochter Heinrichs I., des jüngsten und fähigsten Sohns Wilhelms des Eroberers, war er mit dem englischen Königshaus verwandt. Nach Heinrichs Invasion in England 1153 erkannte König Stephan ihn als Mitregenten an. Als Stephan ein Jahr darauf starb, verfügte Heinrich über ein Territorium, das sich von Schottland und England über ganz Westfrankreich mit Eleonores Aquitanien bis zu den Pyrenäen erstreckte. Nachdem er 1157 in Wales einmarschiert war, das Land aber nicht erobert hatte, erkannten ihn auch die dortigen Adligen als Lehnsherrn an. Südwalisische Barone setzten 1169 die anglo-normannische Vorherrschaft in der irischen Provinz Leinster durch, und auch der schottische König Malcolm III. erkannte 1174 Heinrichs Oberhoheit an.

Wegen seiner vielen Feldzüge verbrachte Heinrich während seiner 34-jährigen Regentschaft nur 14 Jahre in England. Dennoch erneuerte er die anglo-normannischen Institutionen des Königreichs und gilt als eines der großen Verwaltungsgenies der englischen Geschichte. In den „Constitutions of Clarendon" (1164) schrieb er das Recht der Krone fest, über kirchliche Angelegenheiten wie die Ernennung von Bischöfen und die Immunität des Klerus zu bestimmen. Mit seinen „Assisen von Clarendon“ (1166) schuf er die Grundlagen für das angelsächische „Common Law“ wie auch für das Strafrecht. Das Geschworenengericht trat an die Stelle des gerichtlichen Zweikampfs, und es entstand ein landesweites Gerichtswesen unter Vorsitz königlicher Richter.

Wenn Heinrich sich außer Landes befand, übernahm Eleonore eine wichtige Funktion in der Regierung. Anfangs verband die Eheleute eine gute Partnerschaft, aber mit der Zeit verlor sie die Geduld mit seinen Affären. Zudem war sie an zwei Katastrophen während Heinrichs Regentschaft beteiligt: an seinem Konflikt mit seinem früheren Lordkanzler und amtierenden Erzbischof von Canterbury, Thomas Becket, und an den Auseinandersetzungen des Königs mit seinen Söhnen.

Ludwig VII. übertrug seine Feindseligkeit gegenüber seiner Exfrau auf ihren Mann und unterstützte aktiv Beckets Verteidigung der kirchlichen Autonomie. Der Mord an dem Erzbischof 1170 erschütterte ganz Europa, und obwohl er nicht auf Befehl des Königs erfolgte, machte man ihn dafür verantwortlich.

Heinrichs Verhältnis zu seinen vier überlebenden Söhnen war belastet, da er sein Reich unter ihnen aufteilte, aber die Herrschaft in seiner Hand behielt. So krönte er seinen Sohn Heinrich 1170 zum Mitregenten, aber der junge König merkte bald, dass er keine echte Macht besaß. Er rebellierte gegen seinen Vater und fand Unterstützung bei Richard und auch Eleonore. Der Konflikt entwickelte sich zu einem allgemeinen Aufstand der Barone, der sich, von Ludwig VII. unterstützt, in ganz England und der Normandie ausbreitete, bis Heinrich ihn 1174 niederschlug.

Gefangenschaft in Frankreich

Eleonore wurde in Frankreich gefangen gesetzt und blieb dort bis zu Heinrichs Tod. Als die Brüder Heinrich und Richard sich um die Herrschaft über Aquitanien stritten, kam es 1181 erneut zu einer Rebellion der Söhne gegen den Vater. Nach dem Tod Heinrichs des Jüngeren 1183 legten sich die Auseinandersetzungen vorübergehend, flammten aber im folgenden Jahr wieder auf, als Richard sich weigerte, Aquitanien Johann zu überlassen. Weitere Bemühungen des Königs, eine Erbdomäne für Johann Ohneland zu finden, führten dazu, dass Richard sich einer Koalition gegen Heinrich unter der Führung des neuen französischen Königs Philipp II. August anschloss. Kurz vor seinem Tod 1189 musste Heinrich sich geschlagen geben.

Eleonores politische Rückkehr

Nach dem Tod ihres Mannes betrat Eleonore wieder die politische Bühne. Während ihr Sohn Richard Löwenherz, der Heinrich auf den Thron gefolgt war, am Dritten Kreuzzug teilnahm, führte sie die Amtsgeschäfte in England und wehrte Intrigen Johanns und Philipps II. August gegen den König erfolgreich ab. Auf

ELEONORE VON AQUITANIEN

1122–1204

1137 Eleonores Vater, Herzog Wilhelm X. von Aquitanien und und Graf von Poitou, stirbt. Eleonore erbt seine Besitzungen. Sie heiratet Ludwig VII. von Frankreich.

1152 Ludwig VII. annulliert seine Ehe mit Eleonore. Nach zwei Monaten heiratet sie Heinrich Plantagenet, den zukünftigen Heinrich II. von England.

1173–1174 Eleonore und der König entfremden sich; Heinrich setzt Eleonore fest.

1189 Heinrich II. stirbt und Eleonore wird befreit. Ihr Sohn Richard Löwenherz wird König; während seines Kreuzzugs übernimmt sie die Regentschaft.

1192 Richard wird von Kaiser Heinrich VI. gefangen genommen.

1194 Richard kehrt nach England zurück, nachdem Eleonore ihn freigekauft hat.

1199 Richard stirbt; sein Nachfolger wird sein Bruder Johann Ohneland.

1202 Johann befreit Eleonore in Mirebeau-en-Poitou.

1204 Eleonore stirbt und wird in Fontevrault bestattet.

dem Rückweg nach England wurde Richard 1191 von Herzog Leopold von Österreich gefangen genommen, den er beleidigt hatte, und anschließend vom deutschen Kaiser Heinrich VI. festgesetzt. Dieser verlangte als Lösegeld die ungeheure Summe von 150 000 Mark für Richards Freilassung. Eleonore trieb den größten Teil dieser Summe auf und holte ihren Sohn 1194 persönlich ab.

Sicherung des Reichs

Als Johann 1199 nach Richards Tod die Thronfolge antrat, befürchtete Eleonore, dass das Machtgefüge der Plantagenets zusammenbrechen könnte. Mit fast 80 Jahren reiste sie 1200 über die Pyrenäen, um ihre Enkelin Blanka von Kastilien zu holen und mit dem Sohn des französischen Königs zu verheiraten. Damit hoffte sie, Frieden zwischen den Kapetingern und den Plantagenets zu stiften. Johanns französische Besitztümer sicherte sie, indem sie Anjou und Aquitanien gegen ihren Enkel Arthur von der Bretagne verteidigte. Ihre Truppen harrten im August 1202 in Mirebeau aus, bis Johann mit Verstärkung eintraf und Arthur besiegte.

Heinrich II. wurde im Kloster Fontevrault im westfranzösischen Anjou beigesetzt. Hierher zog Eleonore sich einige Jahre vor ihrem Tod zurück. Sie liegt neben ihrem Mann, dessen Grabskulptur die Abbildung zeigt, und ihrem Sohn Richard begraben.

Das Ende des Angevinischen Reichs

Zwei Jahre später starb sie. Im selben Jahr eroberte Philipp II. August erst Rennes, anschließend Rouen, die angevinische Hauptstadt in Frankreich, und dann die gesamte Normandie. Das war das Ende des Angevinischen Reichs Heinrichs II. Aquitanien war jedoch nach Richards Tod wieder an Eleonore zurückgefallen und ging, als sie starb, an die englische Krone über. Der Streit um Aquitanien war einer der Anlässe des Hundertjährigen Kriegs (1337–1453) zwischen Frankreich und England. 1453 sicherten sich französische Truppen die Kontrolle über die letzten Reste englischer Herrschaft auf dem Kontinent. Damit gingen der englischen Krone Eleonores Erbdomänen verloren. Ihr dauerhaftes Vermächtnis aber war der Einfluss der französischen Kultur auf das geistige Leben Englands.

KUBILAI KHAN, Großkhan der Mongolen und Kaiser von China

REG. 1260–1294

Kubilai Khan, der Gründer und erste Kaiser der Yuan-Dynastie, war der Enkel Dschingis Khans, der Anfang des 13. Jahrhunderts die mongolische Invasion Chinas angeführt hatte.

Kubilai Khan gab 1271 eine Erklärung ab, in der er sich von seiner mongolischen Vergangenheit distanzierte und sein Bestreben signalisierte, ein wahrer Kaiser der Chinesen zu sein. Bereits 1260 hatte er einen Äranamen ausgerufen. Diese chinesische Praxis, die Jahreszählung nach der Regentschaft eines Herrschers anzugeben, war dem nomadischen Kriegervolk fremd. Noch entscheidender war jedoch, dass er eine eigene Dynastie gründete und ihr einen chinesischen Namen gab, der „Ta Yuan", „Uranfang", lautete.

Kubilai behielt als Großkhan die Oberhoheit über die anderen mongolischen Khanate in Zentralasien und im Iran, doch zunehmend wurde dies ein rein nomineller Titel. Schon lange hatte er sich mit chinesischen Gelehrten und Beamten umgeben, die ihm angenehm waren, auch wenn er keine Anstalten machte, ihnen tatsächliche Macht zu übertragen. Kubilai proklamierte zudem eine neue Dynastie, um seine Herrschaft mit den Traditionen des chinesischen Kaiserreichs zu verbinden. Aber der Name, den er für seine Dynastie wählte, beinhaltete eine Innovation. Bis dahin hatten chinesische Dynastienamen auf das ursprüngliche Stammgebiet des Herrschers hingewiesen wie Han, Zhou und Qin. Der von Kubilai gewählte Name wies ihn als neuartigen Herrscher in der chinesischen Geschichte aus.

Entstehung und Ende der Qin-Dynastie

Die nordchinesischen Gebiete, die Kubilais Großvater Dschingis Khan (1162–1227) um 1210 eroberte hatte, wurden seit Langem von „Barbaren" beherrscht: Sie gehörten zum Reich der Dschurdschen aus der Mandschurei, das sich über weite Teile Innerasiens und ganz Nordchina erstreckte. Eine Allianz mit der Song-

Dieser Ausschnitt aus dem Gemälde „Das Qing-Ming-Fest am Fluss" (12. Jahrhundert) vermittelt einen lebhaften Eindruck vom chinesischen Alltag vor der Mongolenherrschaft.

孫羊店
李家

Dynastie hatte den Dschurdschen geholfen, sich von der Herrschaft der Kitan zu befreien, die als Liao-Dynastie die Mandschurei, die Mongolei und Nordostchina regiert hatten. Doch die Song-Kaiser, die ebenfalls gegen die Vorherrschaft der Liao-Dynastie kämpften, mussten feststellen, dass die Feinde ihrer Feinde nicht ihre Freunde waren. Denn sie wurden als Nächste von den Dschurdschen angegriffen. Als diese die Vorherrschaft über Nordchina errungen hatten, gründeten sie die Jin-Dynastie (1115–1234).

«In Xanadu ließ Kubla Khan
ein stattliches Lustschloss errichten:
Wo Alph, der heilige Fluss,
durch unermessliche Höhlen hinab
zum dunklen Ozean strömte.
Zwei Mal fünf Meilen Ackerland
umgaben Mauern und Türme ...»

„Kubla Khan" von Samuel Taylor Coleridge

Die Jin hielten strikt an einer kulturellen und ethnischen Trennung von der heimischen Bevölkerung fest, verboten chinesische Kleidung und Sitten in ihrer Armee und blieben bei der Verwaltung ihrer innerasiatischen Territorien ihren Stammestraditionen treu. Vom Beginn des 13. Jahrhunderts an wurden die Jin zunehmend Ziel von Übergriffen der Mongolen, die ihre Hauptstadt Zhongdu, das heutige Beijing, 1215 eroberten. Vorerst blieb der Staat erhalten, wenn auch gebietsmäßig stark reduziert, und bildete eine Pufferzone zwischen dem China der Song-Dynastie und den Mongolen. Nach Dschingis Khans Tod 1227 kamen die Feldzüge der Mongolen vorübergehend zum Stillstand, aber um 1230 waren ihre Reiterarmeen wieder in der Offensive. In der Hoffnung, einige ihrer nördlichen Territorien zurückzuerobern, verbündeten sich die Song mit den Mongolen, die 1234 das Territorium der Jin-Dynastie vollständig unter ihre Kontrolle gebracht hatten. Damit war die Nordgrenze des Song-Reichs identisch mit der Südgrenze des Mongolenreichs.

Kulturelle Leistungen der Song-Dynastie

Während der Herrschaft der Song-Dynastie erlebte die chinesische Kunst, insbesondere die Landschaftsmalerei und die Keramik, eine Blütezeit. Es entstanden Landschaftsgemälde und Keramiken. Im 11. Jahrhundert trug die Erfindung beweglicher Lettern dazu bei, dass die konfuzianischen „Klassiker" in großen Mengen gedruckt werden konnten und ein hoher Bevölkerungsanteil in Privatakademien und öffentlichen Schulen lesen und schreiben lernte. Die Aufnahmeprüfungen für den Staatsdienst waren unter den Song besonders streng.

Möglicherweise übernahmen chinesische Musiker von den Mongolen eine zweisaitige Geige. Doch ihre Musikkultur war den einfachen Liedern des Steppenvolks weit voraus. Das galt besonders für das neue Genre der gesungenen Ci-Dichtung. Die nördliche Hauptstadt der Song, Kaifeng, war für ihre schönen, hohen Pagoden berühmt. 1126 brannten die Dschurdschen die Stadt nieder.

Eroberung des Song-Reichs

Als die Mongolen 1250 ihre Feldzüge wieder aufnahmen, bewiesen sie ebenfalls keine Achtung vor der hohen Kultur der Song und löschten die Dynastie 1279 aus. Zum ersten Mal in seiner Geschichte war damit ganz China von fremden Invasoren besetzt. Zum ersten Mal seit der Tang-Dynastie (618–907) war es aber auch wieder unter einem Herrscher vereint.

Kubilai Khans Xanadu

Kubilais Bestreben, sich von seinen Ursprüngen zu distanzieren, wurde erstmals deutlich, als er 1260 die mongolische Hauptstadt von Karakorum nach Shangdu verlegte. Dieser Ort ist möglicherweise identisch mit dem berühmten „Xanadu", der von Marco Polo so fantasievoll beschriebenen Sommerresidenz Kubilais. Am 5. Mai dieses Jahres wurde er bei einer Versammlung oder *kuriltai* als Nachfolger seines Bruders, Möngke Khan, zum „Großkhan" gewählt. Kurz darauf ließ sich ein weiterer Bruder, Arigkbugha, ebenfalls zum Großkhan wählen, musste sich aber 1264 schließlich Kubilais Herrschaft unterwerfen und starb zwei Jahre später. Doch die innerfamiliären Konflikte setzten sich in anderer Form fort.

Familienrivalitäten

1269 wurde Kaidu, ein Enkel Dschingis Khans, von den Stämmen in der Mongolei als legitimer Khan anerkannt. Sein Territorium reichte von Karakorum bis nach Turkestan. In diesen Gebieten kämpfte er beharrlich gegen Kubilais Vormachtstellung und lehnte jegliche Übernahme chinesischer Kultur durch die Mongolen ab. Kubilai behielt seine Sommerresidenz in Shangdu, verlegte aber sein Verwaltungszentrum 1267 nach Zhongdu. Dort befahl er den Bau einer neuen befestigten Stadt mit Palästen und Regierungsgebäuden, die später den Namen Dadu („Große Hauptstadt") erhielt.

Die Familie Polo

Auch wenn Kubilai dem mongolischen Kriegeradel den Rücken kehrte, blieb er zeitlebens misstrauisch gegenüber seinen chinesischen Untertanen. Daher berief er viele Ausländer in hohe Ämter, unter anderem die Brüder Niccolò und Maffeo Polo aus Venedig sowie Niccolòs Sohn Marco. Die Brüder, die als Kaufleute nach

Die Ruinen der einstigen mongolischen Hauptstadt Karakorum wurden im 16. Jahrhundert als Steinbruch genutzt, um das Kloster Erdene Zuu außerhalb der Stadt Charchorin im Nordwesten der heutigen Mongolei zu erbauen.

KUBILAI KHAN
1215–1294

1260 Kubilai Khan tritt seine Herrschaft als Großkhan an und beginnt, seine südlichen Territorien zu sichern. Er verlegt die mongolische Hauptstadt von Karakorum in seine Sommerresidenz Shangdu oder „Xanadu“. Einen tibetischen Lama ernennt er zum „Reichslehrer“. Der Buddhismus wird Staatsreligion der Mongolen.

1267 Er verlegt seinen Regierungssitz an die Stelle des heutige Peking, wo er die befestigte Stadt Dadu errichtet.

1271 Kubilai ernennt sich zum Kaiser von China und begründet die Yuan-Dynastie.

1274 Er unternimmt eine erfolglose Invasion in Japan.

1275–UM 1290 Marco Polo besucht Kubilais Hof und bereist im Auftrag des Herrschers sein Reich.

1279 Kubilai besiegt die Flotte der Südlichen Song. Damit erreicht das Reich seine größte Ausdehnung.

1294 Kubilai Khan stirbt.

China gekommen waren, wurden 1265 am Hof in Shangdu empfangen und überbrachten nach ihrer Rückkehr nach Europa dem Papst eine Botschaft Kubilais. Während des zweiten langjährigen Chinaaufenthalts der Familie Polo von den 1270er- bis in die 1290er-Jahre unternahm Marco im Dienst des Kaisers ausgedehnte Inspektionsreisen in die chinesischen Provinzen.

Die mongolische Elite Chinas unterteilte ihre Untertanen in vier Kategorien. Sie selbst bildete eine kleine privilegierte Minderheit, die eng mit den *semu-jen* (Menschen mit besonderem Status) zusammenarbeitete. Dabei handelte es sich um türkische, zentralasiatische und muslimische Einwanderer aus dem Nahen Osten. Beide Gruppen waren von der Steuerpflicht befreit. Die nordchinesische Bevölkerung bildete die Kategorie der *han-jen*. Die Südchinesen wurden als *man-tzu*, „Südbarbaren“, bezeichnet und waren von höheren Staatsämtern ausgeschlossen.

Die Verwaltung der Yuan

In den ersten Jahren der Mongolenherrschaft in China wurde die Institution des Zentralsekretariats geschaffen, die für die Zivilverwaltung zuständig war. Adlige aus den Reihen der Chinesen, Dschurdschen und Kitan, die entschlossen waren, ihre lokale Macht zu bewahren, untergruben jedoch seine Autorität. In den 1260er-Jahren wurde es mitsamt seinen diversen Provinzämtern wiederbelebt, aber Chinesen durften nach wie vor nur die niederen Ränge bekleiden. Weiterhin dominierten in den höheren Ämtern Nichtchinesen. Doch nur wenige mongolische Adlige gelangten in die höchsten Regierungsämter, da Kubilai ihnen misstraute.

Das Oberkommando der Armee lag dafür überwiegend in mongolischen Händen. Die konfuzianischen Gelehrten, die traditionell Chinas Beamtenschaft bildeten, waren weitgehend von der Regierung ausgeschlossen und nur zu unteren Verwaltungsebenen zugelassen. Im Vergleich zu seinen mongolischen Vorgängern, die das Prüfungssystem für Staatsdiener abgeschafft hatten, erleichterte Kubilai den konfuzianischen Gelehrten den Zugang zum höfischen Leben. Aber erst 1313 wurden die Prüfungen wieder eingeführt und waren wenig effizient.

Die Gesetze der Jin-Dynastie und ihrer Vorgänger blieben in Kraft, wurden jedoch durch eigene Rechtstraditionen der Mongolen ergänzt, besonders im Strafrecht. Sowohl die Rechtsprechung als auch die Verwaltung erforderten ein ganzes Heer von Übersetzern und Dolmetschern vom Mongolischen ins Chinesische und umgekehrt, da weder die Eroberer noch die einheimische Bevölkerung die Sprache des jeweils anderen beherrschte. Dieser Umstand erklärt vielleicht, warum die chinesische Literatur jener Zeit so viel Satirik und Kritik gegen die Mongolen enthielt. Eine tiefe Verwurzelung des mongolischen Verwaltungssystems in der chinesischen Bevölkerung, die 80 Millionen Menschen umfasste, war unter diesen Umständen unwahrscheinlich. Dass es überhaupt funktionierte, war Kubilai Khans bemerkenswerter Persönlichkeit zu verdanken.

Der italienische Handelsreisende Marco Polo berichtete in seinem Buch „Die Wunder der Welt" über seine Reisen. Die Miniatur zeigt eine Jagdszene und eine seiner Begegnungen mit Kubilai Khan. Marco Polo erwarb das Vertrauen des Kaisers und unternahm für ihn in geheimer Mission einige ausgedehnte Reisen durch China.

Kultureller Niedergang und wirtschaftlicher Fortschritt

Angesichts der fremden Herrschaftsschicht, die zudem über keine eigene künstlerische Tradition verfügte, verfiel die chinesische Kultur. Da ihr das Selbstvertrauen für Experimente fehlte, verfiel sie in Konservatismus und Sterilität. Kalligrafie und Malerei imitierten die Stile und Techniken der Vergangenheit und in der Porzellanherstellung trat Massenware an die Stelle von hochwertigen Einzelstücken. Während der gesamten Yuan-Zeit wurden keine ausländischen literarischen Werke ins Chinesische und nur wenige Werke der chinesischen Literatur, Philosophie und Geschichtsschreibung ins Mongolische übersetzt. Der einzige Lichtblick war die Entstehung von Erzählungen und Sagen in den chinesischen Volkssprachen, die unter den urbanen Kaufleuten und Händlern ihre Leser fanden.

Chinas Wohlstand unter den Mongolen

Chinas politische Wiedervereinigung stellte auch die wirtschaftliche Einheit wieder her. Von 1292 bis 1293 wurde der „Große Kanal", der die Flüsse Jangtse, Huaihe und Huanghe seit dem 7. Jahrhundert verbunden hatte, instand gesetzt und bis nach Dadu erweitert. So konnten Getreide und Textilien in großen Mengen von Süden nach Norden transportiert werden, wo in den mongolischen Garnisonen große Nachfrage herrschte. Im Gegensatz zur traditionellen chinesischen Führungsschicht billigten die Mongolen private Wirtschaftsunternehmen. So erlaubte Kubilais Regierung chinesischen Händlern, Getreide von der Südostküste ins Ausland zu exportieren. Die Reeder der Handelsflotte erwirtschafteten große Vermögen, was sie beim Volk unbeliebt machte. Daher entzogen ihnen Kubilais Nachfolger Anfang des 14. Jahrhunderts ihre Konzessionen. Eine Vereinheitlichung der Währung erleichterte den Handel und trug zur allgemeinen Prosperität bei. Papiergeld, das in der Song-Zeit eingeführt worden war, wurde 1260 zum einzigen Zahlungsmittel des Reichs und verdrängte Bronze- und Kupfermünzen komplett.

Der chinesische Daoismus mit seinen magischen Elementen gefiel den Mongolen, vor allem aber sprach sie der tibetische Buddhismus an. Kubilai ernannte 1260 den tibetischen Lama Phagpa zum „Reichslehrer" und richtete im Süden und im Norden – einschließlich Tibet, das zu dieser Zeit unabhängig war – jeweils ein gesondertes Amt für buddhistische Angelegenheiten ein. Die chinesischen Buddhisten empfanden jedoch die Mission der tibetischen Lamas als weiteres Eindringen einer ungeliebten Fremdmacht in die chinesische Kultur. Eins lernten die Chinesen jedoch von den Mongolen: den Einsatz des Militärs, um sich politischer Gegner zu entledigen. Chinesische Rebellen eroberten 1386 ihr Land zurück, vertrieben die Yuan-Dynastie in die Steppe und gründeten die Ming-Dynastie.

BAIBARS I., Sultan von Ägypten und Syrien

REG. 1260–1277

1382 reiste der größte Historiker des islamischen Kulturkreises von seiner Heimat Tunis nach Kairo. Es war sein erster Besuch in Ägypten, das seit mehr als einem Jahrhundert von den Mamluken, einstigen Militärsklaven, regiert wurde. Ibn Chaldun war überwältigt von ihrer Hauptstadt. Er nannte sie: «Garten des Universums, Treffpunkt der Völker, Heilige Stadt des Islam, Sitz der Herrschaft».

Hoch auf dem Felsmassiv Muqattam thronte über der Stadt die Zitadelle, der Sultanspalast. Saladin, der Gründer der Aijubiden-Dynastie, hatte sie im 12. Jahrhundert erbaut. Hier sprachen die Mamlukensultane einmal in der Woche Recht, was Ibn Chaldun besonders interessierte, weil er *qadi* (Richter) war. Wie die anderen Großstädte Ägyptens und Syriens war Kairo voller theologischer Hochschulen, den sogenannten Medresen, und Moscheen. In der Mamlukenzeit kam als Bautyp die überkuppelte Grabmoschee auf, die das Stadtbild bis heute prägt.

Sunnitische Macht

Die für den Islam typische enge Beziehung zwischen dem Herrscher und seiner Stadt war im mamlukischen Kairo besonders intensiv. Sie wurde bei Zeremonien wie dem „Öffnen der Deiche" zur Zeit des Hochwassers bekräftigt, wenn die Fluten des Nils in den Kanal der Stadt strömten. Die Mamlukenherrscher waren Erben von Saladins Dschihadgedanken sowie der von ihm geschaffenen Konzentration sunnitischer Macht von Ägypten über Syrien ins obere Mesopotamien und im Süden bis zum Jemen. Aber sie sahen sich auch in der Tradition einer älteren ägyptischen Kultur.

Das Ägypten der 1380er-Jahre war ein friedlicher und sicherer Staat, dessen Handel vom Niedergang der Mongolenherrschaft im Iran, Irak und in Kleinasien profitierte. Kaufleute, die die Unruhen in jenen Gegenden scheuten, konzentrierten sich jetzt auf die Routen, die vom Indischen Ozean und dem Roten Meer durch Ägypten bis zum Hafen von Alexandria führten. Hier warteten Händler aus dem Westen auf Gewürze und Pfeffer, edle Stoffe und Luxusgüter wie Porzellan. Diese Waren bildeten wichtige Einnahmequellen, weil sie Import- und Exportsteuern unterlagen. Die Mamluken eroberten Nubien und verdrängten die Beduinenstämme Syriens und Oberägyptens in diese Region.

„Auf dem Weg zwischen dem alten und dem neuen Kairo, die Zitadellenmoschee von Muhammad Alí und die Mamlukengräber", Ölgemälde des amerikanischen Künstlers Louis Comfort Tiffany, um 1872.

Das ehemals christliche Nubien wurde auf diese Weise islamisiert und schwarze Sklaven aus Zentral- und Ostafrika gelangten nach Norden. Ibn Chaldun verbrachte den Rest seines Lebens in Kairo, aber es waren nicht nur die Bequemlichkeit, Rechtsangelegenheiten und Betrachterfreuden, die ihn dort hielten. In den vielen Jahre, die er an den Höfen der islamischen Herrscher in Andalusien und Nordafrika gedient hatte, war sein Interesse an einer zentralen Frage geweckt worden: Alle herrschenden Eliten, so meinte er, waren durch Gemeinschaftsgeist und gemeinsame Werte *(asabiyya)* gekennzeichnet, die ihre Macht begründeten und erhielten. Gingen sie verloren, bedeutete das das Ende von Staaten, Dynastien und Zivilisationen. Ibn Chaldun behandelte das Thema in der berühmten Einleitung „Muqqadima" in seiner Weltgeschichte „Kitab al-ibar", an der er seit 1375 arbeitete. Aber woher kam diese Gruppenzusammengehörigkeit und wie wurde sie aufrechterhalten?

Saladin, der Begründer der Aijubiden-Dynastie, wurde in Tikrit im heutigen Irak geboren. Er wurde sowohl in der christlichen als auch in der muslimischen Welt als edler und mutiger Heerführer und Herrscher verehrt. Unterstützt von mamlukischen Militärsklaven, eroberte er Jerusalem 1187 für die Muslime zurück.

Herkunft der Mamluken

Viele Mamluken stammten aus dem Turkvolk der Kiptschaken, die im frühen 13. Jahrhundert in der Steppe nördlich des Schwarzen Meeres und an der unteren Wolga lebten. Anfang der 1240er-Jahre wurden sie von den Mongolen besiegt und in das Khanat der Goldenen Horde eingegliedert. Viele wurden auch als Sklaven verkauft. Militärsklaven gab es in muslimischen Armeen seit dem 9. Jahrhundert. In den meisten islamischen Staaten bildeten die Mamluken die militärische Elite. In Andalusien und Nordafrika waren sie meist slawischer Herkunft, in den islamischen Staaten im Osten überwiegend turkmenischer Abstammung. Saladin und die nachfolgenden Aijubiden-Sultane setzten Mamluken im Kampf gegen die Kreuzfahrer und gegen Feinde im Innern ein.

Baibars war ein solcher Kiptschake, der zum Elitesoldat in aijubidischen Diensten ausgebildet wurde. Nach seiner Freilassung stieg er zum Befehlshaber der Leibwache des Sultans auf und zeichnete sich im Feldzug von 1250 aus, bei dem Ludwig IX., der Heilige, von Frankreich gefangen genommen wurde. Dieser große Sieg steigerte das Prestige der Mamluken enorm, und kurz darauf führte Baibars eine Rebellion an, bei der der letzte Aijubiden-Sultan ermordet wurde. Ihm folgte Aybak als erster mamlukischer Sultan auf den Thron.

Es folgten Jahre des Chaos. Baibars brach mit eigenen Streitkräften nach Syrien auf, wurde aber 1260 vom dritten Mamlukensultan aufgefordert, nach Ägypten zurückzukehren. Im September jenes Jahres schlug er eine mongolische Streitmacht in Palästina und rechnete damit, Aleppo als Belohnung zu erhalten. Sultan Qutuz (regierte 1259–1260) versagte es ihm jedoch. Damit war sein Schicksal besiegelt. Auf dem Rückmarsch seiner Armee nach Ägypten bat Baibars Qutuz um eine gefangene mongolische Frau. Als ihm dieser Wunsch gewährt wurde, gab er dem Sultan einen Handkuss. Dieser war das vereinbarte Zeichen für die Truppen, den Sultan zu ergreifen. Er wurde von Baibars getötet.

Baibars, der vierte Mamlukensultan

Als Sultan baute Baibars die syrischen Festungen und Zitadellen wieder auf, die von den Mongolen zerstört worden waren, und beendete die Herrschaft verbündeter Aijubiden-Fürsten in der Region. Jaffa und Antiochia eroberte er 1268 von den Kreuzfahrern zurück. Die Assassinen, eine schiitische islamische Sekte, die aus religiösen Motiven politische Morde verübte, hatte seit Anfang des 12. Jahrhunderts ägyptische Herrscher attackiert. Baibars nahm ihre Festungen in den syrischen Bergen ein (1271–1273) und löschte sie aus. In Kleinasien griff er das christliche armenische Königreich von Kilikien an. Doch um seine Herrschaft zu sichern, brauchte er Legitimierung und diplomatische Anerkennung.

Der oströmische Kaiser Michael VIII. Palaiologos hatte Konstantinopel, das 57 Jahre lang von den Kreuzfahrern besetzt gewesen war, 1261 zurückerobert. Er empfing Baibars' Abgesandte und gestattete ägyptischen Kaufleuten, den Bosporus zu durchfahren. Auch an die italienischen Staaten schickte Baibars Botschafter. Und tatsächlich sandte 1264 Karl von Anjou, der spätere König von Neapel und Sizilien, eine offizielle Delegation nach Kairo, um Baibars' Regierung anzuerkennen. Geschickt nutzte Baibars die Spaltungen unter den Mongolen aus: Während er weiter gegen die Ilkhane im Iran kämpfte, pflegte er gute Beziehungen zur Goldenen Horde. Einen Angehörigen der Abbasiden-Dynastie in Bagdad, das 1258 von den Mongolen zerstört worden war, setzte er in Kairo als Kalifen ein. Das verschaffte der Stadt den Status als religiöses Zentrum des Islam. Zudem trat Baibars als Beschützer der arabischen Herrscher von Mekka und Medina auf.

Baibars' dynamische Herrschaft

Baibars herrschte 17 Jahre lang und schuf in dieser Zeit ein einzigartiges, vorbildliches Regierungssystem. Es stützte sich auf eine Elite, die ausschließlich aus Mamluken bestand. Um die Macht der Sultane und Emire aufrechtzuerhalten, mussten regelmäßig neue Mamluken rekrutiert werden, indem Sklaven gekauft und ausgebildet wurden. Diese galten als ausgesprochen loyal.

Nur selten folgten Sultane oder Emire unmittelbar aufeinander, da das System keine Erbfolge vorsah. Befreite ehemalige Sklaven führten die Militärsklaven an und sorgten für die Nachfolge. Häufig fanden Staatsstreiche statt, die jedoch an der Gesamtstruktur mamlukischer Macht nichts änderten. Der Sultan erhielt die Hälfte der Staatseinnahmen. Den Rest vergab er an seine Emire in Form von Lehen *(iqtas)*, die zum Einzug von Steuern berechtigten, aber ebenfalls nicht erblich waren. Dafür stellten die Emire für die Feldzüge des Sultans Soldaten zur Verfügung. Das Herzstück der Mamlukenarmee bildeten die königlichen Mamluken, die in den Palastschulen ausgebildet wurden.

Hochrangige Offiziere bildeten die eigenen Gefolgsleute in ihren eigenen Haushalten aus. Söhne von Mamluken konnten nur in Nichtsklavenregimentern die-

BAIBARS I.
1223–1277

UM 1223 Der Kiptschake Baibars wird geboren; die Kiptschaken sind ein Turkvolk, das von den Mongolen besiegt wurde.

1240ER-JAHRE Baibars wird auf einem zentralanatolischen Sklavenmarkt an den aijubidischen Hof verkauft.

1250 Er erlangt Ruhm im Kampf gegen die Heere des Siebten Kreuzzugs und beteiligt sich an einem Aufstand der Mamluken gegen die Aijubiden, der zur Thronbesteigung des ersten Mamlukensultans, Aybak, führt.

1260 Sieg über die Mongolen in Palästina; Baibars ermordet Sultan Qutuz und wird vierter Mamlukensultan in Ägypten.

1261 Installierung des Kalifats in Kairo.

1268 Rückeroberung Jaffas und Antiochias von den Kreuzfahrern.

1271–1273 Erfolgreicher Feldzug gegen die schiitische Sekte der Assassinen in Syrien.

1277 Tod Baibars'; er gilt als großer islamischer Krieger in der Tradition Saladins.

Ein Stich von circa 1860 zeigt das Massaker an den Mamluken in Kairo (1811). Dieses Ereignis bedeutete das Ende der mamlukischen Macht in Ägypten und etablierte den in Albanien geborenen Muhammad Ali Pascha als neuen und unumstrittenen Herrscher.

nen und waren von den Verwaltungspositionen ausgeschlossen, die für Mamluken reserviert waren. Erbfolge gab es nur dort, wo Juden und Kopten tätig waren. Die Verwaltung war eingeteilt in Diwane oder Abteilungen, denen jeweils ein *nasir* vorstand. Ähnliche Erfahrungen und die gemeinsame türkische Sprache waren der Grund für die Solidarität der mamlukischen Elite. Das Fehlen ererbter Privilegien spornte zudem jede neue Generation von Sklaven enorm an.

Pest und Krieg

Vom Ende des 14. Jahrhunderts an ersetzten Tscherkessen aus dem Kaukasus den nachlassenden Nachschub an turkstämmigen Sklaven. Die ersten Mamluken, die über Ägypten herrschten, hatten die militärische Effizienz zum einzigen Beförderungskriterium erklärt. Aber ihre Nachfolger verwässerten dieses Prinzip, und die tscherkessische Abstammung wurde zur wichtigsten Qualifikation für ein hohes Amt. Damit wurde ein militärisch geschwächter Staat anfällig für Beduinenangriffe, die sowohl die Handelsrouten als auch die Landwirtschaft beschädigten, deren Überschüsse die Grundlage für die Staatseinnahmen waren. Der Mongolenherrscher Timur plünderte im Jahr 1400 Aleppo und tötete zahlreiche Bewohner. Auch die Pest traf Ägypten besonders hart. Mitte des 15. Jahrhunderts lebten in Kairo 150 000 Menschen, ein Jahrhundert zuvor noch 250 000. Die Osmanen verfügten dagegen über größere Menschenreserven und über eine fortschrittlichere Waffentechnik, unter anderem über Feuerwaffen. Das erlaubte ihnen 1517, Ägypten und Syrien einzunehmen. Obwohl sie sich zunehmend der arabischen Kultur angepasst hatten, waren die Mamluken Fremde geblieben und ihre ägyptischen Untertanen taten wenig, um sie vor der Niederlage zu retten.

Der Niedergang des mamlukischen Systems

Unter den Osmanen regierten die Mamluken als Provinzgouverneure weiterhin Ägypten und Syrien. Die Söhne von Mamluken konnten jetzt jedoch in den Regimentern ihrer Väter dienen und Verwaltungsämter übernehmen. Diese Auflösung des etablierten Prinzips führte zu Rivalitäten zwischen einzelnen Familien, die das gesamte System destabilisierten. Die Osmanen nutzten die internen Streitigkeiten zu ihrem Vorteil aus. Dennoch bestand die Oligarchie der Mamluken fort, und im Zuge des Niedergangs der Osmanen im 17. Jahrhundert übernahmen sie wieder die Kontrolle über die lokale ägyptische Armee und die Verwaltung.

Die geschwächten Osmanen sahen sich gezwungen, die faktische Autonomie derjenigen Mamlukenpartei anzuerkennen, die besonders effektiv die jährlichen Zahlungen an Istanbul ablieferte. Als Napoleon 1798 in Ägypten einmarschierte, wurde das Land immer noch von Mamluken gelenkt. Ein endgültiges Ende bereitete ihnen erst das Massaker von 1811, inszeniert von Muhammad Ali Pascha, dem Begründer einer neuen ägyptischen Dynastie.

HAYAM WURUK, Rajasanagara, König des Majapahit-Reichs von Java

REG. 1350–1389

Im 8. Jahrhundert wurde Zentraljava von den buddhistischen Sailendra-Königen regiert, die zahlreiche Tempel und andere Bauwerke errichteten. Zu den schönsten Beispielen früher buddhistischer Kunst gehört die Tempelanlage Borobudur mit ihren kunstvollen Statuen und Reliefs wie diesem, das ein tanzendes Mädchen zeigt.

1365 stand das Königreich Majapahit auf der Insel Java in der Blüte seiner Macht. In jenem Jahr verfasste der Hofpoet Prapanca ein Epos, das seinen Gönner, König Hayam Wuruk, pries. Dieser hatte 15 Jahre zuvor den Thron geerbt, den Titel Rajasanagara angenommen und unter der kundigen Führung seines Ersten Ministers Gajah Mada die Herrschaft seines Königreichs über große Bereiche des indonesischen Archipels ausgedehnt.

Das Zentrum der politischen Macht war der *kraton* in der Stadt Majapahit, ein Palast und heiliger Ort, umgeben von einer dicken, hohen Mauer aus roten Ziegeln mit Wachtürmen und gewaltigen, reich verzierten Eisentoren. Prapancas Gedicht, das „Nagarakertagama", beschreibt einen Herrscher, der feierlich in einer juwelenbesetzten Sänfte getragen wird, vor der Sonne geschützt durch Pfauenfedern. Der Klang von Trommeln, Trompeten und Muschelschalen erfüllt die Luft und kündigt das Eintreffen des Rajasanagara an, dessen Kleider vor Gold glitzern. An anderer Stelle wird die Fahrt des Königs in einem offenen Wagen geschildert. In seinem Gefolge befinden sich Elefanten, Pferde und 400 Wagen. Weihrauchwolken hüllen ihn ein, wenn er Hof hält, und Brahmanen sitzen respektvoll zu seinen Füßen. Mädchen tragen den gelben königlichen Sonnenschutz, den heiligen *kris* (das Staatsschwert) und ein goldenes Kästchen mit Betelnüssen.

Das Goldene Zeitalter Indonesiens

Dies war das „Goldene Zeitalter" Indonesiens, in dem eine unverwechselbare Kultur den Archipel einte. Folglich mischen sich in der Literatur Mythos und Wahrheit. Aber der Glaube, dass der Rajasanagara *kesaktian* besaß, die göttliche Macht, die indonesische Herrscher für sich in Anspruch nahmen, ist ein unbezweifelter Teil seiner Geschichte und der Ursprung seiner Legitimität. Gajah Mada, der auf seiner roten Sänfte getragen wurde, durfte den gelben Sonnenschutz benutzen, der normalerweise für den König reserviert war. Aber die *pusaka*, die Herrschaftssymbole, die im Allerheiligsten des *kraton* aufbewahrt wurden, bestätigten den König als Erhalter der hierarchischen Ordnung und Mittelpunkt der Gesellschaft.

Majapahit war das letzte und größte Reich des südostasiatischen Archipels, ehe das Eintreffen der europäischen Händler und Kolonisatoren die Region im 16. Jahrhundert veränderte.

Das Königreich Srivijaya

Das Königtum war eine Institution mit sehr alten Wurzeln überall in dieser Inselregion, die seit Jahrhunderten wirtschaftlich wie kulturell von Indien im Westen und China im Norden beeinflusst wurde. Im 7. Jahrhundert hatte sich das Königreich Srivijaya in Südostsumatra als größte Macht des Archipels herausgebildet, dessen zahlreiche unabhängige Häfen und Gemeinwesen seit Jahrhunderten miteinander wetteiferten.

Die Pflichten der Könige im Inselreich Südostasien waren eng mit der Geographie und dem Klima verknüpft. Die fruchtbaren Berge der Region konnten sich in zerstörerische Vulkane verwandeln, genau wie die Seehandelsrouten verhängnisvolle Stürme bringen konnten. So waren die Rituale des Königtums darauf ausgelegt, diese Naturkräfte zu beschwichtigen. Der König von Srivijaya galt daher als „Herr des Berges“ und „Herr der Inseln“. Um den „Geist des Wassers der Meere“ günstig zu stimmen, warf er tägliche goldene Ziegel in die Bucht bei Palembang im Herzen seines Reichs.

Der Borobudur, erbaut von der Sailendra-Dynastie, besteht aus sich verjüngenden Ebenen und Terrassen, gekrönt von einem glockenförmigen „Stupa“. Die gewaltige Anlage symbolisiert den Weg zur spirituellen Erleuchtung. Die Pilger wanderten im Uhrzeigersinn bis zur Spitze hinauf und studierten auf ihrem Weg die Reliefs mit Szenen aus wichtigen buddhistischen Texten.

Die frühen südostasiatischen Inselreiche entwickelten sich häufig in den Flussebenen, weil hier die Kräfte von Bergen und Meer in Form des Regenwassers zusammenkamen, das hier herabfiel und in den Ozean floss. Flüsse und Wasser waren eng mit den magischen Kräften des Königs verbunden. Man fürchtete sogar, dass es eine Flut auslösen könne, wenn der König ein Bad an einer Wasserstelle nahm, die nicht „gesichert“ worden war, indem man Blüten hineinwarf.

Die Macht des Wassers

Im Königreich Srivijaya hatten die Mythen über die Macht des Wassers einen ganz konkreten politischen und ökonomischen Hintergrund. Auf dem Fluss Musi, der das Hinterland mit der Küste verband, wurden landwirtschaftliche Erzeugnisse wie zum Beispiel Reis, Produkte des Waldes wie Harz für den Export sowie Arbeitskräfte hinunter nach Palembang transportiert. Von der Hauptstadt ging es weiter bis zur 80 Kilometer entfernten Küste. Das Königreich Srivijaya

unterwarf oft seine Nachbarn mit militärischer Gewalt, doch das Netz der Flüsse war auch die Basis eines Bündnissystems, über das Waren als Gegenleistung für die Anerkennung der Oberhoheit verteilt und ausgetauscht wurden.

Auch buddhistische Priester wurden per Schiff ins Hinterland zu den dortigen lokalen Führern geschickt, um diese dazu anzuhalten, religiöse Zeremonien zu Ehren Buddhas und des srivijayanischen Königs abzuhalten. Königliche Kulthandlungen und Vereidigungen, die im Zentrum des Landes stattfanden, erhöhten die Loyalität. Yi Jing, ein chinesischer Reisender des 7. Jahrhunderts, beschreibt ein Zeremonienzentrum nahe Palembang, in dem 1000 Priester lebten. Goldene Schüsseln in Form von Lotusblüten wurden hier goldenen und silbernen Buddhastatuen dargebracht.

Der Reichtum Srivijayas beruhte auf seiner Kontrolle der internationalen Handelsrouten der Region. Zudem besaß das Königreich eine Reihe von Häfen an Javas Nord- und Westküste. Nur Zentraljava, das von etwa 760 bis etwa 860 von der Sailendra-Dynastie regiert wurde, blieb unabhängig. Es exportierte Reis nach Srivijaya und war dessen engster Verbündeter. Im Gegenzug erhielt es Güter, die auf dem Seeweg eingeführt worden waren, und öffnete sich auch dem Einfluss der indischen Religion, Kunst und Architektur.

Der indische Einfluss

Währen der buddhistische Borobudur von den Sailendras gebaut wurde, errichteten ihre Rivalen, die Sanjaya, unter anderem einen Shiva-Tempel in Prambanan. Die indischen Religionen erlaubten den Königen, ihre Vorrangstellung gegenüber ihren Nachbarn mit Ritualen und Staatszeremonien zu sichern, die nach außen ihre enge Beziehung zum Göttlichen demonstrierten. Die Priester am Hof, die Sanskrit lesen und schreiben konnten, halfen den Herrschern bei der Verwaltung des Landes. Die Sailendras des 8. Jahrhunderts, die sich zuerst zu Herrschern des Staates Java erklärten, waren auch die Ersten, die den Titel *maharadscha* annahmen, was auf Sanskrit „großer König" bedeutet. Die nachfolgenden hinduistischen Sanjaya pflegten ebenfalls zu Srivijaya enge wirtschaftliche Beziehungen. Die Herrschaft dieser beiden Reiche dauerte bis ins frühe 11. Jahrhundert.

HAYAM WURUK
1334–1389

1292 Kertanagara, Herrscher von Singharasi in Ostjava, stirbt.

1293 Raden Vijaya (Kertarajasa) kommt an die Macht und gründet die neue Hauptstadt Majapahit.

1330 Gajah Mada wird Erster Minister des Majapahit-Reichs.

1334 Geburt von Hayam Wuruk.

1350 Hayam Wuruk besteigt den Thron mit 16 Jahren.

1365 Der Hofdichter Prapanca verfasst sein Epos „Nagarakertagama", das Hayam Wuruk preist.

1389 Tod von Hayam Wuruk.

1528 Majapahit fällt und die königliche Familie flieht nach Bali.

Handel mit China

Später verlagerten sich die etablierten Handelswege jedoch nach Osten, als immer mehr chinesische Seeleute in die Region vordrangen und direkte Handelsbeziehungen zu den Produzenten pflegten. Srivijaya verlor seine Vorrangstellung als Warenumschlagplatz. Nun lag Ostjava am günstigsten, um die neuen Handelswege zu nutzen. Dort wurde Reis im Tausch gegen Gewürze (besonders Nelken und Muskatnuss) exportiert, die aus dem tropischen Regenwald in den östlicher gelegenen Gebieten der Inselgruppe stammten. Porzellan aus China hatte sich mittlerweile ebenfalls zu einem wesentlichen Handelsgut in der Region entwickelt.

König Airlangga (um 991–1049) nutzte diese ökonomischen Vorteile, um seine Machtposition im Delta des Flusses Brantas in Ostjava auszubauen. Er baute sogar eine Reihe von Dämmen, mit deren Hilfe er den Verlauf des Flusses kontrollieren konnte. Mit der Zeit erlangte er auch die Vorherrschaft in Zentraljava. In den folgenden beiden Jahrhunderten entwickelte sich Ostjava zu einer wirtschaftlichen Weltmacht, die Gold und Silber, chinesische Seide und Porzellan, Lackarbeiten und Metallwaren importierte.

Das Königreich Singharasi

In der ersten Hälfte des 13. Jahrhunderts begann der Aufstieg des Königreichs Singharasi in Ostjava. Sein größter Herrscher, Kertanagara (regierte 1268–1292), kannte geheime tantrische Praktiken, deren ekstatischer Wirkung er seine Fähigkeiten zuschrieb, die „dämonischen" Kräfte seiner Gegner zu bezwingen. Prapanca beschreibt ihn jedoch auch als religiösen Asketen, dessen Protektion von Hinduismus und Buddhismus die javanische Einheit stärkte. Die friedliche Koexistenz beider Religionen war ein wichtiges Merkmal der Kultur der Insel.

Kertanagaras Streitkräfte dehnten seinen Einflussbereich bis nach Sumatra aus. 1286 sicherte er sich zudem die Vorherrschaft über die Wasserstraßen, die die Insel von der malaiischen Halbinsel trennen. Das brachte ihn in direkten Konflikt mit den Expansionsbestrebungen der neuen mongolischen Herrscher in China. 1289 schickte Kubilai Khan Botschafter zu Kertanagara, die von ihm Tribut verlangten. Als Reaktion ließ der König die Gesichter der Gesandten tätowieren. Diese Beleidigung provozierte die Entsendung von 1000 chinesischen Kriegsschiffen, um die javanische Unterwerfung zu erzwingen. Doch ehe diese Flotte eintraf, starb Kertanagara bei einem lokalen Aufstand des ehemaligen Vasallenstaates Kadiri.

Das Königreich Majapahit

Kertanagaras Schwiegersohn und Nachfolger Kertarajasa (regierte 1293–1309) gründete die Stadt Majapahit als neues Machtzentrum der Dynastie. Als 1292/93 die Mongolen eintrafen, überredete Kertarajasa sie, mit ihm gemeinsam den Herrscher von Kadiri anzugreifen. Kaum hatte er seine Rivalen geschlagen, vertrieb er jedoch seine mongolischen Verbündeten aus Java.

In den folgenden Jahrzehnten sicherte sich das Majapahit-Reich die Autorität über die meisten Inseln des heutigen Indonesiens. Es schloss Frieden mit den Mongolen, unterhielt starke wirtschaftliche Verbindungen nach China und erschloss sich mithilfe des venezianischen Handelsnetzes Europa als neuen Markt für den Export von Gewürzen, die von der Hafenstadt Surabaya aus verschifft wurden. Die Stadt Majapahit lag im Inland am Fluss Brantas. Im benachbarten Bubat trafen sich Kaufleute aus Indien, China, Kambodscha, Vietnam und Thailand, um Handel zu treiben und dem König zu huldigen.

Das Volk der Tenggeresen in Ostjava soll von Menschen abstammen, die im 16. Jahrhundert aus Majapahit flohen. Anders als die Mehrzahl der Indonesier sind die Tenggeresen keine Muslime, sondern praktizieren eine Mischung aus Hinduismus und Animismus. Bei der alljährlichen Zeremonie Yadnya Kasada werden Tiere, Reis, Früchte und andere landwirtschaftliche Produkte in den Krater des Berges Bromo geworfen und dem Gott des Berges geopfert.

Königliche Rituale

Rajasanagara kam genau wie seine Vorgänger und seine Nachfolger Anfang des Frühjahrs für die ersten sieben Tage des alljährlichen Caira-Festes nach Bubat. Dazu gehörten Musik, Tanz und Theater, Spiele und Wettkämpfe. Der König erhielt Geld und Güter von seinen Untertanen und von internationalen Händlern, ehe er für weitere sieben Festtage in die Stadt Majapahit zurückkehrte. In dieser zweiten Phase des Festes demonstrierten die Zeremonien die große Abhängigkeit aller Elemente des Landes vom Königtum, sei es des Reis produzierenden Inlands, des Seehandels, des Hofpersonals, der Bauern oder des Militärs. Prinzen wiesen in formvollendeten Reden regelmäßig darauf hin, dass es notwendig sei, öffentliche Bauvorhaben durchzuführen und Dämme, Brücken, Marktplätze und Straßen zu errichten, um das Überleben und das Wohlergehen des Königreichs zu sichern.

Der Niedergang von Majapahit

Der Gewürzhandel expandierte jedoch so stark, dass er nicht mehr von einem Königreich allein kontrolliert werden konnte. Das höhlte Majapahit sowohl wirtschaftlich als auch politisch aus. Anfang des 15. Jahrhunderts unterhielten die Chinesen ihre eigenen Handelskontakte zu den Pfeffer exportierenden Häfen auf Sumatra, und Melaka auf der malaiischen Halbinsel wurde zum neuen Hauptumschlagplatz für Gewürze. Der Verlust der wirtschaftlichen Vorherrschaft brachte es mit sich, dass Häfen, die zuvor von Majapahit kontrolliert worden waren, nun ihre Unabhängigkeit zurückgewannen. Das neue Selbstbewusstsein der Bevölkerung in der Küstenregion spiegelte sich nicht zuletzt in Massenübertritten zum Islam wider. 1513 unternahm ein Zusammenschluss islamischer Gemeinschaften in Nordjava einen Feldzug gegen das Zentrum von Majapahit, das 1528 fiel. Die königliche Familie musste nach Bali fliehen.

Der Islam hatte in den nördlichen Regionen ein mächtiges Band zwischen Herrschern und Untertanen geschaffen. Diese neue Interessengemeinschaft zerstörte schließlich die aristokratische Gesellschaft des Königreichs Majapahit.

COSIMO DE' MEDICI, der erste Medici-Herrscher von Florenz

REG. 1434–1463

Er war immer vorsichtig gewesen. So passte es zu ihm, dass er in der Nacht aus dem Exil zurückkehrte. Durch eine kleine Pforte in der Nähe des Palazzo del Bargello schlich sich Cosimo de' Medici 1432 in seine Stadt. Ein Jahr zuvor hatte die verfeindete Familie Albizzi die *Signoria* von Florenz dazu überredet, ihn zu verhaften, da er angeblich «danach strebte, sich über andere zu stellen». Dies war ein schweres Verbrechen in einer vorgeblich demokratischen Stadt.

Erfundene Anklagen wegen Verrats wurden gegen Cosimo de' Medici vorgebracht, doch sein Klientelnetzwerk erwies sich als belastbar. Er war Europas reichster Finanzier, und die Bank seiner Familie besaß Filialen in London, Brügge und Gent, aber auch in allen großen italienischen Städten. Ausländische Regierungen, die auf Darlehen von den Medici angewiesen waren, hatten gegen Cosimos Verhaftung protestiert. Durch geschäftliche Verbindungen und umsichtige Eheschließungen war sein Schicksal mit dem der Florentiner Elite eng verknüpft.

Cosimos Rückkehr an die Macht

Auch konnte er sich auf die Solidarität der Kulturschaffenden verlassen. Die Gelehrten und Künstler von Florenz schätzten die Medici als Gönner. Cosimo bestach schließlich den *gonfaloniere*, den höchsten Beamten der *Signoria*, und wurde nur ins Exil geschickt, anstatt hingerichtet zu werden, wie die Albizzi es geplant hatten. In Venedig wartete er darauf, dass die Zeiten sich ändern würden. Tatsächlich dauerte es nicht lange, bis bestochene Wahlmänner dafür sorgten, dass die Anhänger der Medici erneut die Mehrheit in der *Signoria* erhielten. Ein *balia* (Volkskomitee) wurde gewählt, «um die Stadt zum Wohle des Volkes zu reformieren», und hob das Urteil auf. Bei seiner Rückkehr war die Stadt um einige ihrer größten Namen ärmer. Nicht nur die Albizzi, sondern auch viele Peruzzi und Guasconi, Strozzi, Guadagni und Guicciardini waren in die Verbannung geschickt worden. «Zwei Meter rosafarbener Stoff machen einen neuen Edelmann», war Cosimos Kommentar. Geld und politisches Gespür machten diesen Mann mächtig.

Jacopo Pontormo fertigte das Porträt von Cosimo de' Medici um 1520 nach früheren Porträts des herausragenden Florentiners an.

Giovanni de' Medici war ein wichtiger Förderer der Florentiner Kunst. Unter anderem finanzierte er die Nordtür des Florentiner Baptisteriums. Den Auftrag dafür erhielt 1403 Lorenzo Ghiberti. Er arbeitete 21 Jahre lang daran. Nach der Vollendung erhielt er fast sofort den Auftrag, zwei Türen für das Ostportal zu gestalten. Das berühmte „Paradiestor" (oben) wurde 1452 fertiggestellt und gilt als Ghibertis Meisterwerk.

Giovanni de' Medici

Giovanni de' Medici (1360–1429) hatte die Familienbank 1397 gegründet und schnell verstanden, wie wichtig politische Verbindungen waren, um in Florenz Geld zu verdienen. Kulturelles Mäzenatentum spielte ebenfalls eine Rolle, weil es die Solidarität eines Geschäftsmannes mit der Stadt demonstrierte und ihm öffentliches Wohlwollen einbrachte. Giovanni stiftete unter anderem die bronzene Nordtür des Baptisteriums in Florenz, die der Bildhauer Lorenzo Ghiberti schuf. Er gehörte auch zu den sieben Gemeindemitgliedern, die die *commune* überredeten, die Basilica di San Lorenzo zu restaurieren, und er finanzierte die Sakristei der Kirche sowie die Familienkapelle der Medici. San Lorenzos kühle Eleganz, die Filippo Brunelleschi von 1425 bis 1446 gestaltete, wurde zum Inbegriff des Architekturstils der Frührenaissance und zum Symbol für die Großzügigkeit der Medici.

Von Jugend an war Giovannis Sohn Cosimo eng mit der literarischen Kultur der Stadt verwoben. Er hatte sogar vor, nach Palästina zu reisen, um nach griechischen Manuskripten zu suchen. Doch sein Vater, der über diese Pläne beunruhigt war, setzte ihn vorher in der Bank ein. Die Verbindungen zur päpstlichen Kurie machten etwa die Hälfte der Medici-Gewinne aus, und Anfang des 15. Jahrhunderts besaß die Familie das erfolgreichste der rund 70 florentinischen Finanzinstitute. Ihre Vertreter in den großen europäischen Zentren waren nicht nur Bankiers, sondern auch Importeure und Exporteure von Gewürzen, Farben, Pelzen und Juwelen. Wer eine heilige Reliquie oder ein wildes Tier haben wollte, einen wertvollen Sklaven oder einen begabten Chorknaben, wandte sich an einen Agenten der Medici, die faktisch auch die Diplomaten der Republik waren. Ihre Bemerkungen zur Außenpolitik wurden von Giovanni und Cosimo sehr sorgfältig gelesen.

Die Regierung von Florenz

Die demokratische Verfassung der freien *commune* Florenz war 1293 in den „Ordinamenti della Giustizia" festgeschrieben worden. Sie gestand dem *popolo* die volle Souveränität zu. Diese Körperschaft bestand aus Bankiers, Doktoren, Kaufleuten und Händlern der sieben wichtigsten Gilden. Alle zwei Monate traten weniger bedeutende Zunftmitglieder wie Schlachter, Steinmetze und Schumacher zum *popolo* hinzu, um sechs Priori zu wählen, die die Stadt hauptamtlich verwalteten. Diese Struktur, die von vielen norditalienischen Stadtstaaten übernommen wurde, sorgte ständig für Auseinandersetzungen. Obwohl man sich sehr republikanisch gab, wurde Florenz faktisch von oligarchischen Gruppen kontrolliert. Diese stritten erbittert miteinander. Prokaiserliche Ghibellinen kämpften gegen propäpstliche Guelfen, die selbst in sich gespalten waren. Bestechung und Gönnertum der Medici brachte Stabilität in das System. Dabei achtete die Familie sorgfältig darauf, den republikanischen Anschein zu wahren.

Auf dem Totenbett gab Giovanni Cosimo folgenden Rat: «Erwecke nicht den Eindruck, du gäbest Rat, sondern äußere deine Ansichten diskret im Gespräch ...

Und meide das Licht der Öffentlichkeit.» Theoretisch war Cosimo nur ein Privatbürger und alle offizielle Korrespondenz ging über die *Signoria*. Doch obwohl er das Gegenteil behauptete, lag die höchste Macht bei ihm. Als Papst Pius II. Cosimo bat, zwei Galeeren für einen Kreuzzug gegen die Osmanen bereitzustellen, erinnerte er den Papst daran, «wie begrenzt die Macht eines Privatbürgers in einem freien Staat unter einer demokratischen Regierung» sei. Die wahren Gründe für seine Ablehnung waren jedoch die ausgezeichneten Handelsbeziehungen zwischen Florenz und den Türken.

Cosimos Unterstützung für Francesco Sforza

Cosimo brachte seine Kritiker zum Verstummen, indem er eine progressive Einkommensteuer zugunsten der Armen einführte und den *cento* einrichtete, einen Rat der 100, der für Steuern und Sicherheit verantwortlich war. Aber es waren seine *accoppiatori* (Kommissare), die kontrollierten, wer für die Wahl zur Florentiner Exekutive antrat. Dass er den Anspruch des *condottiere* Francesco Sforza auf den Herzogstitel von Mailand unterstützte, stieß auf ungewöhnlich heftigen Widerstand in Florenz. Die Mailänder hatten sich nach dem Tod des letzten Herzogs 1447 zur Republik erklärt, aber Cosimo lieh Sforza gewaltige Summen und subventionierte ihn mit florentinischen Steuereinnahmen. Als Florenz und Mailand 1450 ein Bündnis schlossen, kam es zum Krieg mit Venedig und Neapel, die beide ebenfalls Mailand für sich beanspruchten. Doch Venedig unterlag. Der Vertrag von Lodi 1454 zwischen Florenz und Mailand sicherte für einige Zeit den Frieden zwischen den bedeutendsten italienischen Stadtstaaten.

Dennoch erfordete die Situation von den Medici große Umsicht. Brunelleschis Entwurf für einen Palazzo Medici wurde als zu pompös verworfen. Der neue Architekt sollte Michelozzo di Bartolommeo werden, ein Freund Cosimos, der das venezianische Exil mit ihm geteilt hatte. Das imposante dreistöckige Gebäude aus rauen, kaum bearbeiteten Steinen beherbergte später berühmte Künstler wie den Maler Fra Filippo Lippi und den Bildhauer Donatello.

Die Bibliothek der Medici

Cosimos Enkel Lorenzo wurde zum Gönner des jungen Michelangelo, was den sozialen Status des Künstlers hob. Eine Handschriftensammlung, die Cosimo erwarb und in einer großen Halle im Dominikanerkloster San Marco unterbrachte, bildete das Herzstück der berühmten Bibliothek der Medici. 1439 wurde Cosimo zum *gonfaloniere* gewählt, nachdem er das ökumenische Konzil der orthodoxen und katholischen Kirche dank seiner Verbindungen zum Papst nach Florenz geholt hatte. Die griechischen Geistlichen und Gelehrten, die in die Stadt kamen, inspirierten die Intellektuellen der Stadt und steigerten ihr bereits aufkeimendes Interesse an der klassischen Kultur. Cosimo beauftragte seinen Adoptivsohn Marsilio Ficino mit einer lateinischen Übersetzung der Werke Platons und ernannte ihn zum Leiter der Platonischen Akademie in der Medici-Villa in Careggi.

COSIMO DE' MEDICI
1389–1464

1389 Cosimo wird geboren.

1397 Giovanni de' Medici gründet die Familienbank.

1425 Die Basilica di San Lorenzo mit der Medici-Kapelle wird restauriert.

1431 Cosimo wird von der Florentiner *Signoria* ins Exil geschickt, das er in Venedig verbringt.

1432 Cosimo kehrt nach Florenz zurück.

1439 Cosimo wird zum *gonfaloniere* der *Signoria* gewählt.

1449 Lorenzo „Il Magnifico“, Cosimos Enkel, wird geboren.

1464 Cosimo stirbt.

1498 Savonarola wird auf dem Scheiterhaufen verbrannt.

1520 Michelangelo beginnt mit der Arbeit an der Neuen Sakristei und den Medici-Grabmälern in San Lorenzo.

1532 Papst Clemens VII., ein Neffe Lorenzos, hebt die republikanische Verfassung von Florenz auf und macht seinen illegitimen Sohn zum ersten erblichen Herzog der Stadt.

Mit dem Frieden und der Stabilität der Oligarchie sanken die Steuern, der Reichtum wuchs und auch die Bereitschaft, diesen zur Schau zu stellen. Die reichen Florentiner beaufsichtigten häufig die Restauration und den Bau von Kirchen und Hospitälern. Daher besaßen sie die nötige architektonische Erfahrung und den Geschmack, um ihrem Status angemessene Palazzi zu bauen. Nahegelegene Steinbrüche lieferten den Kalksandstein *pietra forte* und den weicheren, grauen Sandstein *pietra serena.*

Die florentinischen Palazzi

Die zahlreichen, äußerst geschickten Steinmetze von Florenz begannen mit dem Bau des grandiosen Palazzo Pitti sowie der Paläste der Strozzi, der Gondi und der Pazzi-Quaratesi. Der Dichter, Maler, Philosoph, Mathematiker, Musiker und Sportler Leon Battista Alberti entwarf den Palazzo Rucellai. Nun wurden die Gebäude mit Familienwappen verziert: Delfine für die Pazzi und Rosen für die Ricasoli, geblähte Segel für die Rucellai, gekreuzte Ketten für die Alberti und Mohnblüten für die Bartolini. Auch Cosimo stellte sein Emblem aus drei Pfauenfedern zur Schau.

Lorenzo de' Medici

„Il Magnifico" war eine übliche ehrerbietige Form der Anrede im Florenz zur Zeit Lorenzo de' Medicis (1449–1492). Seine politische Energie und sein kulturelles Engagement wurden dem hohen Anspruch der Medici-Tradition gerecht. Er erweiterte die Bibliothek, förderte ab 1471 den Buchdruck in Florenz und setzte sich für das Toskanische als Literatursprache ein. Als Schüler Ficinos förderte Lorenzo das Griechisch-Studium an der Universität von Florenz. Die von ihm veranlasste Verlegung der juristischen Fakultät an die Universität von Pisa sorgte für die Abwanderung vieler florentinischer Rechtsgelehrter, die seine politischen Methoden in Frage stellten. Durch geschickte Diplomatie verhinderte er Krieg mit Neapel. Eine Verschwörung der Familie Pazzi gegen die Medici im Jahr 1478 konnte er niederschlagen. Danach stärkte er die oligarchische Kontrolle durch eine *balia*, die der Verringerung des *cento* auf 70 Miglieder zustimmte.

Zu Michelangelos berühmtesten Marmorskulpturen gehört das Grab Lorenzos II. de' Medici, des Enkels von Lorenzo „Il Magnifico", in der Medici-Kapelle (um 1520–1534). Die liegenden Figuren unter der zentralen Gestalt von Lorenzo stellen die Abend- (links) und die Morgendämmerung (rechts) dar.

1469 veranstaltete Lorenzo aus Anlass seiner Verlobung ein spektakuläres Turnier. Das Florenz des späten 15. Jahrhunderts war berühmt für seine Feste und Feuerwerksvorführungen, für die Scheinturniere auf der Piazza Santa Croce und Seeschlachten *(naumachia)* auf dem Arno. Aber obwohl er ein großer Sammler und Kenner von antiken Vasen, Medaillen, Münzen, Bronzen und Edelsteinen war, konnte Lorenzo es sich nicht leisten, seinen Freunden Sandro Botticelli, Antonio Pollaiuolo und Domenico Ghirlandaio Aufträge zu erteilen. Er hatte wenig Interesse an der Bank der Medici, die wegen ihrer politischen Verstrickungen einem ungewöhnlich hohen Risiko ausgesetzt war. Die Londoner Filiale musste ihre Tore schließen, als Edward IV. von England seine Schulden nicht zurückzahlen konnte. Die gesamte internationale Struktur der Bank brach unter Lorenzo zu-

sammen. Karl VIII. von Frankreich, der seinen Anspruch auf Neapel sichern wollte, marschierte 1494 in Florenz ein. Eine beschämte Stadt schickte die Medici für 18 Jahre ins Exil. Es folgte die kurze Herrschaft des Bußpredigers Savonarola, bis die *Signoria* die Ordnung wieder herstellte und den Mönch 1498 hinrichtete.

Europas intelligenteste Gönner

Zwischen 1520 und 1534 schuf Michelangelo die Medici-Grabmäler in der Kapelle von San Lorenzo. Sie waren sein Tribut an die intelligentesten Mäzene der europäischen Geschichte und eine Familie, die stolz darauf war, *popolani* zu sein. Diese Identifikation mit dem Volk erlaubte ihnen, eine subtile Form dynastischer Herrschaft auszuüben, die keinen erblichen Titel brauchte. Doch 1532 schaffte Papst Clemens VII., Lorenzos Neffe, die alte Verfassung ab und setzte Alessandro als ersten erblichen Medici-Herzog von Florenz ein. Cosimos direkte Nachkommen verloren an Bedeutung, und so erging es auch Florenz.

MOCTEZUMA II., der letzte aztekische Herrscher von Mexiko

REG. 1502–1520

Im Europa der Renaissance war es weithin bekannt, dass man Reiche gewinnen konnte, indem man ihre innere Zerrissenheit ausnutzte. Entdecker wie Schriftsteller konnten sich auf die Techniken römischer Herrschaft beziehen. Allgemein wurde die Geschichte als nützliche Quelle von Ratschlägen für die Gegenwart betrachtet. Niccolò Machiavelli benutzte Livius' „Römische Geschichte", um in „Il Principe" Analogien zu seiner Zeit herzustellen. Sein Handbuch der Macht wurde zum gefeiertsten Werk des Genres.

Hernán Cortés (1485–1547) wurde an der Universität von Salamanca in Spanien ausgebildet, einem der größten Zentren des Humanismus. Daher dürfte er mit diesem Geschichtsbild vertraut gewesen sein. Während seiner Studienzeit galt er nicht nur als außergewöhnlich klug, sondern auch als rücksichtslos und stolz. Zudem bekundete er damals schon sein besonderes Interesse an den „Indischen Landen", die seine spanischen Landsleute entdeckt hatten. Die ruhmreiche Karriere eines Konquistadors war ihm also geradezu vorbestimmt. 1504 brach er im Alter von 19 Jahren nach Hispaniola auf.

Moctezuma wird aztekischer Herrscher

Auch Moctezuma war auf seine Rolle vorbereitet worden. Seine Erziehung erfolgte in der Tradition der strengen aztekischen Hierarchie und des religiösen Opfers. Sie konnte es durchaus mit der Tradition des höchst zeremoniellen kastilischen Hidalgo-Adels aufnehmen. 1502 folgte er seinem Onkel Ahuitzotl auf den Herrscherthron. Damals befand sich das Aztekenreich auf dem Höhepunkt seiner

Das Gemälde zeigt die Schlacht von Otumba (1520), die mit einem überwältigenden Sieg der Streitkräfte Cortés' über die deutlich zahlreicheren Azteken endete und schließlich zum Fall des Aztekenreichs führte. Manche Historiker gehen von mehr als 20 000 Toten aus.

Die Illustration aus dem Codex Magliabecchi, entstanden etwa zwischen 1600 und 1650, zeigt ein aztekisches Menschenopfer. Ein Priester bietet das schlagende Herz eines Menschen dem Kriegsgott Huitzilopochtli dar.

Macht. Sein Territorium erstreckte sich im Süden bis ins heutige Honduras und nach Nicaragua. Ursprünglich waren die Azteken Pflanzer. Sie waren um 1200 aus dem Westen in das Tal von Mexiko gekommen und hatten das Machtvakuum ausgenutzt, das nach der Auflösung des Toltekenreiches entstanden war. 1325 gründeten sie Tenochtitlán als ihre erste große Siedlung. Bis zum Anfang des 15. Jahrhunderts hatte sich eine eigenständige aztekische Monarchie herausgebildet, die in der Lage war, sich andere Reiche im Tal von Mexiko untertan zu machen.

Aztekische Eroberungskriege

Der schnelle Aufstieg der Azteken zur dominierenden Macht in der Region hatte viele der unterworfenen Völker befremdet. Diese litten auch unter dem großen Bedarf der Azteken an Opfern für ihre Rituale zur Bestätigung ihrer Macht und zur Beschwichtigung der Götter. Denn die Azteken führten sogenannte Blumenkriege zur Beschaffung von Kriegsgefangenen, die sie für die Opferrituale brauchten. Vor Götterbildern, die sie zum Teil aus einer Paste aus Menschenblut, Samen und Pflanzenteilen formten, brachten die Azteken menschliche Herzen dar. Moctezuma unternahm viele solcher Eroberungsfeldzüge, um Huitzilopochtli, den Gott des Krieges und der Sonne, günstig zu stimmen.

Der Mythos des Quetzalcoatl

Im frühen 16. Jahrhundert war der bärtig und hellhäutig gedachte Gott Quetzalcoatl unter der herrschenden Klasse der Azteken am meisten gefürchtet. Der aztekischen Mythologie zufolge wurde dieser ursprünglich toltekische Gott von rivalisierenden Göttern gestürzt, weil er sich gegen das Menschenopfer wandte. Er ging nach Osten, schwor jedoch wiederzukommen, um sich das aztekische Königreich zurückzuholen. Daher rechnete man jederzeit mit Quetzalcoatls Wiederkehr, und die Konsequenzen waren ebenso unabsehbar wie schrecklich.

Die Feldzüge des Cortés

1511 hatte Cortés sich auf Kuba als Landbesitzer und Kolonialbeamter etabliert, aber sein ruheloser Geist ließ ihn nicht stillhalten. Daher schloss er sich einer Expedition an, um auf dem Festland eine Kolonie zu errichten. Im Februar 1519 traf er mit rund 500 Soldaten und 100 Seeleuten in Yucatán im Südosten Mexikos ein. Sie bildeten den Kern der Armee, die das Land erobern würde. Cortés besaß die Fähigkeit, die europäischen Vorstellungen von Oberherrschaft und Untertanentreue auf mittelamerikanische Verhältnisse zu übertragen und ihnen in ihrer neuen Umgebung Bedeutung zu verleihen.

Er gründete die mexikanische Küstenstadt Veracruz und ließ sich von seinen Soldaten in ihrer Eigenschaft als Bürger der neuen Kolonie zum Generalgouverneur und obersten Richter wählen. Seine Streitmacht war zwar klein, aber äußerst loyal – nicht zuletzt, weil ihr Anführer mit Bedacht die Schiffe verbrannt hatte, die sie nach Spanien hätten zurückbringen können. Cortés fand bald heraus, dass das zentralmexikanische Volk der Tlaxcalteken die aztekische Oberherrschaft nie anerkannt hatte und sich massiv dagegen wehrte. Zunächst bekämpften sie auch Cortés. Doch nachdem er sie besiegt hatte, wurden sie seine treuen Verbündeten. Als Cortés' kleine Streitmacht auf die aztekische Hauptstadt Tenochtitlán zumarschierte, standen rund 1000 Tlaxcalteken an ihrer Seite.

Die Metropole, die Cortés am 8. November 1519 betrat, bedeckte eine Fläche von 13 Quadratkilometern und hatte 400 000 Einwohner. Sie erstreckte sich über zwei Inseln in der Mitte des Sees Texcoco. Mit den Siedlungen am Seeufer war sie durch mehrere Dämme verbunden, die auch als Deiche dienten. In der Stadt lag Moctezumas Hauptpalast, ein Gebäude, das laut Berichten der ersten spanischen Konquistadoren 300 Zimmer besaß, die um drei Höfe angeordnet waren. Wie bei vielen anderen frühen Kulturen war das Gebäude sehr viel mehr als nur das Wohnhaus des Monarchen. Bibliotheken, Vorratsräume, Werkstätten, Gerichtssäle und Büros umfassten eine Fläche von vier Hektar und machten es zum Herzstück des Staates. Hunderte von Tempeln sowie die Schädel von Menschenopfern, die in großen hölzernen Gestellen nahe der Tempelplätze aufgestellt waren, zeigten an, dass Tenochtitlán auch eine heilige Stadt war.

Die Menschwerdung des Quetzalcoatl

Weil Cortés hellhäutig war und einen Bart trug, nahm Moctezuma an, er sei die Verkörperung des Quetzalcoatl. Er war daher sehr daran interessiert, ihn günstig zu stimmen. Tatsächlich wurde der Herrscher von Cortés festgehalten, der vielleicht sogar hoffte, das Aztekenreich durch ihn regieren zu können. Dabei hatte der Europäer allen Grund, sich diplomatischer Mittel zu bedienen. Seine Militärstreitmacht war klein, und es war nur seiner Ausstrahlung zu verdanken, dass er seine Macht in der Hauptstadt etablieren konnte. Es gelang ihm sogar, den Hof und Moctezuma selbst zu überreden, ihre alte Religion aufzugeben.

Cortés hatte den Haupttempel von Tenochtitlán betreten, ein gewaltiges Gebäude mit 40 Türmen, in denen der aztekische Adel bestattet wurde, und seine Kapellen vom menschlichen Blut der Opferrituale reingewaschen. Moctezuma hatte zwar

MOCTEZUMA II.

UM 1466–1520

1502 Moctezuma besteigt als neunter Herrscher *(tlatoani)* der Azteken den Thron.

1500ER-JAHRE Priester sagen voraus, dass Moctezuma der letzte Herrscher seines Reichs sein wird und dass der weiße und bärtige Gott Quetzalcoatl wiederkehren wird, um sein Königreich zurückzugewinnen.

1511 Cortés kommt nach Kuba.

1519 Cortés zieht mit einer Expeditionsstreitmacht nach Yucatán. Boten berichten Moctezuma von Cortés' Ankunft in Tenochtitlán. Die beiden tauschen Geschenke aus.

1520 Moctezuma wird von Azteken oder Spaniern getötet.

1547 Cortés stirbt arm und verschuldet in Spanien.

zunächst protestiert, als Cortés aztekische Götterstatuen durch Bilder der Jungfrau Maria und verschiedener Heiliger ersetzte. Aber er kapitulierte schnell, nachdem ihm Cortés eine kurze Predigt über den christlichen Monotheismus und die Barbarei der aztekischen Götzenverehrung gehalten hatte. Offenherzig erzählte Moctezuma Cortés, dass die Vorfahren der Azteken vor vielen Jahren in dieses Gebiet eingewandert waren, und gab zu, dass die Azteken nach einer so langen Zeit in der Fremde möglicherweise vom rechten Weg abgeirrt seien. Cortés, der gerade erst eingetroffen sei, wisse wohl besser, was die Azteken jetzt glauben sollten. Er war offensichtlich unsicher und glaubte, dass sich mit Cortés frühere Vorahnungen bewahrheiteten, dass die aztekische Herrschaft dem Untergang geweiht war.

Die Azteken opferten ihren Göttern, damit sie das Universum erhielten, ihnen Regen und gute Ernten schickten und ihnen im Krieg beistanden. Die Statue stellt Xochipilli dar, den Gott der Blumen, der Liebe und des Gesangs. Er gehörte zu den vielen Göttern der Fruchtbarkeit und Landwirtschaft.

Moctezumas Zeremoniell

Auch wenn er in Moctezuma einen Barbaren sah, war Cortés doch beeindruckt vom Stil seiner Herrschaft. «Kein Sultan oder anderer ungläubiger Herrscher», schrieb er an Karl V., «pflegte je ein solches Zeremoniell an seinem Hof.» 600 Adlige standen jeden Tag vom Morgengrauen an im Palast bereit, und 300 bis 400 Jugendliche servierten die Mahlzeiten, bei denen Moctezuma auf einem kleinen Kissen saß, das «seltsam aus Leder gefertigt» war. Das Hofzeremoniell verlangte, dass Moctezuma jeden Tag in vier verschiedene Gewänder gekleidet wurde, die danach nie wieder getragen wurden, und «diejenigen, nach denen er rief ... neigten den Kopf, blickten zu Boden und beugten den Körper. Und wenn sie ihn ansprachen, sahen sie ihm nicht ins Gesicht ...» Der Herrscher zeigte sich selten in der Öffentlichkeit, aber wenn er seinen Palast verließ, wurde das Ritual eingehalten: «Alle, die ihn begleiteten oder die er zufällig auf der Straße traf, wendeten sich ab, ohne zu ihm hinzusehen, andere warfen sich auf den Boden, bis er vorbeigegangen war.»

Cortés' Bericht betont die Ähnlichkeiten zwischen aztekischem Imperialismus und europäischem Königtum, berichtet aber gleichzeitig von einer Pracht, die selbst bei einem Renaissancefürsten unvorstellbar war. In einem separaten Palast befanden sich Käfige, «neun Fuß hoch und sechs Schritte im Quadrat», in denen Raubvögel gehalten wurden «von allen Arten, die man in Spanien findet, vom Falken bis zum Adler, und viele, die dort unbekannt sind». Mehrere große Hallen mit riesigen Käfigen beherbergten «Löwen, Tiger, Wölfe, Füchse und verschiedene Katzenarten». Ein weiterer Palast «beherbergte Männer und Frauen, die ungeheuer groß waren, außerdem Zwerge und krumm gewachsene sowie missgestaltete Menschen, von denen jeder eine eigene Wohnung und einen Betreuer hatte».

Moctezumas Figuren aus Gold und Silber waren «so natürlich gefertigt, dass kein Schmied der Welt sie besser hätte machen können; die Steinarbeiten waren mit solcher Perfektion ausgeführt, dass man sich kaum vorstellen konnte, was für Werkzeuge verwendet wurden. Und das Federwerk war den edelsten Produkten aus Wachs und Stickerei überlegen». Auch die Versorgung der Stadt mit frischem Wasser über zwei gemauerte Leitungen beeindruckte Cortés.

Ein Gemetzel an aztekischen Häuptlingen

Cortés regierte die Stadt bis Mitte der 1520er-Jahre. Dann musste er sie verlassen, um seine Position gegen eine Streitmacht des Gouverneurs von Kuba zu verteidigen. Cortés' Solaten schlugen die feindliche Armee, aber bei der Rückkehr nach Tenochtitlán stellten sie fest, dass die kleine Garnison, die sie zurückgelassen hatten, belagert wurde, nachdem spanische Soldaten während eines Festes aztekische Häuptlinge massakriert hatten. Cortés zog sich zurück und stellte sich mit seinen tlaxcaltekischen Verbündeten neu auf. Im Winter 1520/21 belagerte er die Stadt und nahm sie im August 1521 wieder ein. Das Aztekenreich gehörte jetzt Cortés; Moctezuma war tot.

Ob Moctezuma von Azteken getötet worden war, die ihn für den Verlust ihres Reichs verantwortlich machten, oder aber von der spanischen Armee, ist nicht sicher. Cortés musste 1528 nach Spanien zurückkehren, um sich gegen Anklagen wegen Misswirtschaft zu verteidigen. Als er beladen mit aztekischen Schätzen in Spanien eintraf, war der Hof in Toledo zunächst beschwichtigt. Doch Rechtsstreitigkeiten verfolgten den Konquistador bis ans Ende seiner Tage. Nachdem er 1530 nach „Neuspanien" zurückgekehrt war, baute er sich 48 Kilometer südlich von Tenochtitlán einen eigenen Palast. Aber von 1540 an lebte er wieder in Spanien, wo er später arm und verschuldet starb.

Ein Zusammenprall der Kulturen

Die Begegnung zwischen dem aztekischen Herrscher und dem spanischen Konquistador war ein Zusammenprall der Kulturen, aber auch ein Konflikt zwischen Monarchien. Moctezuma verkörperte den aztekischen Staat und spiegelte dessen Verunsicherung. Schon lange vor Cortés' Ankunft hatte die Angst vor dem Ende ihrer irdischen Herrschaft den Herrscher und seine Kriegeraristokratie umgetrieben. Cortés starb desillusioniert, aber die Form europäischer Oberherrschaft, die er stellvertretend für den christlichen Kaiser ausübte, bestimmte die Politik, Religion und Kultur Mittelamerikas während der nächsten 500 Jahre.

HEINRICH VIII., König von England

REG. 1509–1547

Etwa 1431 heiratete der walisische Söldner Owain ap Maredudd heimlich Catherine de Valois, die Witwe des englischen Königs Heinrich V. (regierte 1413–1422), und beschloss, den Vornamen seines Großvaters Tudur als Nachnamen anzunehmen. Owains trat in den Dienst Heinrichs V. und später in den Heinrichs VI. (1433–1461, 1470/71) ein, die beide dem Haus Lancaster angehörten. Im Rosenkrieg (1455–1485) unterstützte er aktiv die Seite der Lancasters. Zunächst hatte allerdings das Haus York die Oberhand und etablierte Eduard IV. (regierte 1461–1470, 1471–1483) auf dem englischen Thron.

Owain wurde nach dem Sieg des Hauses York 1461 geköpft, aber seine Söhne Edmund und Jasper, Halbbrüder des schwächlichen Heinrichs VI., stritten weiterhin energisch für das Haus Lancaster. Edmund war 1452 zum Earl of Richmond ernannt worden und verfolgte seinerseits eine ehrgeizige dynastische Politik, indem er Margaret Beaufort heiratete, die Urenkelin Johann von Gents, Herzog von Lancaster und Sohn Eduards III. Auch hatte die Familie ihren Namen mittlerweile anglisiert. Heinrich Tudor, Edmunds Sohn, wurde im Januar 1457 (nach dem Tod des Vaters) auf dem Schloss seines Onkels in Pembroke im Südwesten von Wales geboren. 1471 floh er aufgrund der Konflikte mit dem Haus York zusammen mit seinem Onkel Jasper nach Frankreich ins Exil.

Heinrich VII.

Als Richard III. Plantagenet im Jahr 1483 den Thron bestieg, war das Lager der Yorkisten gespalten. Dies nutzte Heinrich, der einzige noch überlebende Thronanwärter des Hauses Lancaster, aus. Im Sommer 1485 kehrte er mit einer Armee aus rund 4000 französischen Söldnern und Anhängern des Hauses Lancaster nach Pembrokeshire zurück. Am 22. August schlug er Richards Armee bei Bosworth Field in den englischen Midlands und wurde König von England. Heinrichs eilige Eheschließung im Januar 1486 mit Elisabeth, der Tochter Eduards IV. und Erbin des Hauses York, vervollständigte die Machtübernahme der Tudors: Das Wappen seiner Dynastie, die sogenannte Tudor-Rose, ist aus der roten Rose des Hauses Lancaster und der weißen des Hauses York gebildet.

Auf dem Porträt Heinrichs VIII. von Hans Holbein dem Jüngeren (um 1534–1536) wird die Autorität des Königs durch die prächtige goldene und silberne Kleidung vermittelt. Deren Wirkung verstärkte der Künstler durch die Beimischung von Goldstaub zur Farbe sowie die Verwendung wertvoller Ultramarinpigmente für den Hintergrund.

HEINRICH VIII.
1491–1547

1509 Heinrich besteigt den Thron und heiratet Katharina von Aragón.

1513 England besiegt Schottland in der Schlacht bei Flodden.

1520 Das englisch-französische Bündnis wird pompös gefeiert.

1529 Kardinal Thomas Wolsey verliert seine Macht und wird 1530 hingerichtet.

1533 Thomas Cranmer, der Erzbischof von Canterbury, annulliert Heinrichs erste Ehe. Heinrich und Anne Boleyn heiraten und sie gebiert eine Tochter.

1534 Die Suprematsakte wird verabschiedet.

1536 Anne Boleyn wird hingerichtet; Heinrich heiratet Jane Seymour.

1537 Jane stirbt zwölf Tage nach der Geburt von Eduard VI.

1540 Heinrich heiratet Anna von Kleve und lässt sich noch im selben Jahr scheiden; Heirat mit Catherine Howard.

1542 Catherine Howard wird hingerichtet.

1543 Heirat mit Catherine Parr.

1547 Heinrich stirbt.

Heinrich vermied während seiner Regierungszeit Kriege, kontrollierte streng die Finanzen und setzte die königlichen Steuerrechte durch. Das verbesserte den internationalen Ruf der englischen Krone derart, dass er 1501 die Heirat seines Erben Arthur mit Katharina, der Tochter Ferdinands von Aragón und Isabellas von Kastilien, arrangieren konnte. Als Arthur im darauffolgenden Jahr starb, wurde Katharina mit dessen jüngerem Bruder Heinrich verlobt. Eine Auseinandersetzung zwischen England und Spanien führte allerdings dazu, dass die Eheschließung erst stattfand, als Heinrich 1509 König wurde.

Heinrich VIII. – ein Renaissancefürst

Heinrich VII. war von der Unsicherheit, dem Exil und der Armut seiner Jugend geprägt gewesen. Aber sein Sohn, der in vergleichsweise sicheren Verhältnissen aufwuchs, präsentierte sich gewandt und selbstsicher. Allein schon seine Größe von 1,80 Meter und seine kräftige Statur imponierten. Zudem war er von Natur aus sportlich, ein ausgezeichneter Tänzer und geschickter Jäger. In Gesprächen mit Gebildeten und Gelehrten genoss er es, mit seinem wachen Geist und seinem theologischen Wissen zu prahlen. Die Kombination all dieser Fähigkeiten trug zum Bild eines Renaissancefürsten bei, der durch die humanistische Wiederbelebung des klassischen Wissens geprägt war. Auf jeden Fall konnte Heinrich VIII. dem Vergleich mit so strahlenden Zeitgenossen wie Franz I. von Frankreich und Kaiser Maximilian standhalten.

Ein fürstlicher Lebensstil war jedoch mit fürstlichen Ausgaben verbunden. So wurde etwa Heinrichs Eheschließung mit Katharina außerordentlich prachtvoll gefeiert. Diese Art von Selbstdarstellung riss große Löcher in das königliche Budget, das Heinrich von seinem notorisch sparsamen Vater vermacht worden war. Aus der englischen Staatsschatulle mussten zudem Kriegskosten bezahlt werden, weil Heinrich 1512 in die Auseinandersetzungen zwischen Frankreich und Spanien um die Oberherrschaft in Italien eingetreten war. Das Engagement auf dem Kontinent war für den katholischen Monarchen eine Gelegenheit, Englands Loyalität gegenüber dem Papst zu demonstrieren, der damals von Frankreich mit Waffengewalt bedroht wurde. Die antifranzösische Haltung brachte England jedoch die Feindschaft Schottlands ein, das mit Frankreich verbündet war. Im August 1513 überquerte die Armee Jakobs IV. die Grenze. Die Schlacht bei Flodden am 9. September endete mit der Vernichtung der schottischen Aristokratie, was Heinrichs Popularität in England enorm steigerte.

Thomas Wolsey, Kanzler, Kardinal und Erzbischof

Heinrichs Hof ähnelte den anderen europäischen Höfen jener Zeit: Diejenigen, die des Königs Wohlwollen genossen, erhielten hohe Positionen. Bald war Thomas Wolsey tonangebend unter Heinrichs Höflingen. Wolsey hatte den ersten Frankreichfeldzug kommandiert und wurde 1515 Lordkanzler, Erzbischof von York und Kardinal. Wolseys dominierte die englische Politik bis 1527. Doch die

Grundlage seiner Macht, die persönliche Freundschaft zu dem launischen und selbstgerechten Monarchen, war instabil. Wolsey hoffte für sich selbst auf den Papststuhl und bestärkte Heinrich in seinem Ehrgeiz, die Nachfolge Kaiser Maximilians anzutreten, als dieser 1510 starb. Aber die Wahl Karls V. zum Kaiser des Heiligen Römischen Reichs schuf einen europäischen Machtblock, in dem England bestenfalls eine Randposition innehatte.

Thomas Cromwell beschrieb Anne Boleyn als Frau mit «Witz, Geist und Mut». Sie besaß außerdem einen starken Willen und übte großen Einfluss auf Heinrich aus, noch bevor sie verheiratet waren. Auf ihr Drängen hin wurde Thomas Wolsey entlassen und ins Exil geschickt. Doch das Ausbleiben eines männlichen Nachkommen besiegelte ihr Schicksal. Ihr einziges überlebendes Kind bestieg später als Königin Elisabeth I. den Thron.

Wolsey hielt sich an Frankreich und arrangierte ein Treffen mit Franz I., das im Juni 1520 drei Wochen lang bei Calais auf dem „Feld des Güldenen Tuches" pompös gefeiert wurde. Die Sinnlosigkeit dieser Demonstration von Macht und Reichtum wurde überdeutlich, als Karl V. 1525 bei Pavia die französischen Streitkräfte zerschlug. Gleichzeitig beschränkte er als Herzog von Burgund Englands Handel mit den Niederlanden. Dabei litt England bereits unter erheblichen Finanzproblemen. Wolsey war kein Freund des Parlamentarismus, aber die Notwendigkeit, Steuern zu erheben, zwang ihn 1523 zur Einberufung des Parlaments. Die Höhe der Steuern, denen zugestimmt wurde, war jedoch nicht ausreichend, und der Versuch im nächsten Jahr, erneut Steuern zu erheben, provozierte einen derartig gewaltsamen Widerstand, dass die Maßnahme aufgehoben werden musste. Doch in den späten 1520er-Jahren sollte auf die englische Krone sogar ein noch größeres Problem zukommen.

Die Trennung von Katharina von Aragón

Ab 1527 wurde die englische Diplomatie von Heinrichs Begehren beherrscht, sich von Katharina scheiden zu lassen. Zum einen hatte sich der König in Anne Boleyn, eine der Hofdamen, verliebt, zum anderen glaubte er, mit der Heirat der Witwe seines Bruders gegen göttliches Gesetz verstoßen zu haben und deshalb keine männlichen Nachkommen zeugen zu können. Doch eine frühere päpstliche Verfügung, die seine Heirat möglich gemacht hatte, hatte das Verbot einer solchen Verbindung in 3. Mose 20 aufgehoben. Indem er Papst Clemens VII. nun um die Aufhebung seiner Ehe bat, verlangte Heinrich praktisch von der Kurie, einen Irrtum zuzugeben. Zudem war Katharina die Tante Karls V. Und so stellte sich auch der Kaiser, der viel auf Familienehre hielt, Heinrichs Plänen entgegen.

Wolsey, der in den Verdacht geriet, schuld am Scheitern von Heinrichs Anliegen zu sein, verlor Ende 1529 seine Macht. Doch die Krise, die durch Heinrichs Wunsch nach einem männlichen Nachfolger ausgelöst wurde, dauerte weitere drei Jahre. Die Lösung brachte am Ende eine erhebliche Machtsteigerung des englischen Königs und eine grundlegend veränderte Beziehung Englands zum europäischen Kontinent, der durch die Reformation Martin Luthers zerrissen war.

Die anglikanische Kirche

In einem lateinischen Pamphlet hatte Heinrich 1521 die sieben Sakramente der katholischen Kirche verteidigt und Luther persönlich angegriffen. Doch vom Frühjahr 1532 an stieg Thomas Cromwell, der mit dem Protestantismus sympathisierte, zum wichtigsten Regierungsbeamten auf. Er überzeugte Heinrich von der Notwendigkeit, die englische Kirche von Rom unabhängig zu machen. Oberhaupt der neuen „Kirche von England" wurde Heinrich, der auch weiterhin den Titel „Defensor Fidei" („Verteidiger des Glaubens") trug, der ihm ursprünglich vom Papst verliehen worden war.

Die selbstbewusste Haltung, die Heinrich auf dem berühmten, Hans Holbein dem Jüngeren zugeschriebenen Porträt von 1538/39 einnimmt, spiegelt diese neue Autorität wider. Jetzt war der König in der Lage, sich von Katharina zu trennen. 1533 annullierte der neue Erzbischof von Canterbury, Thomas Cranmer, die Ehe des Königs. Heinrich machte sich zahlreiche Gedanken über die theologischen Einzelheiten seiner neuen Position. Er glaubte weiterhin an das Zölibat der Priester und an die Lehre von der Transsubstantiation, nach der Brot und Wein beim Abendmahl in Christi Leib und Blut umgewandelt wurden. Doch er gewann auch immer mehr die Überzeugung, dass die Menschen nicht der Vermittlung der Priester bedurften, um Erlösung zu finden. Dieser Quasi-Protestantismus entsprang der Vernunft und dem königlichen Eigeninteresse. Aber der Prozess der „englischen Reformation", den Heinrich unbeabsichtigt in Gang setzte, führte dennoch dazu, dass die englische Bevölkerung immer protestantischer wurde.

Hans Holbein der Jüngere schuf 1527 ein Porträt von Sir Thomas Morus, das die geistige Kraft des bedeutendsten humanistischen Denkers der Tudorzeit festhielt. Morus lehnte es ab, den König als „Supreme Governor" der Kirche von England zu akzeptieren. Das führte zu seiner Hinrichtung 1535.

Die wachsende Bedeutung des Parlaments

Von den 1530er-Jahren an wurde das Parlament für das englische Königtum immer wichtiger. Denn es verfasste die Gesetze, die die neuen Machtbefugnisse des Königs bestätigten, so etwa die Suprematsakte von 1534. Die Staatsgewalt lag nun beim „King in Parliament". Der König verabschiedete zusammen mit dem Parlament die Gesetze, die zum mächtigen Instrument der Legislative wurden und das volle Gewicht der religiösen Autorität hinter sich hatten. Sie waren sogar königlichen Edikten übergeordnet, doch Heinrich arbeitete gut mit seinen Parlamenten zusammen, insbesondere weil die neue Regelung ihm die Erhebung von Kirchensteuern ermöglichte sowie die Übertragung des Besitzes der Klöster, die 1536 bis 1540 aufgelöst wurden, auf die Krone.

Wer es ablehnte, den König als „Supreme Governor", also als Oberhaupt der anglikanischen Kirche, anzuerkennen, beging Hochverrat. Aus diesem Grund wurde

zum Beispiel Thomas Morus, der führende Humanist Englands und Kanzler von 1529 bis 1532, im Juli 1535 hingerichtet. Das schadete Heinrichs Ansehen unter den Gelehrten beträchtlich. In der Folge wurden noch rund 50 weitere „Verräter" nach dem neuen Recht für schuldig befunden.

Heinrichs Ehen

Seine ständigen Eheschließungen begründeten Heinrichs Ruf eines tyrannischen Herrschers. Anne Boleyn wurde 1536 hingerichtet, weil er ihr Ehebruch und Hochverrat vorwarf. Jane Seymour starb eines natürlichen Todes, kurz nachdem sie 1537 einen männlichen Nachkommen namens Eduard geboren hatte. Von Anna, der Schwester der Herzogs von Kleves, ließ Heinrich sich nach kurzer Zeit scheiden. Cromwell hatte durch die Heirat eine nordeuropäische Allianz schließen wollen, die sich sowohl gegen Frankreich als auch gegen das Deutsche Reich richtete. Das Scheitern der Ehe schadete Cromwells Position; er wurde 1540 hingerichtet. Annas Nachfolgerin war Catherine Howard, deren angebliche Seitensprünge sie 1542 auf den Richtplatz brachten. Die gebildete Catherine Parr schließlich überlebte ihren Mann.

1542 zog Heinrich gegen Frankreich, was erneut einen finanziell ruinösen Krieg gegen die Schotten nach sich zog. Die Krone musste daher ehemaligen Klosterbesitz verkaufen, was zusammen mit einer Münzabwertung zu einer katastrophalen Inflation führte.

Heinrichs Aura der Macht und Größe nutzte vor allem der rücksichtslosen Durchsetzung seiner Interessen. Dennoch gab er der englischen Monarchie eine Gestalt, die zum zentralen Bestandteil der nationalen Identität Englands wurde.

Karl V., Kaiser des Heiligen Römischen Reichs

REG. 1519–1556

1519 wurde König Karl I. von Spanien, Herrscher der Niederlande und Erzherzog von Österreich, zum römisch-deutschen König („Rex Romanorum“) gewählt. Dieser Titel designierte ihn zum Kaiser des Heiligen Römischen Reichs und verlieh ihm Autorität in Mittel- und Osteuropa. Die Wahl kostete Karl die gewaltige Summe von 825 000 rheinischen Gulden, was zwei Tonnen reinen Goldes entsprach. Das Bankhaus der Fugger in Augsburg sowie Geldgeber in Florenz und Genua streckten ihm das benötigte Geld vor, um die Stimmen der Kurfürsten zu kaufen.

In seiner Funktion als Erzherzog von Österreich herrschte der junge, hohlwangige Prinz bereits über zahlreiche Gebiete innerhalb des Reichs, aber im übrigen Kaiserreich konnte er aufgrund der Wahlkapitulation, die er den Kurfürsten zugesagt hatte, kaum direkte Macht ausüben. Trotzdem war die Wahl ein großer Erfolg für die Habsburger, besonders da sie den größten Rivalen ihrer Dynastie und Mitbewerber um das Kaiseramt, Franz I. von Frankreich, geschlagen hatten.

Karls Jugend und dynastische Verbindungen

Karl wurde 1500 in Gent als Sohn von Philipp I. von Habsburg und Enkel des Kaisers des Heiligen Römischen Reichs, Maximilian I., geboren. Seine Erziehung lag in den Händen seiner Tante Margarete von Österreich. Sie übernahm nach dem Tod seines Vaters 1506 auch die Regentschaft über die Niederlande, solange er minderjährig war. Das reiche Flandern war ein Schlüsselfaktor in den gesamteuropäischen Plänen der Habsburger. Seit 1384 gehörte es durch die Heirat Philipps des Kühnen mit Margarete von Flandern zum Herzogtum Burgund. Durch die Eheschließung Maximilians mit Maria, der Erbin des letzten unabhängigen Herzogs von Burgund, kam Flandern schließlich in den Besitz der Habsburger.

Kaiser Maximilian hatte auch die Ehe seines Sohnes Philipp mit Johanna „der Wahnsinnigen“ arrangiert. Sie war durch ihre Eltern Ferdinand und Isabella die Erbin des vereinigten Königreichs von Aragón und Kastilien. Dieses umfasste den Großteil Spaniens, außerdem die Königreiche Neapel und Sizilien, die Aragón durch Eroberungen erworben hatte, sowie Gebiete in der Neuen Welt, die größ-

Die Studie des venezianischen Malers Tizian zeigt Karl V. nach seinem großen Sieg über den Schmalkaldischen Bund, ein Bündnis deutscher protestantischer Fürsten, in der Schlacht bei Mühlberg 1547 in triumphaler Haltung hoch zu Pferde.

tenteils kastilische Eroberungen waren. Johanna starb 1555. Jedoch hatte man sie wegen ihres angeblichen Wahnsinns bereits zuvor von der Erbfolge ausgeschlossen. Ihr Sohn Karl hatte daher statt ihrer beim Tod seines Großvaters Ferdinand 1516 dessen Nachfolge angetreten. Sein jüngerer Bruder, der ebenfalls Ferdinand hieß, bestieg nach der Schlacht von Mohács (1526), in der die Osmanen die Ungarn vernichtend schlugen und ihr König Ludwig II., Ferdinands Schwager, ums Leben kam, den ungarischen Thron. Doch der Vielvölkerstaat war äußerst geschwächt und die Ostgrenze des Habsburgerreichs lag für die Türken offen.

Ein europäisches Reich

Maximilian ist das herausragende Beispiel eines Renaissancekönigs, dem es darum ging, die Macht des Herrschers mit allen Mitteln zu stärken. Er gab billige und leicht herzustellende Holzschnitte in Auftrag und verwendete die neue Drucktechnik, die in Süddeutschland besonders weit fortgeschritten war, um Propagandamaterial über sich und seine Dynastie herzustellen. Um 1520 schien sein Nachfolger Karl kurz davorzustehen, den lang gehegten Ehrgeiz der Habsburger zu realisieren, ein europäisches Reich zu schaffen. Der neue Kaiser glaubte aufrichtig an das Ideal einer vereinten Christenheit und arbeitete daher trotz päpstlicher Opposition hart daran, die katholische Kirche von innen heraus zu reformieren. Diese Politik trug schließlich mit dem Konzil von Trient Früchte.

Karls Großvater Maximilian I. (1508–1519 Kaiser des Heiligen Römischen Reichs) dehnte den Einflussbereich der Habsburger durch eine Reihe militärischer Eroberungen sowie durch umsichtige Eheschließungen aus.

Der bedeutende humanistische Gelehrte Adrian von Utrecht (1522/23 Papst Hadrian VI.) war Karls Lehrer gewesen und ein wichtiger Vertreter der Devotio-moderna-Bewegung in den Niederlanden, die im 14. und 15. Jahrhundert ein höheres Maß an Bildung und persönlicher Frömmigkeit unter den Laien forderte. Aber das Luthertum, dessen Kraft Karl nie wirklich verstand, spaltete Europa in protestantische und katholische Herrscher. Mit seinem ritterlichen Ehrenkodex und seiner überholten Idee von einem vereinten europäischen Reich gilt Karl als der letzte mittelalterliche Herrscher.

Die Bedeutungslosigkeit der Ritterlichkeit

Er glaubte, seine Streitigkeiten mit Franz I. ließen sich auf persönliche und ritterliche Art ausräumen, indem er den französischen König zum Duell forderte. Dass Franz seine Ehefrau, Karls Schwester Eleonore, mit einer Krankheit infiziert hatte, beleidigte Karl persönlich. Auf einer weniger privaten Ebene war die andauernde Feindschaft gegenüber den Habsburgern Grund für Frankreichs Beteiligung an einer Reihe von Kriegen um die Oberherrschaft in Norditalien sowie für das von Franz angestrebte Bündnis mit den Osmanen. Karl forderte seinen Rivalen dreimal zum Duell, doch der lehnte jedes Mal ab. Die Ambitionen der verschiedenen Herrscherhäuser im neuen Europa, das von nationalen Rivalitäten dominiert war, machten die ritterliche Geste bedeutungslos.

Finanzielle Probleme

Karl war immer bankrott. Seine Schulden stiegen von 20 000 Livres 1516 auf 7 000 000 im Jahr 1556. Die Edelmetallimporte aus der Neuen Welt wirkten sich erst nach seiner Regierungszeit auf die spanische Wirtschaft aus. Aber Karl war mit den Mechanismen des Finanzmarktes vertraut. Er war im Süden der Niederlande aufgewachsen, der damals wirtschaftlich am weitesten entwickelten Region Europas. Der Kreditmarkt und die Banken von Antwerpen waren besonders modern, denn die Stadt war lange Zentrum des profitablen Tuchhandels mit England gewesen. Karl war Pionier im Verkauf von festverzinslichen Staatsanleihen wie *renten* und *juros.* Damit hielt er sein Reich über Wasser.

Die flämische Kunst

Der flämische Wohlstand ließ in dieser Region auch die lokale Kunsttradition erblühen. Zentren waren insbesondere Antwerpen, Gent und Brügge. Seit der Zeit Jan van Eycks ließen die Städte die Maler und Kunsthandwerker in Stilen ausbilden, für die es einen verlässlichen Markt gab. Die Solidität dieses Geschäfts bewahrte die Region vor zu starkem italienischem Einfluss. Hieronymus Boschs Darstellungen einer chaotischen Welt gingen aus diesem lebendigen Lokalpatriotismus hervor und machten ihn zum Liebling der Habsburger. Karls Vater gab 1504 ein Bild des Jüngsten Gerichts bei Bosch in Auftrag, und sein Sohn Philipp II. wurde ein bedeutender Sammler von Gemälden des flämischen Künstlers.

Karl besaß ein geübtes Auge für Kunstgegenstände und Gemälde. Da er jedoch in seinem ausgedehnten Reich ständig unterwegs sein musste, gab es keinen zentralen Palast, der als Mittelpunkt seiner Kunstförderung hätte dienen können. Karls berühmtester Porträtist, Tizian, hasste es, das heimatliche Venedig zu verlassen. Doch er musste reisen, in der Regel nach Augsburg oder Mailand, um die kaiserlichen Aufträge auszuführen. Seine Studie von Karl nach dem Sieg über die protestantischen deutschen Fürsten in der Schlacht bei Mühlberg zeigt ihn im Stil der römischen Kaiserbildnisse zu Pferde. Das Porträt, das kurz vor Ende seiner Regierungszeit entstand, fing dagegen sowohl Karls aristokratisches Wesen als auch seine Melancholie ein. Keine der Darstellungen aber lässt die körperliche Beeinträchtigung des Kaisers erkennen, der in späteren Jahren von Gicht geplagt war und sich mit einem Bein in der Schlinge an den Sattel binden musste.

Karl V. in Spanien

Karl sprach fließend Französisch, Italienisch und Deutsch, aber als er in Spanien eintraf, beherrschte er kaum ein Wort der Landessprache. Nach einem langen Aufenthalt im Land von 1522 bis 1529 identifizierte er sich dann sehr mit dem spanischen Volk und seiner Kultur. In jener Zeit begann er mit dem Bau seines Renaissancepalasts in der Alhambra in Granada, der jedoch unvollendet blieb. Etwa zur gleichen Zeit löste der kastilische Adel die Vorherrschaft der burgundisch-flämischen Aristokratie an seinem Hof ab. Diese Hispanisierung machte

KARL V.
1500–1558

1500 Karl wird in Gent geboren.

1506 Er wird Herrscher über die Niederlande; seine Tante vertritt ihn zunächst als Regentin.

1516 Er wird als Karl I. König von Spanien.

1519 Die Kurfürsten wählen Karl zum römisch-deutschen König.

1522–1529 Aufenthalt in Spanien.

1525 Sieg über die Franzosen in der Schlacht von Pavia.

1527 Rom wird von Karls spanischen Söldnertruppen geplündert.

1530 Der Papst krönt Karl zum Kaiser des Heiligen Römischen Reichs.

1535 Sieg in Tunis über die Osmanen.

1555 Karl dankt als Herrscher der Niederlande ab. Der Augsburger Religionsfrieden teilt Europa in katholische und protestantische Territorien auf.

1556 Karl dankt ab und teilt seinen Besitz auf.

1558 Karl V. stirbt in Spanien.

Karl im päpstlichen Rom unbeliebt, weil Spanien im Mittelalter für die verschiedensten Arten von Häresie berühmt-berüchtigt war. Der Spott päpstlicher Kreise über jüdisches und maurisches Blut, das in den Adern der spanischen Könige floss, überdauerte sogar Ferdinands und Isabellas endgültige Vertreibung der Juden 1492. Und das Verhältnis wurde nicht besser, als die meuternden spanischen Söldnertruppen des Kaisers, unterstützt von protestantischen deutschen Landsknechten, am 6. Mai 1527 Rom plünderten, nachdem Papst Clemens VII. mit Franz I. Intrigen gegen Karl geschmiedet hatte.

Neue Wege am Hof

Doch Karls Hispanisierung hatte ihre Grenzen. In dem offiziellen politischen Testament, das er seinem Sohn und Erben Philipp 1543 hinterließ, betonte er die Notwendigkeit, Burgund und seiner Tradition die Treue zu halten, da dieses *nuestra patria* („unser Vaterland") sei. Diese Verbundenheit mit seinen Ursprüngen erklärt, warum Karl 1548 beschloss, an Philipps Hof in Kastilien die berühmte strenge Etikette der burgundischen Fürsten durchzusetzen. Philipp, ein sehr spanischer Prinz, musste in seine spätere Rolle eingeführt werden. Ähnliche Neuerungen im königlichen Ritual hatte es an Karls Hof bereits früher gegeben. Beispielsweise mussten bei Staatsdiners die Messer am Tisch zu einem burgundischen Kreuz arrangiert werden. Aber die Reformen von 1548 hatten eine andere Größenordnung. So wurden etliche neue Aufgaben für den Adel geschaffen. Die Zahl an wichtigen Amtsträgern an Philipps Hof verdoppelte sich auf rund 200. Ziel war es, die Aristokratie in den Dienst der Dynastie zu stellen.

So war es jetzt das besondere Recht des Zweiten Obersthofmeisters, dem Prinzen beim Abendessen die königliche Serviette zu reichen. Der Erste Obersthofmeister zog am Morgen die Vorhänge vom königlichen Bett zurück, und das Amt des *sumiller de corps,* der permanent am königlichen Nachtstuhl in Bereitschaft zu stehen hatte, war unter ehrgeizigen Höflingen heiß umkämpft. Karl verlieh daher dem Adel neue Hofämter als Belohnung für persönliche Dienste am König anstatt aufgrund ihres ererbten Status. Das Spanien Karls V. war nicht viel mehr als ein Bund von Ländern mit jeweils eigenen Höfen. Eine Einheit, soweit es sie gab, entstand durch die Politik jener Höfe, wobei derjenige von Kastilien die Vorrangstellung innehatte. Die Einführung des burgundischen Rituals bedeutete daher eine größere politische Innovation und weckte am kastilischen Hof Protest.

Zu den politischen und militärischen Erfolgen Karls zählten seine Siege in Tunis (1535) gegen von den Osmanen unterstützte Piraten sowie seine Krönung am 22. Februar 1530 mit der „Eisernen Krone der Lombardei", nachdem er einen Friedensschluss mit den norditalienischen Stadtstaaten zustande gebracht hatte. Zwei Tage später errang er einen weiteren großen Triumph, als ihn der Papst in Bologna offiziell zum Kaiser krönte. Herolde trugen die Wappen von England, Frankreich, Ungarn, Savoyen und Lothringen.

Abdankung und Rückzug

Am 25. Oktober 1555 unterzeichnete Karl in Brüssel jedoch seine Abdankung als Herrscher der Niederlande, und noch im gleichen Jahr verzichtete er auf die Kaiserkrone. Die folgende Aufteilung seines riesigen Reichs zwischen der spanischen und der österreichischen Linie der Habsburger bedeutete das Eingeständnis seines Scheiterns. In Deutschland hatte Karl verschiedene territoriale Ligen unterstützt, um das ständige Chaos des Reichs einzudämmen. Aber es hatte nicht funktioniert. Der Augsburger Religionsfrieden (1555) erlaubte den deutschen katholischen und evangelischen Staaten die Koexistenz, wobei die Bevölkerung den Glauben ihres Herrschers annehmen musste nach dem Prinzip *cuius regio, eius religio* („Wessen Gebiet, dessen Religion"). Das Ideal eines universalen katholischen Kaisertums wurde damit ein für alle Mal verdrängt.

Tizian hatte Karl einst triumphierend mit der kaiserlichen, heiligen Lanze in der Hand gemalt. Nun kehrte ein desillusionierter Kaiser im September 1556 von Brüssel in seine Wahlheimat Spanien zurück. Dort verbracht er die wenigen ihm noch verbleibenden Jahre in seinem Haus in San Geronimo de Yuste. Es stand in der Nähe jenes Klosters des Hieronymiten-Ordens, in dem er sich darauf vorbereitete, vor Gott zu treten.

Nachdem er den spanischen Thron 1516 bestiegen hatte, begann Karl mit dem Bau eines Renaissancepalastes (unten) in der Alhambra in Granada, dem ehemaligen Sitz der maurischen Herrscher von Spanien. Er blieb jedoch unvollendet.

SÜLEYMAN I., *der Prächtige*, Sultan der Osmanen

REG. 1520–1566

Porträt Süleymans des Prächtigen aus der Werkstatt Tizians. Unter seiner Herrschaft dehnte sich das Osmanische Reich bis in den Irak, nach Nordafrika und nach Europa aus. Süleymans Flotte beherrschte viele Jahrzehnte lang das Mittelmeer. Kunst, Literatur und islamisches Recht erlebten während seiner Regierungszeit eine Blüte.

Im einstigen byzantinischen Konstantinopel, das nun Istanbul hieß, ließ Sultan Mehmed II., der die Stadt 1453 eingenommen hatte, einen neuen Palast bauen. Der *Topkapı Sarayı*, die Schaltzentrale seiner Regierung, bot einen Blick nach Westen und nach Osten. Die weiten Horizonte zu beiden Seiten des Bosporus entsprachen dem enormen Ehrgeiz der Osmanen. Ebenso veranschaulichte das Mäzenatentum der Sultane den Anspruch universaler Herrschaft.

Mehmeds Nachfolger ergänzten den Palast, dessen Gebäude sich um drei große Höfe gruppierten, um prächtige Säle, Tore, Brunnen und Pavillons. Mehmed selbst hatte sogar Gentile Bellini aus Venedig geholt, um Porträts und Medaillons im Renaissancestil von sich anfertigen zu lassen.

Süleyman als Mäzen

In der Werkstatt Tizians, eines anderen Venezianers, sollte später ein Porträt Süleymans entstehen, das jenes Gefühl von Angst, Bewunderung und Neugier widerspiegelte, das der Sultan im Westen hervorrief. Die Europäer nannten ihn „den Prächtigen", seine Untertanen „den Gesetzgeber" *(kanuni)*.

Im Skriptorium des Palasts wurden Bücher auf Griechisch, Arabisch, Lateinisch, Persisch und Osmanisch über Geschichte, Geographie und Literatur kopiert und neu geschrieben. Süleyman beauftragte Arifi (gestorben 1561/62), den ersten offiziellen Chronisten der Osmanen, auf Persisch eine Geschichte der Dynastie zu verfassen. Die Werke, die den Osmanen ihren Platz in der Weltgeschichte zuwiesen, waren schon rein äußerlich Kunstwerke durch ihre herrliche Kalligrafie, die Miniaturen und die Bindung. Der Architekt des Herrschers, Sinan (1489–1588), der aus einer christlichen Familie stammte, schuf für Süleyman ein Bauwerk, das seine Herrscherwürde perfekt zum Ausdruck brachte: die Süleymaniye-Moschee.

Der Aufstieg der Osmanen

Gedrängt von den Hunnen, zogen die Turkvölker, die ursprünglich in der zentralasiatischen Steppe zu Hause waren, im 1. und 2. Jahrhundert n. Chr. Richtung Westen. Insbesondere die Seldschuken entwickelten sich im 11. Jahrhundert zu einer bedeutenden Macht. Nachdem sie ihre Position im Iran und in Transkauka-

sien gesichert hatten, etablierten sie sich in den arabisch-islamischen Kernländern. In der Schlacht von Manzikert (1071) eroberten sie von den Byzantinern Anatolien, das nach dem Zusammenbruch des Großseldschukischen Reichs vom Zweig der Anatolischen Seldschuken (oder Rum-Seldschuken) regiert wurde. Ende des 13. Jahrhunderts schlugen die Mongolen auf ihrem Zug nach Westen die Seldschuken in Anatolien, deren Reich in zahlreiche Fürstentümer zerfiel.

Die Süleymaniye-Moschee mit ihrer gewaltigen Zentralkuppel und vier Minaretten gilt als Meisterwerk des bedeutenden Architekten Sinan. Von den 1550er-Jahren an beherrschte sie die Silhouette Istanbuls, das damals das Zentrum der größten politischen Einheit der Welt westlich von China war.

Osman, der Gründer der osmanischen Dynastie, herrschte über eines dieser Fürstentümer im Nordwesten Anatoliens. Es zog Nomaden und Städter an, die durch den Nahen Osten wanderten, um Arbeit zu finden oder als *gazi*-Krieger für den Islam zu kämpfen. Im 14. Jahrhundert absorbierten die Osmanen andere turkmenische Fürstentümer, wobei sie sich zunächst auf die byzantinischen Gebiete in Südosteuropa konzentrierten. 1354 wurde Gallipoli ihre wichtigste Militärbasis. Der Sieg in der Schlacht auf dem Amselfeld 1389 verschaffte ihnen die Kontrolle über große Teile des südlichen Balkans. In den 1390er-Jahren expandierten die Osmanen auch nach Ostanatolien, und der abbasidische Kalif verlieh ihren Herrschern den Sultanstitel.

Der zentralasiatische Heerführer Timur Lenk, der die Wiederherstellung eines Mongolischen Reichs anstrebte, destabilisierte das erste Osmanische Reich. Nachdem er die Osmanen 1402 bei Ankara geschlagen hatte, gab er den lokalen Fürstentümern ihre Macht zurück, unternahm jedoch keinen Versuch, seine Herrschaft in der Gegend zu etablieren. Timurs Ziel war es nur, seine Westflanke zu schützen, ehe er sich der Eroberung Indiens zuwandte. Den Osmanen gelang es daher, die Oberherrschaft zurückzugewinnen, aber sie blieben dem traditionellen türkischen Adel gegenüber misstrauisch. Lieber verließen sie sich auf nichttürkische Konvertiten. So führten sie das System der „Knabenlese" *(devşirme)* ein, der Verschleppung christlicher Jungen vom Balkan, die die osmanische Sprache erlernen und zum Islam übertreten mussten. Danach wurden sie in Verwaltung oder Militär eingesetzt. Sie bildeten auch die Elitetruppe der Osmanen, die Janitscharen.

Der Druck zeigt einen Anführer des Janitscharenkorps, der Elitetruppe des osmanischen Sultans. Der Einfluss der Janitscharen auf die Politik des Reichs nahm seit ihren Anfängen im 14. Jahrhundert stetig zu.

Der Sultan überließ den Janitscharen erobertes europäisches Territorium. Daher unterstützten sie die Expansion im Westen, während der Adel, der seinen Einfluss schwinden sah, sich dagegen aussprach. Die Entscheidung, einen letzten Vorstoß auf Konstantinopel zu unternehmen, war ein Sieg für die Janitscharen. Nach 1453 wurden viele Angehörige des Adels entweder hingerichtet oder nach Anatolien ins Exil geschickt und ihre europäischen Besitzungen konfisziert.

Die Eroberungen Selims I.

Süleyman war der Sohn Selims I., der seinen Vater Bayezid II. mithilfe der Janitscharen entthront hatte. Um sich selbst gegen die Wiederholung einer derartigen Familienintrige abzusichern, tötete Selim nicht nur seine Brüder und deren sieben Söhne, sondern auch vier oder fünf eigene Söhne. Nur Süleymans offensichtliche Begabung rettete ihm das Leben. Vom engsten Kreis seiner Berater und Höflinge forderte Selim völlige Unterwerfung. Seine erfolgreichen Feldzüge gegen die Safawiden im Iran und die Mamluken in Ägypten verschafften ihm große militärische, kulturelle und ideologische Vorteile.

Die Safawiden hatten ebenfalls turkmenische Wurzeln. Unter dem Gründer der Dynastie (1502–1736), Schah Ismail I., waren sie in den Iran vorgedrungen. Dort etablierten sie die schiitische Lehre als Staatsreligion. Ihre Gebiete in Ostanatolien verloren sie an die Osmanen unter Selim, der die sunnitische Autorität in der Region wiederherstellte. Das verschaffte Selim die Basis für seinen Feldzug 1516/17 gegen die Mamluken, die über Syrien und Ägypten herrschten. Das Territorium der Osmanen verdoppelte sich und ihre Einnahmen stiegen in ungeahnte Höhen. So wurde die Dynastie zu einer der reichsten der Welt. Von den Mamluken erbten die osmanischen Sultane auch das Protektorat über die heiligen Städte Mekka und Medina, was sie zu unumstrittenen Führern der islamischen Welt machte. Da nun das Kerngebiet des alten Kalifats zu ihrem Reich gehörte, erhielten sie Zugang zu den Reichtümern der islamischen Kultur, deren Intellektuelle und Künstler nach Istanbul strömten. Die Niederlage der Mamluken brachte den Osmanen nicht zuletzt die Kontrolle über die Handelsrouten im Nahen Osten, die aber an Bedeutung verloren, als die Portugiesen den Seeweg um das Kap entdeckten.

Süleymans Züge Richtung Westen

Kurz nach seiner Thronbesteigung eroberte Selims Sohn Süleyman Belgrad (1521). Danach konzentrierte er sich auf Ungarn, was ihn in Konflikt mit den Habsburgern brachte. Jedoch wurden die gegen Habsburg eingestellten Franzosen seine Verbündeten. Durch das Freundschaftsbündnis von 1536, „Kapitulation" genannt, erhielten Franzosen umfangreiche Reise- und Handelsrechte in osmanischen Gebieten. Dies führte zu einer lang anhaltenden kulturellen und wirtschaftlichen französischen Präsenz in der Levante. Die Auseinandersetzungen zwischen Osmanen und Habsburgern führten Süleymans Armeen bis vor die Tore Wiens, das er 1529 erfolglos belagerte. Trotz eines Waffenstillstands 1533 hielten die Konflikte mit den Habsburgern seine ganze Regierungszeit über an.

Das Ringen um die Vorherrschaft im Mittelmeer mit dem römisch-deutschen Kaiser Karl V. und der zunächst verbündeten Seemacht Venedig war ebenso heftig. Süleyman vertrieb 1522 den Johanniterorden von seiner Basis auf Rhodos, was ihm die Vorherrschaft über das östliche Mittelmeer sicherte. Karl V. etablierte die Johanniter 1530 auf Malta, von wo sie Angriffe auf osmanische Schiffe und Gebiete unternahmen. Süleyman nahm seinerseits den berühmten türkischen Korsaren Khair ad-Din Barbarossa in seinen Dienst, der die Flotte der Habsburger 1538 vor Albanien schlug. Venedig gab daraufhin Morea (den Peloponnes) und Dalmatien auf, seine letzten Besitzungen in der Ägäis. Erst der Sieg der christlichen Allianz in der Seeschlacht von Lepanto 1571 brach die osmanische Oberhoheit über das östliche Mittelmeer.

Im Osten eroberte Süleyman den Irak, der zum Safawidenreich gehörte. Dies ermöglichte es ihm, Basra als Marinebasis auszubauen. Von dort aus griff er die portugiesische Flotte an, die versuchte, die Nutzung des Seewegs ums Kap zu erzwingen. Jedoch besiegte er die persische Safawiden-Armee nie ganz und war beim Friedensschluss 1555 gezwungen, die osmanischen Ansprüche auf den Kaukasus und Aserbeidschan aufzugeben.

Die Macht des Harems

Die osmanische Macht hatte nun ihre größtmögliche Ausdehnung erreicht und Süleyman überließ sich den Freuden seines Harems. Als Folge gewann das Amt des Großwesirs in den späten Jahren seiner Regierungszeit stark an Bedeutung. Auch die Janitscharen waren durch Süleymans Begünstigung zu großem Einfluss gelangt und höhlten die Autorität nachfolgender Sultane aus. Unterschiedlichste Parteien rivalisierten um die Kontrolle über den Staat, indem sie sich mit Mitgliedern der zunehmend gespaltenen Palastgesellschaft verbündeten. Diese Entwicklung wurde mit dem steilen Aufstieg von Roxelane, Süleymans Konkubine, vorweggenommen.

Roxelane war von Krimtataren entführt und als Sklavin nach Istanbul verkauft worden. Dort gelangte sie in den Harem des Sultans und stieg schnell zu einer sei-

SÜLEYMAN I.
1494–1566

1494 Süleyman wird in Trabzon als Sohn Selims I. geboren.

1509 Er wird zum Statthalter von Kaffa, 1513 zum Statthalter von Magnesia ernannt.

1520 Süleyman wird Sultan.

1521 Eroberung Belgrads.

1522 Er vertreibt die Johanniter von Rhodos.

1526 Sieg über Ungarn in der Schlacht bei Mohács.

1529 Süleyman belagert Wien, kann es aber nicht einnehmen.

1538 Sieg über die Habsburgische Flotte.

1553 Er erlässt ein Gesetz gegen die Verfolgung der Juden.

1555 Eroberung des Iraks.

1557 Die Süleymaniye-Moschee nach einem Entwurf des Architekten Sinan wird vollendet.

1558 Süleymans Lieblingsfrau Roxelane stirbt und wird auf dem Gelände der Süleymaniye-Moschee beigesetzt.

1566 Süleyman stirbt an einem Gehirnschlag und wird in einem Mausoleum in der Nähe von Roxelanes Grab beigesetzt.

Im Harem des Topkapı-Palasts in Istanbul lebten die Konkubinen des Sultans in rund 300 Räumen. Sie wurden von Eunuchen streng bewacht und von Sklavinnen bedient. An der Spitze der Haremshierarchie stand die sehr einflussreiche Mutter des Sultans.

ner vier Hauptfrauen auf. Nach der osmanischen Tradition musste der Nachfolger des Sultans Sohn einer seiner Gattinnen sein. Roxelane intrigierte gegen Mustafa, Süleymans erstgeborenen Sohn, der vom Hof verbannt und 1534 ermordet wurde. Dann setzte sie ihre Bemühungen fort, die Nachfolge ihres Sohnes Selims sicherzustellen. Zu diesem Zweck untergrub sie die Autorität ihres Gegners, des Großwesirs Ibrahim. Er wurde entlassen und 1536 ermordet. Süleymans Leidenschaft für Roxelane machte ihn zum ersten Sultan in der osmanischen Geschichte, dessen Frau seine wichtigste politische Beraterin war.

Während des „Sultanats der Frauen" (1570–1578) dominierte der Harem die Politik und nach dieser Phase standen hohe Janitscharenoffiziere ein halbes Jahrhundert lang an der Spitze des Staates. Beide Parteien strebten danach, den Herrscher im Palast zu isolieren, anstatt ihn auf dem Schlachtfeld auszubilden. Süleyman war daher der letzte Sultan, der angemessen auf die Aufgabe des Regierens vorbereitet wurde.

Der Niedergang der Osmanen

Fast alle europäischen Eroberungen des 14. und 15. Jahrhunderts waren anstatt von Sold als Lehen an die Janitscharenoffiziere verteilt worden. Das bedeutete, dass diese Gruppe über enormen privaten Besitz verfügte, der nicht mehr dem Staat unterstand und ihm keine Einkünfte einbrachte. Das System der Steuerpacht *(iltizam)* wurde eingeführt, um den Janitscharen Gehälter zu zahlen und die gewaltigen Unterhaltskosten des Palasts zu begleichen. Die Steuerpächter durften einen bestimmten Anteil ihrer Einnahmen behalten, was einen Anreiz bot, möglichst viel einzunehmen. Andererseits enthielten korrupte Steuerpächter dem Staat sein Geld vor, als die zentrale Autorität nachließ. Transitzölle machten Waren, die über osmanisches Gebiet transportiert wurden, wettbewerbsunfähig gegenüber Waren, die per Schiff um das Kap der Guten Hoffnung befördert wurden, das sich jetzt fest in den Händen der Holländer und Engländer befand.

Der osmanische Niedergang zog sich über lange Zeit hin und wurde unterbrochen von Phasen der Reformen im 19. Jahrhundert. Diese wurden von fähigen Großwesiren durchgesetzt, während sich die Sultane immer mehr von ihren Untertanen entfernten. Sowohl die Reformer als auch die Bevölkerung blickten sehnsüchtig zurück auf das „Goldene Zeitalter" unter Süleyman, in der der osmanische Staat seinen klassischen Ausdruck gefunden hatte. Dabei verdankte sich die Pracht des Sultans den gleichen Kräften, die für den Niedergang seines Erbes sorgten.

AKBAR, Großmogul von Indien

REG. 1556–1605

Die Miniatur von 1590 zeigt Akbar, dem von Abdullah Khan, dem Gouverneur der Provinz Malwa, Tribut gezahlt wird. Akbar hatte Indien in 15 Provinzen unterteilt.

Die im Verborgenen geführten religiösen Diskussionen an Akbars Hof gaben Anlass zu Spekulationen und Kritik. Um die öffentliche Meinung bemüht und typisch für seine Herrschaft, stand er jeden Tag im Morgengrauen an seinem Fenster, damit seine Untertanen ihn sehen konnten.

Akbar lud Gelehrte aus den unterschiedlichen Glaubensrichtungen seines Reichs an seinen Hof ein, um über Religion und Philosophie zu diskutieren. Das brachte ihm den Ruf religiöser Toleranz ein. Später schuf der Herrscher, der in allen Religionen wahre Aspekte fand, eine Art private Geheimreligion aus mystisch-islamischen, hinduistischen und anderen Elementen, den sogenannten Din i-Ilahi (Persisch „göttlicher Glaube"). Diese Lehre berief sich weder auf einen heiligen Text noch kannte sie Götter oder Priester. Die etwa 19 Anhänger erfanden ihre eigenen religiösen Rituale, die sie aus verschiedenen Überlieferungen bezogen, verehrten das Licht, verboten wie die Hindus das Töten von Tieren und rezitierten die 1000 Namen der Sonne auf Sanskrit sowie das islamische Allahu akbar, „Gott ist groß". Vor allem muslimische Geistliche verurteilten Din i-Ilahi als Blasphemie.

Babur, der Gründer der Moguldynastie, flankiert von seinem mongolischen Vorfahren Timur (links) und seinem Sohn und Nachfolger Humayun (rechts). Das Mogulreich blieb bestehen, bis die Briten im späten 18. Jahrhundert immer mehr Kontrolle über den Subkontinent gewannen.

Akbars Ahnen

Akbars Großvater Babur war ein Tschagatai-Türke. Seine Vorfahren stammten aus dem einstigen Herrschaftsgebiet von Dschingis Khans Sohn Tschagatai nördlich des Flusses Oxus in Zentralasien. Babur behauptete sogar, direkt von Dschingis Khan abzustammen, aber sein Stamm war schon lange türkisiert. Zudem war er der Fünfte in der direkten männlichen Abstammungslinie von Timur. Aus dieser Tatsache bezog er seine Macht und wohl auch seine Inspiration.

Baburs Fürstentum Ferghana nördlich des Hindukusch war eines von vielen kleinen timuridischen Fürstentümern. Ihre Herrscher konkurrierten untereinander, das Erbe des großen Eroberers Timur anzutreten und sein Reich wiederherzustellen. 1497 und erneut 1501 besetzte Babur Timurs Hauptstadt Samarkand, konnte es aber nicht halten. Zu dieser Zeit war er noch Vasall der iranischen Safawiden-Dynastie, die im Westen von den Osmanen und im Nordosten von den Usbeken bedrängt wurde. Die usbekischen Streitkräfte nahmen Babur nicht nur Samarkand ab, sondern auch Ferghana, sodass er gezwungen war, sich nach Kabul zurückzuziehen. Er besetzte die Stadt 1504 und machte sie zu seiner Basis. Nach 1510 gab er seine Pläne, Samarkand zu erobern, endgültig auf. Er sollte die prächtigen türkisfarbenen Kuppeln jener Stadt nie mehr in der Sonne glitzern sehen. Stattdessen wandte er sich nach Süden, um hier den timuridischen Ehrgeiz von der Weltherrschaft zu verwirklichen.

Timur war 1398 bereits kurz nach Nordindien vorgedrungen. Babur unternahm seinerseits 1519 die ersten Überfälle in die Region. Am 21. April 1526 schlug seine Armee, unterstützt von osmanischer Artillerie, bei Panipat, 50 Meilen nördlich von Delhi, die Streitkräfte des Sultanats von Delhi unter Sultan Lodi, der von seiner Hauptstadt aus über große Teile Nordindiens (inklusive dem Pandschab) herrschte. Sultan Ibrahim Lodi, ein Afghane, wurde in der Schlacht getötet. Innerhalb weniger Tage war Babur in Delhi, besetzte die Stadt und übernahm die Kontrolle über die ehemaligen Gebiete Lodis. Dies war die Geburtsstunde des indischen Mogulreichs. Es hatte jedoch mit dem fortgesetzten Widerstand der

Rajputen zu kämpfen. Sie gehörten der traditionellen hinduistischen Kaste der Krieger und Landbesitzer an und besaßen Gebiete in Zentral- und Nordindien.

Akbar tritt sein Erbe an

1527 nahmen Baburs Streitkräfte den Rajputenstaat Mewar ein, und 1535 eroberte sein Sohn und Nachfolger Humayun den Staat Gujarat im Nordwesten. Sher Schah, ein afghanischer Söldner, vertrieb Humayun jedoch 1540 aus Indien und etablierte eine neue Dynastie, die Suri, die Nordindien in den folgenden 15 Jahren regierte. Mit iranischer Militärhilfe nahm Humayun 1555 erst Lahore und dann Delhi und schließlich Agra ein. Sein damals 13-jähriger Sohn Akbar wurde Gouverneur des Pandschab, bevor er im darauffolgenden Jahr das heikle Erbe seines Vaters antrat. Humayun war den Verletzungen erlegen, die er sich beim Sturz von der Treppe in seiner Bibliothek zugezogen hatte.

Afghanische Streitkräfte unter Hemu, einem General der Suri, der den Thron für sich beanspruchte, nahmen zu Beginn von Akbars Herrschaft Delhi ein. Doch in der Schlacht vom November 1556, die erneut auf der Ebene von Panipat ausgetragen wurde, errangen die Mogul den entscheidenden Sieg. Er machte den Weg nach Delhi frei, wo Akbar zum Herrscher ausgerufen wurde. Anfänglich herrschte er nur über den Pandschab und die Region von Delhi, aber 1561 eroberte eine Mogularmee das zentralwestliche Sultanat Malwa, durch das die Routen zum Dekkan-Plateau führten. Damit war Akbars territoriale Basis gefestigt.

Militärischer Erfolg und Eliteherrschaft

Durch Akbars Feldzüge wurde das Mogulreich 1573 mit der Eroberung von Gujarat nach Westen ausgedehnt und drei Jahre später mit der Einnahme Bengalens nach Osten. 1562 heiratete er eine rajputische Prinzessin, die Tochter des Radschas von Jaipur, der Akbars Oberhoheit anerkannte. Bündnisse mit anderen Rajputen-Herrschern folgten. 1568 eroberte Akbars Armee Chitor, die Hauptstadt des rajputischen Staatenbundes Mewar im Nordwesten, und ließ die Einwohner massakrieren. Der Widerstand in Mewar setzte sich den Rest seiner Regierungszeit fort, aber viele rajputische Fürsten unterwarfen sich nach den Gräueln von Chitor. Rajasthan in Nordwestindien, das vor allem von Rajputen regiert wurde, hatte 1569 Akbars Herrschaft im Großen und Ganzen akzeptiert.

Frühere muslimische Herrscher Nordindiens hatten bereits durch die örtlichen Hindu-Eliten regiert. Akbar machte daraus ein zentrales Merkmal seiner Herrschaft, das seinem Reich Stabilität verschaffte. Hunderttausende Rajputen durften ihr Land behalten und ihre Hindu-Traditionen pflegen, solange sie Militärdienst leisteten und an Akbar Tribut entrichteten. Sie traten in die Armee und die Verwaltung ein. Viele wurden Generäle oder Provinzgouverneure. In Akbars Diensten standen bald Perser, Zentralasiaten und Türken, indische Muslime und Hindus, während die Afghanen, Akbars unermüdliche Gegner, weitgehend ausgeschlossen blieben.

AKBAR
1542–1605

1555 Akbar wird Gouverneur des Pandschab.

1556 Nach dem Tod seines Vaters tritt Akbar die Regierung an. Seine Armee besiegt einen afghanischen Usurpator in der zweiten Schlacht von Panipat.

1562 Heirat mit einer rajputischen Prinzessin.

1568–1569 Krieg und Eroberungen in Rajasthan; Einnahme der wichtigen Festungen in Chittaurgarh und Rathambhor.

1571 Gründung der neuen Hauptstadt Fatehpur Sikri im zentralen Nordindien, die 1584 vollendet wurde.

1572–1573 Mit der Eroberung von Gujarat erlangen die Moguln einen Seehafen.

1576 Einnahme von Bengalen.

1580ER-JAHRE Schaffung der Geheimreligion Din i-Ilahi.

1586 Einnahme von Kaschmir.

1598 Akbar verlegt die Hauptstadt des Mogulreichs von Fatehpur Sikri nach Agra.

1605 Akbar stirbt und wird in einem Mausoleum in Sikandra beigesetzt.

Akbars Vereinbarungen mit den Herrschern der Rajputenstaaten waren feudalistisch. Aber die Regionen unter direkter Regierungskontrolle wurden von einer neuen Beamtenklasse verwaltet, den Mansabdaren, die in 33 Stufen eingeteilt waren – je nach der Anzahl ihrer Untergebenen, die von 10 bis 5000 reichte. Diese Beamten waren überwiegend Ausländer. Sie stellten die Offiziere der Armee sowie das Personal der zivilen Verwaltung, das ebenfalls in militärische Ränge eingeteilt war. Sie alle waren ihrem Oberbefehlshaber, dem Großmogul, verpflichtet. Wie die Mamluken in Ägypten und die osmanischen Janitscharen konnten die Mansabdare ihre Ämter nicht vererben. Auch konnte der Herrscher sie frei in unterschiedliche Gegenden versetzen. Die Mansabdare hatten daher wenig Gelegenheit, lokale Machtstrukturen aufzubauen, und es fehlte ihnen an Geld, um Privatarmeen zu finanzieren.

Die 15 indischen Provinzen

Die Offiziere und zivilen Beamten wurden entweder direkt aus der Staatskasse bezahlt oder aus den Einnahmen vor Ort. Akbar teilte sein Reich in 15 Provinzen ein mit je einem Gouverneur, einem Steuerbeamten, einem religiösen Verwalter und einem Richter. Abgesandte der Regierung beobachteten die Situation vor Ort und schickten ihre Berichte an die Verwaltung in Delhi, die ihrerseits in vier Abteilungen gegliedert war: die des Premierministers, des Finanzministers, des Generalzahlmeisters und des obersten Richters. Mithilfe dieses effektiven Systems konnte Akbar detaillierte und verlässliche wirtschaftliche Daten sammeln. 1580 kannte er den Durchschnitt der Getreideproduktivität und der Preise über einen Zeitraum von zehn Jahren und setzte diese statistischen Werte zur jeweiligen Bodenqualität in Beziehung. Auf dieser Grundlage legte er die Steuern fest.

Religiöse Toleranz

Die Muslime bildeten nur eine kleine Minderheit in Akbars Reich. Daher war es schon aus praktischen Gründen unmöglich, eine Islamisierung des Volkes durchzuführen. Mit seiner Politik der religiösen Toleranz erkannte der Herrscher Indiens kulturelle Vielfalt an, war sich aber gleichzeitig bewusst, das sie das Reich auch zerreißen konnte. Toleranz entsprach Akbars persönlicher Einstellung, aber sie diente auch seinen herrschaftlichen Interessen. Er schaffte die Kopfsteuer *(jizya)*, die von Nichtmuslimen entrichtet werden musste, ab. Kriegsgefangene mussten nicht mehr zum Islam konvertieren, und die Steuer für nichtmuslimische Pilgerfahrten wurde aufgehoben. Es gab islamische Gerichte, aber die rechtlichen Entscheidungen der hinduistischen Dorfältesten wurden respektiert.

Eine Verordnung von 1579 machte Akbar selbst zum obersten Schlichter in religiösen Fragen. Er förderte die Ansicht, dass in seiner Person die religiöse Weisheit konzentriert sei und er alle seine Untertanen unabhängig von ihrem Glauben akzeptiere. Auf diese Weise umging er die islamischen Gelehrten und Juristen. Türkisch-mongolische und zentralasiatische Traditionen verlangten, dass der Herr-

Im Diwan-i Khas in Fatehpur Sikri (der „Stadt des Sieges") hielt Akbar Privataudienzen ab. Erbaut zwischen 1571 und 1584, diente diese Stadt nur bis 1598 als Hauptstadt des Mogulreichs. Dann machte die unzuverlässige Wasserversorgung die Verlegung der Hauptstadt nach Agra erforderlich.

scher seine Macht mit einem kleinen Kreis von Adligen teilte. Aber Akbar machte sich allein zum Mittelpunkt der Regierung, und in der Folge entwickelte sich ein regelrechter Kult um seine Person.

Es gelang ihm, den losen Zusammenschluss muslimischer Adliger, den er ererbt hatte, in eine ethnisch heterogene herrschende Elite zu verwandeln, die ihm gegenüber loyal war. Sein zentralasiatisches Gefolge rebellierte in der Zeit von 1564 bis 1574, da es um den Verlust seiner exklusiven Macht fürchtete. Als Vorwand diente der Unmut der orthodoxen Muslime über Akbars religiöse Toleranz. Dessen Armee schlug solche Aufstände rücksichtslos nieder.

Gründung von Fatehpur Sikri

Akbars Politik der ethnischen und religiösen Verschmelzung fand ihren architektonischen Ausdruck in Fatehpur Sikri, das er 1571 westlich seiner Festung Agra im nördlichen Zentralindien gründete. Bis 1598 war die neue Stadt seine Hauptstadt. Ihre Gebäude, besonders die große Moschee oder Jami Masjid, deren massives Tor an den Sieg über Gujarat von 1573 erinnert, verbindet eine monumentale islamische Architektur mit Dekorationen im Hindustil.

Akbars Eroberungen setzten sich bis zum Ende seiner Regierungszeit fort. So stärkte er seine Macht an der Nordwestgrenze seines Reichs, einer Gegend, die als wichtige Nachschubquelle für die Pferde seiner Kavallerie diente. Kaschmir wurde 1586 erobert, gefolgt von Sind fünf Jahre später. Die Einnahme Kandahars, das sich im Besitz der Safawiden befand, war 1595 der Höhepunkt des Feldzugs in diese Region.

Der Tod Akbars

Zum Zeitpunkt seines Todes im Jahr 1605 drang Akbars Armee zum Dekkan-Plateau und Richtung Südindien vor. Das Mogulreich blieb nach seinem Tod noch fast ein Jahrhundert lang in Nordindien bestehen. Sein Vermächtnis wurde jedoch von der religiösen Intoleranz des Kaisers Aurangzeb (regierte 1658–1707) zerstört, der Hindus von öffentlichen Ämtern ausschloss und die Sikhs verfolgte, was letztlich die Autorität der Moguln aushöhlte. Die Religionsgespräche an Akbars Hof waren, wie sich herausstellte, mehr gewesen als leeres Gerede. Die Toleranz, die sie begründeten, bildeten die Basis des Mogulreichs.

ELISABETH I., Königin von England

REG. 1558–1603

Von allen englischen Monarchen war es die Tochter aus der unheilvollen Ehe Heinrichs VIII. mit Anne Boleyn, die am meisten auf ihren Ruf achtete. In der Folge wurde das Bild der „jungfräulichen Königin" mit dem Goldenen Zeitalter des „elisabethanischen Englands" verknüpft. In dieser Periode wurde das Land zu einer bedeutenden und unabhängigen Macht in Europa und erlebte gleichzeitig eine Blüte der Kunst und Literatur. Esprit, sprachliche Differenziertheit und Innovation waren charakteristisch für die Theaterproduktionen im spätelisabethanischen London. Christopher Marlowe wurde für seine Darstellung des zentralasiatischen Eroberers in „Tamerlan der Große" (1587) vom Londoner Publikum gefeiert; William Shakespeares „Hamlet, Prinz von Dänemark" (1599–1601) ist eine tiefgründige Auseinandersetzung mit der Unantastbarkeit des Königtums.

«Wie liebten sie alle, weil sie sagte, sie liebe uns«, schrieb einer von Elisabeths Höflingen, Sir John Harington, Gelehrter, Schöngeist und Patensohn der Königin. Sein Urteil ist von liebevoller Ironie geprägt. Elisabeth war äußerst kultiviert, humanistisch gebildet und versiert in der stilisierten Rhetorik der Renaissance. Aber ihr eleganter Umgang mit Worten diente nicht nur dazu, ihre Geistesgaben zu demonstrieren. Sie setzte ihre Gewandtheit ein, um ihre Höflinge zu manipulieren und zu kontrollieren. Diese Eigenschaften und Begabungen Elisabeths bildeten die Basis für einen zentralen Aspekt ihrer Herrschaft: für die Ausbildung eines Personenkults rund um den vorsichtigen, berechnenden und ausweichenden

Die „jungfräuliche Königin" wurde im späten 16. Jahrhundert zum Symbol der englischen Identität. In einer Rede an ihre Truppen sagte Elisabeth am Tag vor dem Angriff der Spanischen Armada: «Ich weiß, dass ich zwar den Leib eines schwachen kraftlosen Weibes, dafür aber Herz und Mark eines Königs, noch dazu eines Königs von England habe.»

Charakter der Königin, die ihr Land durch die religiösen, politischen und militärischen Gefahren steuerte, die sowohl ihr eigenes Überleben als auch das ihres Reichs bedrohten.

Elisabeths Hof

Der Hof verdankte seinen kulturellen Glanz den Künstlern, die hier die Gönnerschaft der Königin und ihres adligen Gefolges suchten. Dieses Zentrum der Kunst war gleichzeitig das Herz der Regierung. Weltlicher Ehrgeiz, Selbstdarstellung und Schmeicheleien prägten das Klima. Die englische und walisische Oberschicht hatte automatisch Zugang zum Hof; der Hochadel des Reichs besaß darüber hinaus das Privileg des unmittelbaren Zugangs zur Herrscherin. Ob aber jemand tatsächlich zur Königin vorgelassen wurde, hing davon ab, wie beschäftigt Elisabeth war und ob sie dem Bittsteller gewogen war. Königliche Koketterie war eine Form der königlichen Kontrolle.

Es war nur natürlich, dass der engste Kreis um die Königin weniger aus Männern bestand als der ihres Vaters. Sowohl in der Öffentlichkeit als auch in ihren privaten Wohnräumen umgab sich Elisabeth vor allem mit ihren Hofdamen. Darunter waren viele Verwandte mütterlicherseits, zu denen sie ein entsprechend enges Verhältnis hatte. Fast bis zu ihrem Lebensende beteiligte sich Elisabeth an ihren Zerstreuungen wie Tanzen und Musizieren. So spielte sie zum Beispiel Spinett, während die anderen auf der Laute musizierten. Dabei war es wichtig, dass keiner die Königin übertraf. Als die junge Lady Mary Howard einmal in Samt, Gold und Perlen gekleidet auftrat, wurde sie von Elisabeth getadelt, weil sie etwas «zu Feines» trug.

Männliche Favoriten

Bei aller Tändelei in Elisabeths Umgebung – die sie durchaus ermutigte – hielt sich die Königin doch strikt an die Konventionen. Zu präsent war die Erinnerung an das Schicksal ihrer Mutter Anne Boleyn sowie an die fünfte Ehefrau von Heinrich VIII., Catherine Howard, die wegen angeblichen Ehebruchs wie Anne Boleyn auf dem Schafott endete. Elisabeth selbst war als junge Frau das Opfer einer kompromittierenden Intrige gewesen, als sie ein ehrgeiziger Höfling bedrängte, um so Einfluss auf die Krone zu gewinnen. Nur mit Mühe konnte sie damals ihre Unschuld beweisen. Auch die verhängnisvollen Liebschaften Maria Stuarts, die der Königin der Schotten den Thron kosteten, verdeutlichten die Gefahren, denen selbst eine Fürstin ausgesetzt war, wenn ihr Ruf einmal Schaden genommen hatte. Umso mehr achtete Elisabeth auf ihre Reputation und die ihrer Umgebung. Eine Hofdame, die sich mit einem der Favoriten der Königin einließ, beschwor ihr Unglück herauf. Lettice Knollys, Kusine zweiten Grades der Königin, heiratete 1578 den Earl of Leicester, mit dem sie eine Affäre hatte, die bereits zu Lebzeiten ihres Mannes, des Earl of Essex, begann. Elisabeth nannte sie «die Wölfin» und verbannte Lady Leicester bis zum Ende ihrer Regierungszeit vom Hof, obwohl Lady Leicesters Sohn, Robert Devereux, Earl of Essex, später Favorit der Königin wurde.

ELISABETH I.
1533–1603

1533 Elisabeth wird als Tochter Heinrichs VIII. und Anne Boleyns geboren.

1536 Anne Boleyn wird enthauptet.

1547 Heinrich VIII. stirbt und Eduard VI. besteigt den Thron.

1553 Maria Tudor tritt die Herrschaft an.

1558 Elisabeth wird Königin.

1559 Erneuerung der Suprematsakte Heinrichs VIII., die die Kirche von England Elisabeth unterstellt.

1562 Elisabeth erkrankt an Pocken, erholt sich aber davon.

1570 Elisabeth wird von Papst Pius V. exkommuniziert.

1587 Maria Stuart wird nach zahlreichen Anschlägen auf Elisabeth hingerichtet.

1588 Sieg über die Spanische Armada.

1598 Revolte in Irland.

1601 Der Earl von Essex versucht einen Staatsstreich und wird in der Folge enthauptet.

1603 Elisabeth stirbt; ihr Nachfolger wird Jakob I.

Misstrauen gegenüber der Ehe

Dass Elisabeth es vermied zu heiraten, hatte zum Teil politische Gründe. Auf diese Weise musste England keine kontinentalen Bündnissen mit ausländischen Fürsten eingehen. Aber sie war auch misstrauisch gegenüber der Institution selbst, obwohl ihr Hof einem Heiratsmarkt glich. Sie predigte ihren Hofdamen stets, dass Jungfräulichkeit eine vernünftige Alternative zur Ehe sei, und war bekannt für ihre Abneigung gegen verheiratete Geistliche. John Whitgifts Ehelosigkeit trug dazu bei, dass er Erzbischof von Canterbury wurde. Aber auch bei anderen Höflingen schätzte es Elisabeth, wenn sie ledig blieben, wie ihre Vertraute Blanche Parry. Auch Walter Raleigh war am Hof sehr gern gesehen, solange er Junggeselle war. Nach seiner Eheschließung erreichte er nie wieder den früheren Status.

Die Betonung von Elisabeths Weiblichkeit trug ebenfalls dazu bei, dass es am englischen Hof schicklicher zuging als an anderen Höfen Europas. Förmliches Verhalten war am englischen Hof nichts Neues. Ein Gesandter hatte überrascht erlebt, wie Prinzessin Elisabeth im Verlauf einer Audienz dreimal vor ihrem Vater niederkniete. Aber Elisabeth trieb es auf die Spitze. Jeder, den sie ansah, wenn sie feierlich an ihm vorbeischritt, musste niederknien. Erst wenn Elisabeth ihn ansprach, hob sie ihn wieder auf. Dies war eine neue Entwicklung im höfischen Ritual.

Sir Walter Raleigh (1552–1618) erhielt für seine Verdienste bei der Erschließung der Neuen Welt für die englische Krone ansehnliche finanzielle Zuwendungen von Elisabeth I. Er verlor ihre Gunst, als er eine der Kammerfrauen der Königin schwängerte und heimlich heiratete. Dies war für einen königlichen Favoriten eine unverzeihliche Verfehlung.

Die jungfräuliche Königin

Die Jungfräulichkeit der Königin wurde immer stärker betont. Anrufungen der Jungfrau Maria waren aus der reformierten englischen Kirche verschwunden, aber Elemente der Marienverehrung gingen in den weltlicheren, aber ebenso betont weiblichen und jungfräulichen Kult um Elisabeth ein. Die zahlreichen Porträts von Elisabeth mit ihrer extremen Blässe (das Ergebnis etlicher Schichten Creme, die als Make-up dienten) machten aus ihr ein neues Symbol Englands mit einem Beigeschmack des Göttlichen. Sie wurde als gesalbte Königin dargestellt, die ihrem Volk Schutz gewährte. Auch in den literarischen Beschreibungen Elisabeths wurden Mythen beschworen. Für Walter Raleigh war sie die keusche Göttin Cynthia (ein Beiname der Artemis). Edmund Spenser stellte sie in „The Faerie Queene“ als Astraea dar, die griechische jungfräuliche Göttin der Gerechtigkeit, die in eine zerstörte Welt zurückkehrt, um die Ordnung wiederherzustellen.

Das Bild aus dem letzten Regierungsjahr der Königin zeigt Elisabeth, die sich mit ihrem Gefolge in die Chapel Royal begibt. Der Personenkult um Elisabeth wurde in ihrer Regierungszeit bewusst gefördert. Des Verrats verdächtigte Personen wurden jedoch unerbittlich verfolgt. Diesem Zweck diente ein staatliches Überwachungssystem, das von Sir Francis Walsingham geleitet wurde.

Die echte Elisabeth aus Fleisch und Blut aber stand im Zentrum der höfischen Unterhaltung, der Musik und des Tanzes, der Theateraufführungen und Turniere, Feste und Kartenspiele, die sie und ihren Kreis zerstreuten. Dies stand in deutlichem Kontrast zum Hof ihres Vaters, der von Heinrichs Launen und Grausamkeit beherrscht und häufig von einer Atmosphäre der Angst geprägt gewesen war. Elisabeths Hof war außerdem ein intellektueller Hof. Förderung, Gunstbeweise und Ehren wurden denjenigen zuteil, die genauso belesen waren wie die Königin selbst. Darunter waren Männer wie ihr wichtigster Berater William Cecil, Lord Burghley, oder auch Favoriten wie der Earls of Leicester und der Earl of Oxford.

Höflinge und Untertanen

Baldassare Castigliones „Il Cortegiano" war in der Renaissance das Handbuch für den idealen Höfling. Bis 1600 erschien das Buch in mehr als 100 Auflagen in verschiedenen Übersetzungen. Der Musterhofmann, den es porträtierte, musste sich als Krieger und als Sportsmann bewähren, besonders bei der Jagd. Elegantes Auftreten und sprachliche Gewandtheit qualifizierten ihn für den sozialen Erfolg. Tatsächlich war es an Elisabeths Hof nützlich, Französisch und Italienisch zu beherrschen. Castigliones Buch gab auch Ratschläge, wie der Höfling die Gunst des Herrschers erkaufen könne, indem er ihn bewirtete und zerstreute. Viele von Elisabeths Höflingen stürzten sich in den Ruin, weil es enorm kostspielig war, die Königin und ihr Gefolge zu beherbergen, wenn sie auf ihre offizielle „Runde" durch die großen Häuser Englands ging. Aber auf diese Weise verbreiteten sich Verhaltensmuster über den Hof hinaus und beeinflussten den englischen Adel im Allgemeinen: Es entstand das Ideal des englischen Gentleman.

In den 1570er-Jahren nahm Elisabeths Beliebtheit in der Bevölkerung zu. Ihr Krönungstag, der 17. November, wurde zum nationalen Feiertag erhoben und mit vielen lokalen Festen, Freudenfeuern, Glockengeläut, Festgelagen und Gottesdiensten gefeiert. Diese populäre und spontane Entwicklung füllte die Lücke, die die Abschaffung der vorreformatorischen Feier- und Heiligentage gerissen hatte. Am Hof wurde der Jahrestag mit den berühmten *Accession Day Tilts* begangen. Dabei verkleideten sich die Männer des Hofes als Ritter und maßen sich auf dem Turnierplatz von Whitehall beim mittelalterlichen Tjosten (Lanzenstechen). Dabei spielten sie Geschichten und Szenen aus der Mythologie nach. Dieses öffentliche Spektakel ist ein gutes Beispiel dafür, wie die Künste unter Elisabeth zu Propagandazwecken eingesetzt wurden.

Beim Turnier im Jahr 1590 war die musikalische Begleitung einem Teilnehmer zufolge so «süß und geheimnisvoll, dass jeder sich sehr darüber verwunderte.

Und während man noch jener wundersamen Melodie lauschte, tauchte, als würde die Erde sich öffnen, ein Pavillon aus weißem Taft auf ... ganz wie der heilige Tempel der Vestalinnen». Der Pavillon war von innen beleuchtet und barg eine Säule, in die lateinische Verse eingraviert waren. Sie priesen Elisabeth, die das Reich über die Säulen des Herkules (gemeint waren die Felsen von Gibraltar) hinaus bis nach Amerika ausgedehnt habe.

Krisenjahre

Die Jahre von 1569 bis 1572 waren für England eine sehr gefährliche Zeit. Elisabeth war vom Papst als Häretikerin exkommuniziert worden. Sie regierte jetzt über ein Land, das wegen seines Protestantismus isoliert war und der Feindschaft Frankreichs und Spaniens ausgesetzt war. Aber mit der Isolation wuchs auch das Bewusstsein, dass Königin Elisabeth als Letzte der Tudor-Dynastie etwas Besonderes war, vor allem nach ihrer Genesung von den Pocken. Die Aussicht auf Jakob Stuart als ihren Nachfolger, einen wenig charmanten, dogmatischen schottischen Prinz, trug wohl auch dazu bei, dass Elisabeths persönliche Anziehungskraft in ihren mittleren und späten Jahren so groß war. Der Sieg über die Spanische Armada 1588, die erfolgreichen Raubzüge der englischen Freibeuter und die Taten der Entdecker legten die Grundlage für Englands Aufstieg zur dominierenden Seemacht und die Erweiterung des Reichs jenseits des Ozeans. Alle diese Errungenschaften prägten Elisabeths Regierungszeit. Nicht lange nach ihrem Tod schaute man wehmütig auf das goldene Elisabethanische Zeitalter zurück.

Elisabeths Erbe

Doch zu ihren und vor allem Jakobs I. Lebzeiten gab es auch Kritiker, die die Heuchelei und Schmeichelei am Hof verurteilten. Sie spiegelten die politische und religiöse Spaltung zwischen dem Hof und dem übrigen Land wider, zwischen der Loyalität gegenüber dem Herrscher und der Unzufriedenheit der Puritaner, die die anglikanische Kirche im Sinne der Reformation verändern wollten. Die pragmatische Elisabeth hatte mit der Aristokratie partnerschaftlich zusammengearbeitet, was den religiösen Streitigkeiten ihre Schärfe nahm. Anfang des 17. Jahrhunderts brach diese enge Beziehung zwischen der herrschenden Elite und der Monarchie zusammen. Daher erschien Elisabeths Herrschaft im Rückblick als eine Zeit der kreativen Übereinstimmung, in der die Monarchin die Liebe ihrer Untertanen genoss und dadurch ein einiges England schuf.

GUSTAV II. ADOLF, König von Schweden

REG. 1611–1632

Ein Jahrhundert bevor Schweden zu plötzlicher Größe aufstieg, hatte der deutsche Arzt und Alchemist Paracelsus die Ankunft eines „Goldenen Löwen“ aus dem Norden prophezeit. Dieser sei dazu bestimmt, den „Adler“ der Habsburger zu schlagen. So umgab den blonden Gustav Adolf von Geburt an die Aura dieser Prophezeiung. Der Vater des Königs soll über ihn gesagt haben: *ille faciet* („er wird es tun“). Gustav Adolf war der professionellste und diszipliniertestе unter den europäischen Königen des frühen 17. Jahrhunderts. Seine Intelligenz und seine Ausstrahlung trugen mit dazu bei, dass Schweden zu einer Großmacht aufstieg. Mit Begeisterung nahm Gustav Adolf teil, wenn ein Schlachtfeld befestigt werden musste. Er war ein Führer, der seinem Volk nahestand und gleichzeitig voll Ehrfurcht betrachtet wurde.

Protestantismus, Nationalismus und Militarismus bestimmten die Geschichte der Wasa. 1521 hatte ihr Gründer, Gustav Wasa, einen Aufstand gegen Dänemark angeführt, dessen Könige seit 1397 über Schweden herrschten. Erst als Reichsverweser (1521–1523) und dann als König (1523–1560) eines freien Schweden gründete Gustav I. Wasa eine Herrscherdynastie, die fest in der protestantisch geprägten, nationalen Identität des Landes verankert war.

Doch als Gustav II. Adolf mit erst 17 Jahren den Thron bestieg, übernahm er ein katastrophales Erbe von seinem Vater Karl IX. Karl war König geworden, nachdem der Ständereichstag seinen Neffen Sigismund abgesetzt hatte. Als Sohn einer

Die Schlacht von Lützen im November 1632, dargestellt von dem flämischen Künstler Peeter Snayers um 1642, war eine der entscheidenden Schlachten im Dreißigjährigen Krieg. Die Schweden siegten zwar, aber die Zahl der Opfer war hoch und Gustav starb.

Die französische Unterschrift zu diesem Stich lautet: «Gustav Adolf II., König von Schweden, bekannt als ‹der Große›, bestieg den Thron 1611. Er wurde in der Schlacht von Lützen getötet, im Alter von 39 Jahren. Vom eisigen Norden bis an die Ufer des Rheins dauert sein Ruhm ewig. Inmitten der Schlacht traf er auf den Tod, der ihm das Leben nahm, aber nicht den Sieg.»

Schwester des polnischen Königs war Sigismund katholisch erzogen und 1587 zum König von Polen gewählt worden. Später heiratete er eine österreichische Erzherzogin. Als er schließlich 1594 zum König von Schweden gekrönt wurde, schwor er, das Luthertum als Staatsreligion beizubehalten, aber sein Versuch, eine dauerhafte Union zwischen Schweden und Polen zu schaffen, war zum Scheitern verurteilt.

Das Erbe Karls IX.

Es kam zum offenen Streit zwischen Sigismund und seinem Onkel und mächtigen Reichsverweser Karl, der sich in einen Bürgerkrieg ausweitete. Karl besiegte den ihm überwiegend feindlich gesonnenen Adel und herrschte von 1599 an als erster einer Reihe von effektiven Herrschern Schwedens. Sein Ziel war im Wesentlichen die Schaffung einer protestantischen Variante des Absolutismus. Durch eine strenge Verwaltung versuchte er die schwedische Wirtschaft aufzubauen. Er holte Handwerker und Kaufleute aus dem Ausland, beschnitt die Macht des vom Adel beherrschten Ständereichstags, ließ fünf führende adlige Gegner hinrichten und dominierte den schwedischen Reichsrat mit seiner groben, intoleranten Persönlichkeit.

Obwohl er sich als Retter des Luthertums ausgab, stritt er sich schon bald mit der lutherischen Kirche Schwedens. Möglicherweise war er heimlich Calvinist. Ein weiteres Erbe von Karls Herrschaft war der immer wieder aufflammende militärische Konflikt mit Polen. Eine Intervention in Russland, wo er Gustav auf den frei gewordenen Thron setzen wollte, war ebenfalls gescheitert. Nach seinem Tod verlor Schweden den von Karl provozierten Krieg (1611–1613) gegen seinen traditionellen Gegner Dänemark. Gustav durfte den Thron erst besteigen, nachdem er versprochen hatte, die konstitutionellen Rechte des schwedischen Adels zu wahren, und musste erhebliche Zugeständnisse gegenüber dem gewählten Reichstag machen.

Gustavs erster großer Erfolg

Als Preis für der Frieden mit Dänemark musste Gustav Älvsborg abgeben, Schwedens einzigen Ostseehafen. Zudem musste er seinen Untertanen erdrückende Steuern auferlegen, um die Entschädigung aufzubringen, die Dänemark verlangte. Doch jetzt konnte der König sich ganz auf Russland konzentrieren, dessen Aufstieg zur europäischen Großmacht er sehr fürchtete, besonders seit der Wahl der Romanow-Dynastie 1613, die dem Land innere Stabilität verliehen hatte. Der Frieden von Stolbowo (1617), der den Krieg zwischen den beiden Ländern beendete, war Gustavs erster großer Erfolg. Zudem annektierte er russisches Territorium, sodass Schweden über Finnland mit seiner Provinz Estland verbunden war. Indem er Russland von der Ostsee abschnitt, verzögerte der König das Auftreten des Landes auf der politischen und militärischen Bühne Europas um ein Jahrhundert.

Kreative Staatsführung

Innenpolitisch entschied sich Gustav, mit dem Adel zusammenzuarbeiten, der seinerseits seine langjährige Tradition, dem Staat zu dienen, wieder aufnahm. Zusammen mit seinem Reichskanzler Axel Oxenstierna führte er zahlreiche Reformen durch, die einen Markstein in der Geschichte kreativer Staatsführung darstellen. So richtete er einen neuen obersten Gerichtshof (1614) sowie ein Schatzamt und ein Kanzleramt ein (1618). Später kamen noch die Admiralität und das Kriegsministerium hinzu. Die 1634, kurz nach dem Tod des Königs, postulierte neue Regierungsform war in ihrer Modernität einmalig in Europa. Die Macht lag bei den zentralen Verwaltungsbehörden, in denen meist adlige Beamte für den Staat Dienst taten.

1617 reformierte der König den *riksdag*, indem er vier Kammern schuf, die den Adel, den Klerus, die Bürger und, was revolutionär war, sogar die Bauern vertraten. Diese sehr erfolgreiche neue Ordnung hatte bis 1866 Bestand. Zur gleichen Zeit wurde der Reichsrat zu einem wichtigen Staatsorgan, das in der Lage war, das Land zu verwalten, wenn Gustav im Krieg war.

Zur nationalen Erneuerungspolitik Gustavs gehörte auch eine gründliche Bildungsreform. Er installierte ein landesweites System weiterführender Schulen *(gymnasia)*, förderte die Universität in Uppsala großzügig und gründete weitere Universitäten. Doch obwohl der König diese Reformen in Kooperation mit seinen Beamten durchführte, blieb seine Herrschaft absolutistisch. Sie war ausgerichtet auf die dynamische Persönlichkeit Gustavs, sein herausragendes Redetalent und sein großes Geschick in Verhandlungen.

Fortsetzung des Kriegs gegen Polen

1621 nahm der König den Krieg gegen Polen wieder auf. Der abgesetzte Sigismund finanzierte Dissidenten in Schweden und die ältere Linie des Hauses Wasa bestritt immer noch Gustavs Legitimität als König von Schweden. Doch bei dem Konflikt handelte es sich nicht um eine reine Familienangelegenheit. Der Dreißigjährige Krieg, jener zentraleuropäische Konflikt zwischen Protestanten und Katholiken, spitzte sich in den 1620er-Jahren zu und so stand Gustavs Verteidigung seiner Interessen unversehens in einem großen internationalen Zusammenhang. An der Spitze seiner starken Armee erwarb er den Ruf als Europas bedeutendster protestantischer Fürst. Er war entschlossen, die Vormachtstellung Schwedens im Ostseeraum zu sichern, in den die Truppen der mit Polen verbündeten katholischen Habsburger gefährlich weit vorgedrungen waren. Falls die Katholiken Schweden erobern würden, so seine Befürchtung, wären sie in der Lage, die Ostsee für den niederländischen Schiffsverkehr zu schließen.

Die wirtschaftlichen Konsequenzen einer solchen Blockade würden die fortgesetzte Rebellion der 1581 gegründeten Sieben Vereinigten Provinzen der Nieder-

GUSTAV II. ADOLF
1594–1632

1611 Gustav besteigt den schwedischen Thron im Alter von 17 Jahren.

1612 Axel Oxenstierna wird Reichskanzler.

1614 Einführung eines Obersten Gerichtshofs.

1617 Frieden von Stolbowo; Reform des Ständereichstags.

1618 Einführung eines Reichsschatzamtes und eines Reichskanzleramtes.

1621 Fortsetzung des Kriegs mit Polen.

1629 Waffenstillstandsabkommen mit Polen. Schwedische Truppen unter Gustav II. Adolf greifen in den Dreißigjährigen Krieg ein, unter anderem, um die protestantischen Fürsten zu unterstützen.

1630 Offensive in Pommern.

1631 Sieg in der Schlacht von Breitenfeld.

1632 Gustav besiegt in der Schlacht von Lützen (Sachsen) die kaiserlichen Truppen unter Wallenstein, stirbt aber während eines Reiterangriffs.

lande gegen die spanische Oberherrschaft unterminieren. Ihr Erfolg war jedoch wichtig für das Überleben des Protestantismus auf dem Kontinent. Die Angst vor diesem Dominoeffekt bestimmte anfänglich Gustavs antipolnische Strategie, die zur Einnahme der gesamten von Polen kontrollierten baltischen Region Livland führte. 1629 war Polen gezwungen, einen Friedensvertrag mit Schweden zu unterzeichnen, was den internationalen Ruf des Landes nachhaltig schädigte.

Der Dreißigjährige Krieg

Ende der 1620er-Jahre musste Gustav seine Aufmerksamkeit Norddeutschland zuwenden. Hier wurden die protestantischen Armeen von den habsburgischen Feldherren Tilly und Wallenstein bedrängt, die inzwischen die gesamte deutsche Ostseeküste besetzt hielten. Dänemark und Schweden überwanden ihre traditionelle Feindschaft und sandten 1629 eine gemeinsame Streitmacht aus, um Stralsund zu befreien, die letzte noch verbliebene protestantische Bastion in Pommern. Ein Jahr später landeten schwedische Truppen unter Gustavs Führung auf Usedom und traten damit endgültig in den Dreißigjährigen Krieg ein. Die folgenden zwei Kriegsjahre bis zum frühen Tod des Königs etablierten Schweden endgültig als europäische Großmacht.

Obwohl sie sich in einer prekären Position befanden, misstrauten die deutschen protestantischen Fürsten Gustav und seinen Motiven zunächst. Aber ein im Januar 1631 geschlossener Bündnisvertrag mit Frankreich gegen den Kaiser stärkte seine Position. Im Herbst des gleichen Jahres wurden sowohl Brandenburg als auch Sachsen Verbündete Schwedens, das sich infolge der von Gustav durchgeführten Heeresreform zu einer starken Militärmacht entwickelt hatte.

Auch strategisch dachte Gustav II. Adolf innovativ. So setzte er als erster Befehlshaber in der Geschichte die bewegliche leichte Artillerie auf dem Schlachtfeld ein. Zudem reduzierte er die Größe der einzelnen Einheiten, wodurch sie flexibler wurden und die Schlachtlinie verschieben und neu gruppieren konnten, je nachdem wo sich Gelegenheiten zum Angriff boten. Diese Strategie verschaffte Gustavs Streitkräften einen klaren Vorteil gegenüber den zusammengeballten Kräften des Gegners, die sich nur unter größten Schwierigkeiten neu aufstellen konnten.

Der „Löwe des Nordens“

In der Schlacht bei Breitenfeld im September 1631 errang die Armee des „Löwen aus dem Norden“ einen bedeutenden Sieg über Tilly und zog im Winter 1631/32 durch Mitteldeutschland. 1632 dachte er darüber nach, die inkompetenten pro-

testantischen deutschen Fürsten in einer stabilen protestantischen Liga unter seiner militärischen und politischen Führung zu organisieren.

Die besetzten Gebiete wurden bereits schwedisch verwaltet und Gustav belohnte seine Generäle und Anhänger mit Landschenkungen. Die Sorge seiner Verbündeten, die schwedische Oberherrschaft würde diejenige der Habsburger lediglich ersetzen, hemmte ihn jedoch in seinen Vorhaben. Auch die Liga, die er im Oktober 1632 ins Leben rief, agierte nur in Süddeutschland, wo der Protestantismus der katholischen Bedrohung in besonderem Maße ausgesetzt war. Der König war dennoch entschlossen, Bayern zu erobern, und plante, im Verlauf des Jahres 1633 bis nach Wien vorzudringen.

Die Aussicht, ein schwedischer König könne sich in der Wiener Hofburg niederlassen, versetzte den habsburgischen Kaiser in Panik. Er berief Wallenstein, den er erst zwei Jahre zuvor entlassen hatte, zurück, um die kaiserliche Armee zu kommandieren. Am 16. November 1632 trafen Gustav II. Adolf und Wallenstein im sächsischen Lützen aufeinander. Die Schlacht endete mit einer Niederlage Wallensteins. Aber Gustav bezahlte diesen seinen wohl größten Sieg mit seinem Leben. Er starb bei einem Kavallerieangriff.

Der Dreißigjährige Krieg markiert einen Wandel vom kleinen lokalen Konflikt zu einem übergreifenden totalen Krieg. Die Zivilbevölkerung wurde stark in Mitleidenschaft gezogen, während die Armeen immer größer wurden und häufig plündernd durchs Land zogen. Erfolgreiche Armeen wie die schwedische unter Gustavs Befehl setzten jedoch kleinere Einheiten gut ausgebildeter Soldaten ein und verwendeten Artillerie, die ihnen ermöglichte, schnelle Offensiven durchzuführen.

Auswirkungen von Gustavs Regentschaft

Die Auswirkungen der Regentschaft Gustavs II. Adolf auf den europäischen Kontinent waren gewaltig. Seine Herrschaft basierte auf den traditionellen Quellen königlicher Macht, seiner persönlichen Führungsgabe und seiner praktischen Intelligenz. Doch er setzte sie ein zur Schaffung einer modernen Regierung und Verwaltung. Sein militärisches Genie hingegen veränderte die Form der europäischen Kriegsführung. Ehrgeizige Befehlshaber, die Gustavs Strategien einsetzen wollten, brauchten von nun an immer größere Armeen, um seine Techniken anzuwenden. Zum Zeitpunkt seines Todes mussten die Habsburger ihr Ziel einer Vormachtstellung in Europa ein für alle Mal aufgeben. Es würde keine zentrale kaiserliche katholische Macht in Mittel- und Osteuropa geben.

Deutschland überlebte als Flickenteppich kleiner Staaten, bis es durch preußische Kriegsführung und Diplomatie 1871 geeint wurde. Damit bildete Deutschland eine Ausnahme in Europa. In Ländern wie Frankreich und England, Spanien und Skandinavien hatte die Macht des Königtums nationale Territorien konsolidiert und zu einer größeren Einheit verschmolzen. Aber die Siege, die Gustav II. Adolf für Schweden, den Protestantismus und seine Idee der königlichen Herrschaft errang, prägten das zukünftige Bild von Europa. Politische, kulturelle und religiöse Vielfalt sollte ein Schlüsselmerkmal dieses Kontinents bleiben und seine Macht ausmachen.

PAPST URBAN VIII. (Maffeo Barberini), Gönner Berninis

AMT. 1623–1644

Der reiche, gut aussehende Aristokrat stand auf dem Höhepunkt seiner Macht, als er 1623 zum Papst gewählt wurde. Durch seine diplomatische Karriere hatte Maffeo Barberini internationales Ansehen gewonnen, aber er hatte auch seinen Kunstgeschmack kultiviert. Der deutlich jüngere Bildhauer Gian Lorenzo Bernini war seit einiger Zeit sein Freund. Während Bernini an seiner Skulptur des „David" arbeitete, hielt Barberini ihm einen Spiegel vor das Gesicht, damit der Künstler seinen eigenen konzentrierten Blick als Vorbild für die Züge des jungen Helden verwenden konnte.

Beide Männer glaubten, dass die Kunst vor allem dem Zweck dienen sollte, die Lehre der Kirche durch erhabene Bilder zu illustrieren. Eine weitere Gemeinsamkeit war ihr Jähzorn. Berninis Besuch in Versailles führte zur Entstehung einer großartigen Porträtbüste Ludwigs XIV., aber die Unabhängigkeit seines Denkens sorgte dafür, dass es ein kurzer Aufenthalt am französischen Hof wurde. Barberini gegenüber, der ihn als «überragenden Künstler, geboren durch die göttliche Vorsehung zum Ruhme Roms, um das Jahrhundert zu erleuchten» betrachtete, war das Genie aus Neapel hingegen ausnahmslos taktvoll.

Im Spätsommer 1623 rief Urban den damals 24-jährigen Bernini zu sich und sagte: «Es ist Euer großes Glück, Cavaliere, zu erleben, wie Maffeo Barberini Papst wurde. Aber unser Glück ist sogar noch größer, da Bernini zur Zeit unseres Pontifikats lebt.» Er erlaubte Bernini, zu ihm zu kommen, wann immer er es wünschte.

Bernini begann 1628 mit der Arbeit am Grabmal seines Gönners Urban VIII. 1647, drei Jahre nach dem Tod des Papstes, beendete er es. Im Zentrum steht eine kunstvolle Skulptur des Papstes aus Gold, Bronze und Marmor. Er hat die rechte Hand zum Segen erhoben.

PAPST URBAN VIII.
1568–1644

1601 Maffeo Barberini wird päpstlicher Legat in Frankreich.

1604 Er wird päpstlicher Nuntius in Paris.

1606 Ernennung zum Kardinal durch Paul V.

1623 Wahl zum Papst.

1626 Der Kirchenstaat annektiert das Herzogtum Urbino.

1627 Baubeginn am Palazzo Barberini in Rom. Urban gründet das Collegium Urbanum zur Ausbildung von Missionaren.

1642 Urban provoziert einen Krieg gegen Parma.

1643 Er veröffentlicht eine Bulle gegen den Jansenismus.

1644 Niederlage der päpstlichen Truppen gegen Parma.

1644 Urban stirbt. Sein Nachfolger Innozenz X. veranlasst die Untersuchung eines möglichen Missbrauchs kirchlicher Gelder.

1660ER-JAHRE Bernini vollendet die Kolonnaden am Petersplatz, die Papst Urban in Auftrag gegeben hatte.

Bei ihren Treffen bestärkte Urban den Bildhauer darin, auch als Architekt tätig zu werden. Seine Pläne für die Zukunft zeigten, dass er, wie ein Zeitgenosse sagte, «als Fürst angesehen werden wollte». Dabei konnte ihm Bernini helfen.

Das Erbe Sixtus' V.

Papst Sixtus V. (1585–1590) hatte die Kurie, den zentralen päpstlichen Verwaltungsapparat, grundlegend neu organisiert, indem er sie in 15 Hauptabteilungen oder „Kongregationen" gliederte. Außerdem steigerte er die Einkünfte des päpstlichen Stuhls durch neue Steuern und den Verkauf von Ämtern. Er bekämpfte das Banditentum im Kirchenstaat und betätigte sich als Stadtplaner. Die Straßen Roms wurden verbreitert und in großen Zügen neu angelegt, während die Restauration der unterirdischen Rohre, die von Palestrina in die Stadt führten, die Wasserversorgung verbesserte. Während Sixtus' Pontifikat wurde der Petersdom vollendet und Rom entwickelte sich zu einer barocken Hauptstadt. Urbans Ehrgeiz war es, an dieses Erbe anzuknüpfen. Seinen höchsten architektonischen Ausdruck fand das Streben des Papstes jedoch erst nach seinem Tod, als Bernini in den 1660er-Jahren die Kolonnaden am Petersplatz vollendete. Sie umarmten, so der Künstler, den Platz wie die Kirche die Welt.

Mäzen Berninis

Herrliche Skulpturen, Kirchen und Brunnen, gespeist mit Trinkwasser, waren das Ergebnis der Förderung Urbans. Er verlangte nur eines von „seinem" Künstler: Bernini durfte keinen anderen Mäzen haben als ihn. Die Autorität des Pontifex ist festgehalten in Berninis Skulptur auf Urbans Grabmal im Petersdom: Der sitzende Urban streckt den rechten Arm zum päpstlichen Segen aus, doch die Geste ist ohne jeden Zweifel auch die eines Gebieters. Nur einer durfte Bernini ebenfalls einen Auftrag erteilen: Kardinal Scipione Borghese, der geholfen hatte, Urbans Wahl sicherzustellen. Das Ergebnis, eine Büste des Kardinals, steht in der Villa Borghese. Urban mag ein Ästhet gewesen sein, aber er war auch Herrscher eines souveränen Staates, der Mittelpunkt eines großen Hofes und Koordinator eines internationalen diplomatischen Netzwerks. Wie jeder weltliche Fürst brauchte er Freunde an seiner Seite.

Die Barberini

Die Barberini hatten im Florenz des frühen 16. Jahrhunderts eine wichtige Rolle gespielt, aber ihr Ehrgeiz und der abnehmende politische Einfluss ihrer Stadt zog sie Mitte des Jahrhunderts nach Rom. Dort gelangte die Kaufmannsfamilie zu Reichtum und gründete eine Art Dynastie. 1601 wurde Maffeo päpstlicher Legat in Frankreich, dann Nuntius in Paris und 1606 Kardinal. Seine Wahl zum Papst war das Ergebnis jahrelanger sorgfältiger Selbstpropaganda in Rom und an den europäischen Höfen. Er war der letzte Papst, der als eigenständige Macht in der Lage war, die europäische Diplomatie zu beeinflussen. Seine Entscheidung, im Dreißigjährigen Krieg Frankreich zu unterstützen, hatte erhebliche Konsequenzen.

Urbans Politik

Urbans Angst vor einem Vordringen der Habsburger nach Italien war im Großen und Ganzen eine Fortsetzung der Feindschaft zwischen den Päpsten und den deutschen Kaisern im Mittelalter. Er beschloss daher, die beiden großen katholischen Mächte gegeneinander auszuspielen. Wenn der Papst die Franzosen unterstützte, bedeutete das, dass er sich gegen die österreichischen Habsburger wandte. Diese hatten eigentlich mit dem Wohlwollen Roms rechnen dürfen, da sie einen katholischen Kreuzzug gegen den Protenstantismus in Mitteleuropa ins Leben gerufen hatten und gleichzeitig gegen die Türken im Osten kämpften. Der Dreißigjährige Krieg lässt sich also nicht schlüssig als Kampf der vereinigten katholischen Mächte gegen den Protestantismus darstellen. Vielmehr handelte es sich um einen Krieg zwischen europäischen Dynastien, die ihre territorialen Rechte sichern wollten. Nicht zuletzt trug die profranzösische Politik Urbans dazu bei, das Ende der Religionskriege in Europa herbeizuführen und sie durch rein weltliche Auseinandersetzungen zwischen Nationalstaaten zu ersetzen.

Bernini war ein Meister der Porträtbüste. Mit seinem ungezwungenen Stil war er in der Lage, die Persönlichkeit seiner Modelle einzufangen. In den späten 1620er-Jahren gab Urban eine Reihe von Familienporträts in Auftrag, darunter das hier abgebildete von seinem Bruder, Antonio dem Älteren, angefertigt um 1626/27.

Der päpstliche Hof

Urbans Loyalität gegenüber seiner Familie und die Gefälligkeiten, die er ihr erwies, standen in der herrschaftlichen Tradition der europäischen Politik. Im Herbst nach seiner Wahl ernannte er seinen Neffen Francesco Barberini (1597–1679) zum Kardinal. Die gleiche Ehre ließ er in der Folge noch zwei weiteren Mitgliedern seiner Familie zuteil werden: seinem Bruder Antonio dem Älteren (1569–1646) und seinem Neffen Antonio dem Jüngeren (1607–1671). Seinen Neffen Taddeo ernannte er zum Präfekt von Rom und förderte seine Heirat mit Anna Colonna, die der bedeutendsten römischen Familie angehörte. Das römische Domizil der Familie war der Palazzo Barberini, dessen Bau 1627, zwei Jahre nachdem Urban das Grundstück erworben hatte, begonnen wurde. Die Pläne entwarf Carlo Maderno. Sein Neffe Francesco Borromini, ein Meister der Extravaganz, arbeitete ebenfalls an dem Projekt, ehe Bernini mit seinem weniger komplexen Stil es zu Ende führte. Seine Anlage, bestehend aus einem Hauptgebäude und zwei davon abgehenden symmetrischen Flügeln, die einen Ehrenhof bildeten, wurde zu einem Vorbild barocker Bauten in ganz Europa.

Die päpstliche Angewohnheit, großzügige Geschenke und hohe Ämter an Freunde und Verwandte zu vergeben, entsprach dem Usus an anderen europäischen Höfen. Da jedoch die Pontifikate häufig nur kurz dauerten, wechselten auch die Angehörigen des päpstlichen Hofes ständig, was zu einem Mangel an politischer Kontinuität im Kirchenstaat führte. Doch Urban war verhältnismäßig jung, als er gewählt wurde, und amtierte 21 Jahre lang. Deshalb wurden die politischen Probleme, die

Über dem Hochaltar in der Mitte des Petersdoms erhebt sich Berninis Baldachin, ein gewaltiges Bronzedach von fast 30 Metern Höhe. Es wurde 1633 fertiggestellt und war Berninis erste Arbeit für den Petersdom.

durch die Vetternwirtschaft entstanden, verdeckt. Erst vom späten 17. Jahrhundert an traten sie wieder auf und verminderten den Einfluss des Papsttums auf die internationale Politik. Urbans Annexion des benachbarten Herzogtums Urbino machte den Kirchenstaat 1626 zu einer soliden Macht in Mittelitalien. Civitavecchia nordwestlich von Rom wurde zu einem Kriegshafen ausgebaut, das Arsenal in Tivoli erweitert und die Zitadelle Castel Sant'Angelo in Rom verstärkt.

Urbans römische Heimat

Die geistliche Autorität der Päpste war mit der weltlichen Herrschaft über den Kirchenstaat verknüpft. Die Verbindung zwischen Herrscher und Herrschaftsbereich war in ihrem Fall besonders intensiv, weil sie Teil des päpstlichen Anspruchs auf universelle Autorität als Nachfolger des Apostels Petrus war. Urbans Bau- und Kunstprojekte waren kostspielig, doch nicht „verschwenderisch“, wie seine Gegner behaupteten. Eine gewisse Pracht und Größe war notwendig, um die Legitimität und den Charakter der päpstlichen Herrschaft zu demonstrieren. Urbans Feinde, zu denen unter anderen die Familie Farnese gehörte, beschuldigten ihn der hemmungslosen Vetternwirtschaft. Aber alle Aristokraten verfolgten eine solche Politik, wenn sie in das Amt des Papstes gewählt wurden. So löste etwa Alessandro Farnese als Papst Paul III. Parma und Piacenza aus den päpstlichen Besitzungen heraus und vergab sie als unabhängige Herzogtümer an seinen Sohn Pier Luigi (1503–1547), der auf diese Weise der erste Herzog von Parma wurde.

Kirchliche Erneuerung

Doch Urbans Amtszeit war nicht ausschließlich von dynastischen Interessen und Nepotismus (Vetternwirtschaft) geprägt. Sie markiert auch einen Höhepunkt in der Geschichte der sogenannten Gegenreformation. Mit einer Reform ihrer Verwaltung, der Abschaffung zahlreicher Missstände und einer theologischen Neuausrichtung reagierte die katholische Kirche auf die protestantische Herausforderung. 1627 gründete Urban das Collegium Urbanum zur Ausbildung von Missionaren und nahm kurz danach die Missionen in China und Japan wieder auf. Er bestätigte die Gründung des Ordens der Vinzentiner (oder Lazaristen) durch den französischen Priester Vinzenz von Paul, der sich dem Dienst an den Armen und der Seminaristenausbildung widmete. Zudem förderte Urban die Bildungsarbeit der Salesianerinnen (oder Visitandinnen), eines Nonnenordens, der 1610 von Franz von Sales und Johanna Franziska von Chantal gegründet worden war.

Eine große Sorge Urbans war das Aufkommen und die Verbreitung des Jansenismus, einer aus Frankreich stammenden geistlichen Bewegung innerhalb der katholischen Kirche. Sie betonte in besonderem Maße Gottes Souveränität und die Errettung allein durch die göttliche Gnade. Diese Lehre erschien dem Papst als neocalvinistisch. Zudem betrachtete er die Herabstufung des freien Willens als geradezu gefährlich. Urban rief daher eine Kampagne gegen den Jansenismus ins Leben, nachdem er 1643 in einer päpstlichen Bulle dessen Lehren verurteilt hatte.

Urbans Vermächtnis

Das erste große Werk, das Bernini für Urban schuf, war der Baldachin über dem Hochaltar, unter dem sich nach traditioneller Ansicht das Grab des Apostels Petrus befindet. Gedrehte Säulen aus vergoldeter Bronze beleben die massive Konstruktion. Auch einige Bienen, das Wappentier der Barberini, wurden in den Baldachin als Tribut Berninis an seinen Gönner eingraviert. An seinem anderen großen Auftrag der Barberini arbeitete Bernini von 1628 bis 1647: Urbans Grab im Petersdom, das als eines der Meisterwerke des Künstlers gilt.

Nach Urbans Tod geriet die gesamte Familie Barberini unter Beschuss. Der Krieg, den Urban 1642 gegen Parma begonnen hatte, endete zwei Jahre später mit einer Niederlage. Zudem veranlasste Innozenz X. (1644–1655), sobald sein Vorgänger bestattet war, eine offizielle Untersuchung der Beschuldigungen, die Barberini hätten Mittel der Kirche veruntreut. Andere große römische Familien wie die Borghese, die Aldobrandini und die Ludovisi intrigierten gegen die Barberini. Die beiden Kardinäle Francesco und Antonio der Jüngere flohen nach Paris. Schließlich durften sie jedoch in ihren großen Palazzo nach Rom zurückkehren. Von dort aus konnten sie Berninis Tritonenbrunnen sehen, den Urban in Auftrag gegeben hatte.

Die Engelsburg wurde ursprünglich als Mausoleum des römischen Kaisers Hadrian erbaut. Doch im Lauf der Jahrhunderte entwickelte sich daraus eine Zitadelle. Anfang des 17. Jahrhunderts ließ Urban VIII. die Befestigungsanlagen verstärken und erteilte Bernini den Auftrag, die Engel zu entwerfen, die die Brücke zur Burg zieren.

Ludwig XIV., *der Sonnenkönig*, von Frankreich

REG. 1643–1715

«Ich glaube, ich muss weinen», sagte der König, als der Tod kam. «Ist noch jemand im Zimmer? Nicht dass es eine Rolle spielt. Niemand wäre überrascht, wenn ich mit dir weinte.» Aber in den 72 Jahren seiner Herrschaft hatte es eine große Rolle gespielt, wie Ludwig XIV. auftrat und sich gab. Er hatte stets eiserne Selbstdisziplin gewahrt. Nur sehr selten war die Maske der Erhabenheit von schlechter Laune, starken Gefühlen oder physischem Schmerz durchbrochen worden.

«Die Liebe zum Ruhm» bedeutete Ludwig zufolge, dass «wir unfähig zu Gefühlswirren erscheinen müssen, die ihn mindern könnten». In der Öffentlichkeit bildete die Selbstbeherrschung den Schlüssel zu Ludwigs Erfolg. Dies zeigte sich nicht nur in dem sorgfältig inszenierten Hofzeremoniell, sonder auch in schwierigen Ausnahmesituationen. Mehrmals zum Beispiel berichten Zeitgenossen von Operationen, die der König in Anwesenheit von Höflingen erduldete. Die damaligen Behandlungsmethoden waren brutal und die königlichen Ärzte kaum mehr als Quacksalber, doch Ludwig ließ die Eingriffe ruhig über sich ergehen und ertrug die Schmerzen ohne zu klagen.

Ludwigs Stoizismus

Die letzten Jahre seiner Regierungszeit waren von Melancholie geprägt. Frühere militärische Erfolge hatten die französische Ostgrenze am Rhein gefestigt, und große Teile der Spanischen Niederlande, das heutige Belgien, waren an Frankreich gefallen. Aber auf diese Triumphe folgte eine Reihe militärischer Niederlagen, die ihm von der antifranzösischen „Großen Allianz" der europäischen Mächte im Spanischen Erbfolgekrieg (1701–1714) zugefügt wurden. Die Schlachten von Blindheim (1704), Ramillies (1706) und Oudenaarde (1708) waren blutige Rückschläge. «Gott scheint alles vergessen zu haben, was ich für ihn getan habe», bemerkte der König ironisch. Schließlich hatte er 1685 getreu seinem Motto «un roi,

Ludwig XIV., dargestellt um 1701 von Hyacinthe Rigaud, verkörperte wie kein anderer den absoluten Monarchen Gottes Gnaden. Er war 72 Jahre lang König von Frankreich und eine beherrschende Gestalt in den kulturellen und politischen Angelegenheiten Europas.

une loi, une foi» („Ein König, ein Gesetz, ein Glaube") die protestantischen Hugenotten aus seinem Königreich ausweisen lassen. Der Friede von Utrecht 1713 erlaubte zwar einer Seitenlinie der Bourbonen, in Madrid zu regieren, doch Frankreich hatte seine Vormachtstellung auf dem europäischen Kontinent eingebüßt und war bankrott. Ludwig musste sein goldenes Tafelgeschirr einschmelzen lassen, um Rechnungen zu begleichen, und fortan von vergoldetem Silber essen. 1711/12 starben innerhalb von elf Monaten drei Kronprinzen: sein Sohn, sein Enkel und sein Urenkel. Doch der König beeindruckte seine Beobachter durch seine stoische Würde.

Das höfische Ritual in Versailles

Kein anderer König der Geschichte legte solchen Wert auf das höfische Ritual wie Ludwig. Ganz besonders liebte er es, mit der Etikette zu spielen, um seine Macht zu demonstrieren. Der Hof von Versailles, das am 6. Mai 1682 zum offiziellen Regierungssitz wurde, funktionierte wie ein Uhrwerk. Ende des 17. Jahrhunderts umfasste der Hofstaat insgesamt 20 000 Personen, davon lebten rund 5000 im Schloss selbst. Der Adel war im Nordflügel untergebracht und wurde in Flotten von Sänften durch das Gewirr der überfüllten Flure transportiert. Die Stadt Versailles wuchs rapide an, um die Bedürfnisse des Hofes zu erfüllen. Sie hatte ungefähr 40 000 Einwohner, darunter zahlreiche Kaufleute und Handwerker.

Wenige Kilometer südwestlich von Paris liegt Versailles, wo Ludwig das größte und prachtvollste Schloss Europas als Symbol seiner Macht bauen ließ. Ein Heer von Arbeitern führte die vielen Spezialaufgaben aus, darunter den Bau einer Pumpstation an der Seine, um Wasser für die Brunnen des Gartens herbeizuschaffen. Das Schloss war Ludwigs offizielle Residenz und ab 1682 Sitz seiner Regierung.

Der Mikrokosmos des Hofes war erstaunlich offen für Gäste: Jeder, der angemessen gekleidet war und ein Schwert als Zeichen seines adligen Ranges trug, konnte den Palast betreten. Besonders voll war es im Winter, wenn die Offiziere und Soldaten von den Feldzügen zurückkehrten. Ein strenger Zeitplan der verschiedenen Zeremonien war daher nötig, um Ordnung in das Gedränge zu bringen. Der König war immer pünktlich. Er machte *politesse* (Höflichkeit) zum Privileg des Fürsten und lüftete vor allen Frauen den Hut, auch vor der niedrigsten Dienstmagd. Doch je höher ihr Rang, desto höher wurde er gehoben. Eine Herzogin durfte zusätzlich mit einem Kuss rechnen. Bei den männlichen Höflingen war ein kaum bemerkbares Anheben der königlichen Kopfbedeckung ausschließlich den Herzögen der ganz alten Linie vorbehalten, den *ducs et pairs.* Sie durften auch als Einzige in Gegenwart des Königs sitzen.

Die Verschmelzung von Königtum und Regierung

Ludwigs Regierungsstil prägte eine neue Idee des Königtums, die in Ludwigs Ausspruch «L'état, c'est moi» („Der Staat bin ich") zusammengefasst ist. Er wünschte, vollständig mit der Regierung seines Landes identifiziert zu werden. Folglich stand die Unpersönlichkeit der Autorität des Königs immer im Vordergrund, nicht sein Egoismus. Versailles, in Ludwigs Auftrag ausgebaut von Louis Le Vau und Jules Hardouin Mansart, wurde zur persönlichen Bühne des Königs. Der Adel genoss das Hofleben und hörte auf, gegen die Krone zu intrigieren. Frühere Könige hatten quer durch Frankreich reisen müssen, um ihre Autorität zu demonstrieren. Das war nun überflüssig: In Versailles stand der König ständig zur Verfügung. Das morgendliche *lever*, das Ankleiden, das *débotter*, das Ausziehen der Stiefel nach der Jagd, und das abendliche *coucher*, das Bereitmachen zum Schlafengehen, waren öffentliche Rituale. Dabei zeigte die unterschiedliche Nähe der Höflinge zum König, wie äußerst genau die königliche Gunst kalkuliert war.

Versailles beherbergte in Wahrheit viele einzelne Höfe. Die „Kinder Frankreichs" – das waren die Kinder des Königs und der Königin sowie die Brüder und Schwestern des Königs – hatten alle einen eigenen Haushalt. Der Dienst an einem dieser zahlreichen Höfe bot vielen Gelegenheit, gesellschaftlich aufzusteigen. Manch Bürgerlicher wurde in den Adelsstand erhoben und manch niedriger Adliger errang höhere Positionen. Die wichtigsten Hofämter waren erblich, aber eine große Zahl weiterer Ämter konnte mit Genehmigung des Königs ge- und verkauft werden. Viele Posten blieben auf diese Weise immer in denselben Familien. Die Maulwurfsfänger in Versailles stammten etwa immer aus der Familie Liard, und die Bontemps waren in fünf aufeinanderfolgenden Generationen *valets de chambre*, die Kammerdiener des Königs, von Ludwig XIII. bis zu Ludwig XV.

Ludwig und der Adel

Ludwig hatte in seiner Kindheit die sogenannte Fronde miterlebt, jene Aufstände zwischen 1648 und 1653, die bewiesen, dass unzufriedene Adlige ganze Regionen

LUDWIG XIV.
1638–1715

1643 Ludwig besteigt den französischen Thron kurz vor seinem fünften Geburtstag. Seine Mutter Anna von Österreich herrscht als Regentin; Kardinal Mazarin ist regierender Minister.

1648 Mit dem Westfälischen Frieden endet der Dreißigjährige Krieg.

1648–1653 Aufstände der Fronde gegen die Monarchie.

1660 Heirat mit Maria Theresia von Spanien, der Tochter König Philipps IV. von Spanien.

1661 Mazarin stirbt und Ludwig übernimmt die volle Kontrolle über die Regierung; Ausbau von Versailles.

1672–1678 Holländischer Krieg.

1682 Versailles wird offizieller Regierungssitz.

1683 Tod Maria Theresias.

1701–1714 Spanischer Erbfolgekrieg.

1713–1714 Die Friedensverträge von Utrecht beenden den Krieg.

1715 Ludwig stirbt mit 76 Jahren.

Frankreichs gegen den König aufwiegeln konnten. Jetzt kamen eben diese Adligen zu ihm, um um ein Appartement in Versailles nachzusuchen, um seine Genehmigung zu erhalten, nach Paris zu reisen, oder um ihn anzuflehen, sie mit in sein Schloss Marly-le-Roi zu nehmen, seinen privaten Rückzugsort. Versailles hatte den Höflingen auch finanzielle Vorteile zu bieten, da hier Regierungsverträge vereinbart wurden und man seine Lieblingsbankiers für solche Geschäfte anpreisen konnte. Der Einfluss der königlichen Mätresse, die unter Ludwig XIV. zu einer festen Institution am Hofe wurde, konnte dabei entscheidend sein. An Louise de la Vallière wurden die meisten *placets* herangetragen, Bittgesuche um Pfründe, die der Überbringerin bei Erfolg einen prozentualen Anteil einbrachten. Madame de Montespan, Louises Nachfolgerin an der Seite des Königs, erhielt etwa einen Anteil von den Fleisch- und Tabakverkäufen in Paris.

Von 1661 an herrschte Ludwig nicht mehr durch einen „regierenden Minister“ oder königliche Favoriten, was ihn unter den französischen Königen auszeichnet. Stattdessen ließ er sich von Ministern beraten, die er selbst ausgewählt hatte. Persönlichkeiten wie Colbert, der große Finanzreformer, verdankten Amt und Aufstieg allein der Förderung durch den König und waren nicht Teil der Hierarchie am Hof. Ludwigs eigene Familie wurde nicht an der Regierung beteiligt: Der Kronprinz hatte wenig zu sagen und der Bruder des Königs, der Herzog von Orléans, gab sich einem ausschweifenden Lebensstil hin.

Förderer der Künste

Nicht zuletzt war es das kulturelle Leben, das den Adel an den Hof zog. Die von Ludwig veranstalteten Turniere, Konzerte, Theaterstücke, Ballette und Opern veränderten den französischen Kunstbetrieb. Er stand von nun an im Dienst des Königs und wurde von ihm gefördert. Im Gegenzug erwartete der König Ehrbezeugungen. Nach der Aufführung eines Schauspiels am 16. August 1674, während des Holländischen Kriegs, wurden die eroberten Standarten vor dem König geneigt und ein Obelisk, gekrönt von einer Sonne, den Grand Canal im Versailler Park entlanggezogen. Der neue Ästhetizismus am Hof wurde durch eine Galanterie ergänzt, die mittelalterliche ritterliche Traditionen aufnahm. Die Kultiviertheit des Hofes, die in Sprache und Gesten ihren Ausdruck fand, zeigte, dass Frankreich Italien als Vorbild höfischer Werte abgelöst hatte.

Streitereien, Duelle und Skandale gab es dennoch weiterhin. In den späten 1670er- und frühen 1680er-Jahren waren etliche Hofdamen in die „Giftaffäre“ verwickelt. Im Zuge der Ermittlungen wurde auch Olympia Mancini, eine ehemalige Mätresse Ludwigs, verdächtigt, ihren Ehemann vergiftet zu haben. Der Graf von Soissons gehörte väterlicherseits einer Nebenlinie der Savoyen an, mütterlicherseits den Condé, einer Nebenlinie der Bourbonen. Als Olympia in Ungnade fiel, lehnte Ludwig es ab, ihren Sohn Eugen in die französische Armee aufzunehmen. Das erwies sich als folgenreicher Fehler. Prinz Eugen von Savoyen, der in den Dienst der österreichischen Haburger trat, erwies sich als militärisches Genie. Als Feldherr der „Großen Allianz" war er verantwortlich für die französischen Niederlagen in den Jahren nach 1700.

Der Sonnenkönig: Mythos und Macht

Ludwig bediente sich mit Vorliebe der klassischen Mythologie, um die Erfolge seiner Regierung zu illustrieren. Er selbst wurde mit Apollon identifiziert. Skulpturen des griechischen Gotts des Lichts und der Sonne sowie seiner Mutter Latona schmückten die beiden großen Brunnen des Schlossparks. Die Gleichsetzung des Monarchen mit der Sonne war in der französischen Tradition nicht unbekannt. Doch Ludwig nahm diesen Gedanken auf und inszenierte sich in Kunst und Zeremoniell als Sonnenkönig. Die Kirche ermutigte ihn außerdem, den „Ruhm" des Königs mit dem des christlichen Gottes gleichzusetzen. Selbst in der Kirche spiegelte die Anordnung der Sitzplätze diese heilige und gesellschaftliche Ordnung wider. Nur der König durfte mit dem Gesicht dem Altar und Gott zugewandt sitzen. Die Gemeinde blickte hingegen auf den König. Trotz allem wurde Ludwig zuweilen in Predigten getadelt, sei es aufgrund seiner Ausschweifungen oder wegen seiner Außenpolitik.

Nach Ludwigs Tod wurde Paris wieder zum gesellschaftlichen Zentrum. In den Salons der Stadt bildete sich das Ideal einer urbanen und geistreichen Vornehmheit aus. Versailles hingegen wurde für die französischen Intellektuellen zu einem Symbol der Unterwürfigkeit. Der neue König, Ludwig XV., zog eine privatere Atmosphäre vor und hatte auch nicht die Ausstrahlung seines Vorgängers. Es hatte der Kraft Ludwigs XIV. bedurft, damit das System Versailles funktionierte. Ohne die inspirierenden Strahlen des Sonnenkönigs wurde der Palast zum Mausoleum der Dynastie und des absolutistischen Königtums.

Die Neptunstatue aus Bronze gehört zu einer Reihe mythologischer Figuren, die die zahlreichen Brunnen im Park von Versailles umgeben.

KANGXI, zweiter Kaiser der Qing-Dynastie in China

REG. 1661–1722

Verborgen hinter dem kaiserlichen Thron, wartete eine Gruppe junger Ringer auf die Ankunft des nichtsahnenden Höflings. Auf dem Thron saß der 15-jährige Kaiser von China. Er war als Xuanye geboren worden und regierte nun unter dem Namen Kangxi („himmlische Harmonie“). Die Pocken hatten seinen Vater Shunzhi getötet. Xuanye hatte die Krankheit überlebt. Das war ein Grund, warum er und nicht einer der anderen fünf Söhne des Kaisers vor sieben Jahren zu dessen Nachfolger erkoren worden war.

Als Jugendlicher zeigte Kangxi bereits große körperliche Stärke und ein bemerkenswertes Geschick im Bogenschießen. Seit er den Thron bestiegen hatte, führten vier Hofbeamte im Namen Kangxis das neue zentrale kaiserliche Hofamt. Dies war eine wesentliche Neuerung. Die Zentralregierung ersetzte die Herrschaft der „13 Ämter“, eine Verwaltungsstruktur, die noch aus der Herrschaftszeit der vorangegangenen Ming-Dynastie stammte. Sie war von Eunuchen dominiert worden. Für die Mandschu, die jetzt über China regierten, standen Eunuchen für mangelnde Effektivität und Intrigen. Aber 1669 war es Oboi, einer der vier Regenten für den noch minderjährigen Kangxi, der nicht nur versuchte, die Regierung an sich zu reißen, sondern eine echte Bedrohung für den Thron darstellte. Er wurde von den Ringern ergriffen und im Namen des Kaisers verhaftet.

Stabilisierung Chinas

Eine ähnliche Entschiedenheit legte Kangxi 1673 an den Tag, als er beschloss, die Macht Wu Sanguis zu brechen. Dieser war Statthalter der südlichen Provinz Yunnan, die faktisch unabhängig geworden war. Der einstige General der Ming hatte

Kangxi regierte 61 Jahre lang, länger als jeder andere chinesische Kaiser. Seine Herrschaft war größtenteils von Frieden und Wohlstand geprägt. Er förderte den internationalen Handel und gestattete die Verbreitung des Christentums in seinem Reich.

KANGXI
1654–1722

1661 Herrschaftsbeginn Kangxis.

1680ER-JAHRE Er beginnt, die Steuern zu senken.

1681 Niederschlagung des Aufstands der drei Feudalfürsten.

1683 Eroberung Taiwans von der Familie der Zheng.

1684 Aufhebung des Außenhandelsverbots.

1685 Zerstörung der Russischen Festung Albazin am Amur.

1689 Der Vertrag von Nertschinsk legt die chinesisch-russische Grenze fest.

1692 Kangxi erlässt ein Dekret, das christlichen Missionaren die Verbreitung ihrer Religion in China erlaubt.

1696 Sieg über die Dsungaren in der Mongolei.

1706 Ausweisung christlicher Missionare.

1708 Der Kaiser beauftragt die Jesuiten mit der Vermessung seines Reichs. 1717 wird ein Atlas veröffentlicht.

1720 China unterwirft Tibet.

1722 Kangxi stirbt nach 61-jähriger Herrschaft.

gegen die Kaiserdynastie rebelliert und eine entscheidende Rolle dabei gespielt, die Mandschu als Nachfolger zu etablieren. Zusammen mit zwei anderen früheren Anhängern der Ming kontrollierte er große Gebiete im Süden und Südwesten Chinas. Diese drei Feudalfürsten führten nun einen Aufstand gegen Kangxi, um ihre Unabhängigkeit zu verteidigen. Dies ermutigte wiederum die Chahar-Mongolen, die die Oberherrschaft über die Innere Mongolei bis zur Eroberung durch die Mandschu 1635 innegehabt hatten, zu einer Rebellion. Anfänglich erlitt Kangxi im Süden Niederlagen, konnte aber schließlich Kunming, die Hauptstadt von Yunnan, einnehmen. 1681 war seine Dynastie gerettet.

Die Eroberung Taiwans von den Zheng zwei Jahre später vervollständigte den Prozess der inneren Konsolidierung. Die Zheng hatten von der Provinz Fujian an der Südostküste Chinas aus seit Generationen den Handel über das Südchinesische Meer kontrolliert. Unter dem Druck der Mandschu, deren Autorität sie nicht anerkannten, mussten sie sich nach Taiwan zurückziehen. Dort hatten sie 1662 die niederländische Ostindien-Kompanie vertrieben. Aber 1683 ermöglichte ein Familienkonflikt der Zheng Kangxis Truppen, die Insel einzunehmen und Fujian anzugliedern.

Herkunft der Mandschu

Das Volk der Mandschu stammte aus einer Region nordöstlich der Chinesischen Mauer, der Mandschurei. Vom 12. Jahrhundert an waren sie dort die dominierende Macht. Nach einer Zeit der mongolischen Besetzung konnten sie ihre regionale Oberherrschaft im 13. Jahrhundert wieder geltend machen. Ihre Stärke war ihre kulturelle Einheit, die durch eine eigene Sprache noch gestärkt wurde. Die Schrift war vom mongolischen Alphabet abgeleitet.

Mandschu-Eroberungen

Mitte des 17. Jahrhunderts trat die Familie der Qing die Herrschaft über die Mandschu an. Chinesische Offiziere, die an der Grenze stationiert waren, unterhielten Verbindungen zu den nördlichen Nachbarn. Dies erklärt möglicherweise die schnelle und positive Reaktion der Mandschu, als Beamte der Ming-Dynastie sie 1644 um Militärhilfe baten. Nach einer Reihe schlechter Ernten war die soziale Ordnung Chinas aus den Fugen geraten und der Rebellenführer Li Zicheng hatte Peking eingenommen. Die Streitmacht, die nun nach Süden aufbrach, bestand aus Chinesen und Mongolen sowie aus Mandschu. Organisiert war sie in für die Mandschu typischen „Bannern", militärischen Einheiten, die auf Klanzugehörigkeiten basierten.

Diese Armee eroberte Peking und etablierte die Mandschu-Oberherrschaft in China. Anfänglich versuchten die Mandschu, ihre kulturellen Besonderheiten zu bewahren. Auch die Hälfte aller wichtigen Regierungsämter wurde mit Mandschu besetzt. Die chinesische Bevölkerung wurde gezwungen, als Zeichen ihrer Loyalität

den typischen Mandschu-Zopf zu tragen. Doch mit der Zeit übernahmen die Mandschu Regierungsmethoden der Ming, was ihnen half, das Land zu befrieden. Chinesische Militärführer, die sich ergeben hatten, stiegen in den Adelsrang auf und bildeten mit ihren Truppen die Armee der „Grünen Standarte". Sie war überall im Land stationiert.

Nachdem er im Innern seine Autorität durchgesetzt hatte, konnte sich der Kaiser auf die vorrückenden Russen im Nordosten konzentrieren. Die Region Heilongjiang entwickelte sich im 17. Jahrhundert zur Konfliktzone. Kosaken hatten von den am Strom Amur lebenden Stämmen Felle als Tribut verlangt. Die Einnahme der russischen Festung Albazin am Nordufer des Flusses durch die Qing-Truppen führte zu Verhandlungen zwischen Kangxi und Zar Peter dem Großen. 1689 legte der Vertrag von Nertschinsk die chinesisch-russische Grenze fest. Neben dem Amurtal gestanden die Russen China auch die Mandschurei zu. Dies war für die Dynastie von großer ideeller Bedeutung.

Unter Kangxi war China politisch stabil und wirtschaftlich wohlhabend. Die Künste blühten und wurden vom Kaiser gefördert. Qing-Keramiken wie dieser Teller, der einen Kavallerieangriff darstellt, sind von bemerkenswerter Eleganz und Detailliertheit. Solche Stücke wurden nach der Öffnung von vier chinesischen Häfen für den internationalen Handel 1684 exportiert.

Im Jahr 1696 unternahm der Kaiser seinen bis dahin wagemutigsten Feldzug. Er richtete sich gegen das westmongolische Nomadenvolk der Dsungaren, das seine Oberherrschaft in der Mongolei etabliert und dabei die Chalka-Mongolen verdrängt hatte. Diese baten nun den Kaiser um Hilfe. In der Nähe von Ulan-Bator führte Kangxi seine Truppen zum Sieg und siedelte die Chalka wieder in der Mongolei an, die Teil des Kaiserreichs wurde. Als die Dsungaren 1717 in Tibet einmarschierten und die Hauptstadt Lhasa besetzten, reagierte Kangxi seinerseits mit einer Invasion in Tibet, das nach der Vertreibung der Dsungaren 1720 ebenfalls in sein Reich eingegliedert wurde.

Innenpolitische Maßnahmen

Kangxi war jedoch nicht nur ein begabter Heerführer, sondern auch ein unermüdlicher Verwalter. So lancierte er eines der größten Ingenieursprojekte der Geschichte. Er ließ das Flussbett des Huang He (Gelber Fluss) ausheben und Dämme bauen, um seinen Lauf zu regulieren. Dadurch wurden die regelmäßigen Überschwemmungen der nordchinesischen Ebene verhindert. Außerdem ließ der Kaiser den Großen Kanal reparieren, der den Huang He mit dem unteren Jangtse verband. Über diesen Wasserweg konnte Reis aus dem fruchtbaren Süden in den Norden transportiert werden. In den 1680er-Jahren förderten Steuererleichterungen das Wohlergehen der Bevölkerung. Regionen, die vom Krieg verwüstet waren, mussten gar keine Steuern entrichten.

1711 legte der Kaiser Chinas damalige Einwohnerzahl als Grundlage künftiger Steuerschätzungen fest. Das bedeutete, dass die Steuern mit dem zu erwartenden Bevölkerungswachstum nicht steigen würden. Die Eroberung Taiwans war von großer Bedeutung für den neuen Wohlstand. 1684 hob Kangxi auch das bis dahin bestehende Außenhandelsverbot auf. Vier Häfen, darunter Kanton, wurden für Schiffe aus dem Ausland geöffnet. Das Ergebnis war ein Zustrom von Silber durch die ausländischen Kaufleute, die chinesische Produkte kauften. Es entstand ein bedeutendes internationales Handelsnetzwerk. China verkaufte Getreide, Porzellan, Seide, Baumwolle und Tee und wurde zunehmend Teil der Weltwirtschaft.

Die Einführung der Geldwirtschaft sowie die wachsende Bedeutung der Kaufleute und kommerzieller Interessen empfanden viele Chinesen als Bedrohung traditioneller Werte. Dieser Angst versuchte der Staat durch die Betonung konfuzianistischer Werte entgegenzuwirken. Ein Tributsystem sicherte Chinas kulturelle Überlegenheit. Vertreter anderer Nationen, die mit dem Kaiserreich Handel treiben wollten, mussten einen Vasallenstatus akzeptieren. Die Oberherrschaft über Korea wurde besonders rigoros durchgesetzt. Die Japaner dagegen betrachteten die Mandschu als Barbaren. Indem sie ihrerseits den chinesischen Kaufleuten Handelsgenehmigungen erteilten, lehnten sie das Tributsystem ab. Vertreter Russlands wurden vergleichsweise respektvoll behandelt.

Kaiser und Philosoph

Wegen seiner persönlichen Anspruchslosigkeit war die Hofhaltung des Kaisers nicht kostspielig. Dafür war Kangxi ein Gelehrter und Förderer der Wissenschaft. 1677 eröffnete er das Nan Shufang, eine kleine Halle in der Verbotenen Stadt, als Ort für seine Diskussionen mit führenden Gelehrten. Mit seinem Respekt vor den geistigen Traditionen des Landes gewann er die Loyalität der regierenden chinesischen Elite. Achtung vor den konfuzianis-

Die „Verbotene Stadt" in Peking war rund 500 Jahre lang die Heimat der Ming- und Qing-Kaiser. Innerhalb ihrer Mauern beteiligte sich Kangxi an intellektuellen Diskussionen mit führenden Gelehrten seiner Zeit. Dafür baute er eigens die Halle Nan Shufang.

tischen Traditionen bewies er, indem er das System der Prüfungen zur Aufnahme in den Staatsdienst wieder zum Leben erweckte.

Der Kaiser sorgte auch dafür, dass Menschen mit besonderer Begabung auf persönliche Empfehlung in seinen persönlichen Dienst eintreten konnten. Einige der Gelehrten, die auf diesem Weg an seinen Hof gelangten, arbeiteten an einer offiziell geförderten Geschichte der Ming-Dynastie. Dies zeigt Kangxis Interesse an einer Kontinuität der chinesischen Geschichte, in der er einen Platz einzunehmen wünschte. Moralische Führung bot er durch ein offizielles Dokument von 1669, das sich auf einzelne Aspekte des ländlichen Lebens bezog. Es wurde von den chinesischen Bauern bis zum Ende der Mandschuzeit im frühen 20. Jahrhundert viel gelesen.

Der deutsche Jesuit und Astronom Johann Adam Schall von Bell verbrachte 47 Jahre in China und wurde vom Kaiser eingeladen, das abgebildete Observatorium zu bauen. Es besaß Sternhöhenmesser, Quadranten und eine Armillarsphäre. Schall war auch verantwortlich für die Reform des konfuzianischen Kalenders und für die Aufzeichnung der Planetenbewegungen. Nach Schalls Tod ernannte Kangxi Ferdinand Verbiest zu seinem Nachfolger.

Kangxi und die Jesuiten

Chinas zunehmende Offenheit gegenüber der restlichen Welt in Kangxis Regierungszeit war inspiriert von der persönlichen intellektuellen Neugier des Kaisers. Unter anderem war er begierig, von den jesuitischen Missionaren zu lernen, die ins Land kamen. Der holländische Jesuit und Astronom Ferdinand Verbiest (1623–1688) vermittelte dem Kaiser Geometrie und stellte einen offiziellen kaiserlichen Kalender zusammen. Zudem beriet er ihn bei der Konstruktion von Kanonen, um die Revolten in Südchina zu unterdrücken, und diente bei Vertragsverhandlungen mit den Russen als Dolmetscher. Seine Berichte an Gelehrte und Freunde wie Leibniz förderten den wohlwollenden und bewundernden Blick der europäischen Aufklärung auf die chinesische Zivilisation. Andere Jesuiten erhielten von Kangxi den Auftrag, das Land trigonometrisch zu vermessen. Dieses Unternehmen fand 1717 seinen Abschluss mit der Veröffentlichung eines Atlas.

Sein Respekt vor der Gelehrsamkeit der Jesuiten veranlasste den Kaiser 1692, ihnen zu erlauben, das Christentum in China zu verbreiten. Den anderen Orden, die ins Land kamen, etwa den Franziskanern, Dominikanern und Augustinern, fehlte jedoch das Feingefühl der Jesuiten, die die traditionelle Frömmigkeit der Chinesen achteten. 1706 verwies daher der Kaiser alle christlichen Missionare des Landes, die sich der kulturellen Anpassung ihrer Religion verweigerten.

Nur einen Fehler beging Kaiser Kangxi während seiner Herrschaft. Seine drei Frauen und zahllose Konkubinen gebaren ihm 35 Kinder. Als er 1675 einen Sohn zu seinem Nachfolger ernannte, löste er damit gewaltige Konflikte aus. Schließlich kehrte er zu der erprobten Praxis zurück, allen Söhnen zu seinen Lebzeiten das gleiche Recht auf Erbfolge zu gewähren. Dennoch überdauerte die Mandschu-Herrschaft seine Regierungszeit um mehr als 100 Jahre.

PETER I., *der Große*, Zar von Russland

REG. 1682–1725

Sieben Jahre zuvor hatte er die Hinrichtung seines rebellischen Sohnes, des Zarewitsch Alexis, befohlen. Nun, im Jahr 1725, war der Zar selbst tot. Bronzestatuen, die vier Trauernde darstellten – Russland, Europa, Mars und Herkules –, umgaben Pjotr Alexejewitschs offenen Sarg, als man ihn in St. Petersburg aufbahrte.

Seine neue Stadt hatte er an den Ufern der Newa erbauen lassen, in den östlichen baltischen Gebieten, die er von den Schweden erobert hatte. Der gleiche kreative und innovative Geist, den Peter im Leben bewiesen hatte, war noch in seinem Tod zu spüren. Frühere Zaren waren nach orthodoxer Tradition am Tag nach ihrem Tod beigesetzt worden. Doch es dauerte einen ganzen Monat, die Bestattung dieses Herrschers vorzubereiten, der einer ganzen Kultur neue Form gegeben hatte.

Die Beisetzung Zar Peters

Marschälle und Barone, die die Insignien des Zaren trugen, begleiteten den Sarg in die Peter-und-Paul-Kathedrale, ein lichtes Bauwerk, das erst 13 Jahre zuvor begonnen worden war. Peters Vorgänger waren im Moskauer Kreml begraben worden, der mit seinen roten Festungsmauern archaisch und orientalisch wirkt, verglichen mit der westlichen Eleganz von St. Petersburg. Peters klassizistisches Schloss Peterhof vor der Stadt konnte es in Größe und Pracht mit Versailles aufnehmen. Im gleichen Stil hatte er auch das Alexander-Newski-Kloster in der Stadt errichten lassen und es nach dem orthodoxen Heiligen und Herrscher Nowgorods benannt. Newski hatte Russland in einer denkwürdigen Schlacht im Jahr 1240 gegen die Schweden verteidigt. Daher gilt er als Vorläufer Peters im Kreis der russischen Nationalhelden.

Peters Beisetzung wurde von keinem Patriarchen geleitet, da der Zar 1721 das Moskauer Patriarchat abgeschafft und durch den Heiligen Synod ersetzt hatte, ein

Das Porträt des deutschen Künstlers J. G. Tannauer (um 1710) zeigt Peter den Großen während der Schlacht bei Poltawa 1709. In diesem entscheidenden Gefecht des Großen Nordischen Kriegs besiegte die russische Armee die Schweden unter König Karl XII.

staatliches Gremium, das Peters Autokratie kirchlicherseits sicherstellte. Der Erzbischof von Nowgorod, Theophan Prokopowitsch, der die Grabrede hielt, versicherte der neuen Zarin Katharina I., Peters Witwe, dass «das weibliche Geschlecht kein Hinderungsgrund sei, dass Ihr nicht wie Peter der Große sein könntet». Viel wichtiger sei es, ihm charakterlich ähnlich zu sein und seine Fähigkeiten zu besitzen.

Der erste Zar

Das Großfürstentum Moskau bestand bereits seit dem späten 13. Jahrhundert und hatte sich im Zuge des Niedergangs der Goldenen Horde ausgedehnt, jenes mongolischen Reichs im Osten und im Süden, das aus dem Reich Dschingis Khans hervorgegangen war. Mitte des 15. Jahrhunderts zahlte Moskau endgültig keinen Tribut mehr an die Mongolen und nach dem endgültigen Zusammenbruch von Byzanz 1453 war es die einzige territoriale Schutzmacht der orthodoxen Kultur im Osten. Es verband weltliche Macht mit geistlicher Autorität und wurde gelegentlich sogar als „drittes Rom" bezeichnet. Großfürst Iwan III. (regierte 1462–1505) aus der Familie der Rurikiden heiratete Zoe, die Nichte des letzten byzantinischen Kaisers. Die Heirat hatte der Papst arrangiert, der eine einige antitürkische Front aufbauen wollte. Durch diese zusätzliche Legitimation bestärkt, nannte sich Iwan selbst „Zar", in bewusster Anknüpfung an die Autorität der römischen Cäsaren. Den Titel „Rex" vermied er, weil er typisch für das lateinische Christentum des Westens war. 1480 erklärte sich Iwan zum „Herrscher aller Rus" und erhob damit Anspruch auf das Territorium des mittelalterlichen Reichs der Kiewer Rus. Ein Großteil dieses Gebiets bildete nun die Ukraine und gehörte zu Litauen, das 1386 eine Union mit Polen eingegangen und dadurch katholisch geworden war. Die aggressive Verschmelzung von Nationalismus und Orthodoxie des Großfürstentums Moskau stellte daher sowohl eine kulturelle als auch eine militärische Herausforderung dar.

Schloss Peterhof, die Sommerresidenz von Peter dem Großen, ist ein herausragendes Beispiel der Barockarchitektur. Umgeben von Parks und Gärten mit Springbrunnen und vergoldeten Statuen klassischer Götter und Helden, beherbergte der Palast bedeutende Sammlungen von Skulpturen, Gemälden und anderen Kunstwerken.

Die Romanows

Die Dynastie der Rurikiden starb 1598 aus. 1613 wählte die Ständeversammlung Semski Sobor, in der Geistliche, Adlige („Bojaren"), Landbesitzer und freie Bürger vertreten waren, Michail Romanow zum Zaren. Bojarische Gruppierungen hatten in der dazwischenliegenden Zeit das Großfürstentum Moskau ins Chaos gestürzt. Doch während der Regierungszeit von Zar Alexis (1645–1676), Michails Sohn und Peters Vater, konnte die staatliche Autorität allmählich wiederhergestellt werden. 1649 wurde die Leibeigenschaft gesetzlich geregelt und 1667 rang Russland Polen die Ukraine (einschließlich Kiew) ab.

Fjodor III. (regierte 1676–1682), Peters kränklicher Halbbruder, folgte seinem Vater Alexis auf den Thron. Nach seinem Tod wurde Peter zum Zaren ausgerufen, musste aber aufgrund von Intrigen den Thron zunächst mit seinem anderen Halbbruder teilen, dem ebenso anfälligen Iwan V. (1682–1696). Iwans Schwester Sophia fungierte als Regentin und hielt Peter vom Hof fern. In dieser Zeit verfolgte Peter sein Interesse an Mathematik und Technik, an Schiffsbau und Tischlerei. Die Kenntnisse und Fertigkeiten, die er erwarb, waren ihm sehr nützlich, als er über eine Lösung für Russlands größtes strategisches Problem nachdachte, das Fehlen eines Zugangs zum Meer.

Zugang zum Schwarzen Meer

1689 verbannte der 17-jährige Peter Sophia in ein Kloster, nachdem sie versucht hatte, mit den Strelitzen, der Leibwache des Herrschers, einen Staatsstreich gegen Peter zu verüben, und trat die Herrschaft an. Schon bald begann er mit dem Aufbau einer Marine. 1696 segelte eine Flotte den Don hinab und eroberte den Hafen Asow von den Krimtataren, die Vasallen der Osmanen waren. Damit besaß Russland Zugang zum Schwarzen Meer. Anlässlich der Militärparade, mit der in Moskau der Sieg gefeiert wurde, wurde als Neuerung der Romanows ein Triumphbogen errichtet. Peter marschierte in der Tracht der Kanoniers in der Parade mit, anstatt zu reiten. Solche Gesten demonstrativer Schlichtheit betonten die Autorität eines Herrschers, der auf die konventionellen Requisiten königlicher Macht verzichten konnte.

Peter bereist Westeuropa

1697/98 unternahm Peter seine „Grande Ambassade“, eine große diplomatische Offensive, an der rund 250 Gesandte teilnahmen. Sie reisten nach Preußen, Polen, in die Niederlande und nach England, um eine antitürkische Koalition zustande zu bringen. Der Zar sammelte währenddessen inkognito Informationen über westliche Technologie und westlichen Handel. Außerdem wurde die westliche Etikette studiert, an denen der bojarische Adel besonders interessiert war, weil das mittelalterliche Moskauer Großfürstentum keine Ritterorden und keine ritterliche Tradition hatte. Peter versuchte, die Lücke zu füllen, indem er 1699 den

Orden des Heiligen Andreas, der angeblich Nowgorod besucht hatte, gründete. Trotzdem blieb das Leben an Peters Hof relativ unkultiviert. Alkohol und physische Gewalt bestimmten den Alltag. Bei Peters Geburtstagsfeier im Mai 1723 wurde von mittags bis drei Uhr früh Wodka in rauen Mengen getrunken, und selbst seine engsten Freunde verprügelte der Zar mit einem Stock.

Peters „Synode der Dummköpfe und Narren“

Peter führte landesweite Zeremonien wie die „Siegestage“ ein, die an Jahrestagen bedeutender Schlachten gefeiert wurden, genoss es aber auch, das Hofzeremoniell zu unterwandern, um seine Macht zu demonstrieren. Einige Tage nach der Eheschließung seiner Nichte Anna Iwanowna mit dem Herzog von Kurland am 14. November 1710 in St. Petersburg veranstaltete der Zar eine weitere Hochzeit: die seines königlichen Zwerges Jakim Wolkow, an der rund 70 weitere Zwerge teilnahmen. Beide Feiern fanden im Menschikow-Palast statt und Peter selbst hielt die Hochzeitskrone über die Zwergenbraut.

Der Zar scharte auch einen privaten Zirkel ausgewählter Vertrauter um sich, die „Synode der Dummköpfe und Narren“, die sich über kirchliche Zeremonien lustig machten. Von den 1690er-Jahren an unterhielt Peter auch einen Spotthof unter der Führung eines „Fürsten Cäsar“, den Peter mit „Majestät“ anredete. Er parodierte den echten Hof. „Fürst Cäsar“ stand jedoch gleichzeitig der Staatskanzlei vor, die Verratsvorwürfe behandelte, besaß also auch echte Macht.

Der Große Nordische Krieg

Peters wichtigster Feldzug war der Große Nordische Krieg von 1700 bis 1721. In diesem Konflikt mit Schweden wurde er unterstützt von Sachsen und Dänemark-Norwegen. Die Allianz besiegte Karl XII. von Schweden, eines der großen militärischen Genies seiner Zeit. Im Frieden von Nystad erhielt Russland Karelien, Ingermanland, Estland und Livland. Aus diesem Anlass gewährte der russische Senat, das zehnköpfige oberste Verwaltungsgremium, Peter den Kaisertitel.

Zwei Jahre später trat Persien nach einer Invasion Russlands seine Territorien an der West- und Südküste des Kaspischen Meeres an den Zaren ab. Peters Reich erstreckte sich nun von Archangelsk bis ans Kaspische Meer und von der Ostsee bis zum Pazifik. Um seine militärischen Erfolge möglich zu machen, hatte Peter gleichzeitig die Wirtschaft intensiv gefördert. Handel und Industrie, inbesondere die Metallurgie, blühten.

Militärische Mittel und Ziele

Bauern, die auf Lebenszeit zum Wehrdienst verpflichtet wurden, und Offiziere aus dem Adelsstand bildeten eine hervorragende Armee, die mit in Russland hergestellten Steinschlossgewehren, Bajonetten, Kanonen und Geschützen ausgestattet werden konnte. Die Marine im Baltikum verfügte über rund 50 Schlachtschif-

PETER I.
1672–1725

1682 Peter besteigt den Thron zusammen mit seinem kränklichen Halbbruder Iwan.

1689 Er verbannt die Regentin Sophia nach einem gescheiterten Staatsstreich gegen ihn.

1696 Iwan stirbt und Peter wird alleiniger Zar. Die russische Marine nimmt den Hafen Asow ein und erhält dadurch Zugang zum Schwarzen Meer.

1697–1698 Die „Grande Ambassade“: Peter reist mit einer Reihe von Gesandten durch Westeuropa.

1699 Gründung des Andreas-Ordens.

1700–1721 Großer Nordischer Krieg zwischen Russland und Schweden.

1712 Peter verlegt die Hauptstadt des Russischen Reichs von Moskau nach St. Petersburg.

1721 Durch den Vertrag von Nystad fällt das östliche Baltikum an Russland.

1723 Persien tritt Gebiete am Kaspischen Meer an Russland ab.

1725 Peter stirbt und wird in der Peter-und-Paul-Kathedrale in St. Petersburg beigesetzt.

fe und zahllose Galeeren. Die Basis für diese Errungenschaften bildeten die Städte, denen Peter gestattete, ihre eigenen Verwaltungen zu wählen. Auch mussten sie sich nicht den militärischen Provinzgouverneuren unterordnen. Spezialisten, Handwerker und Händler traten in die neu eingerichteten städtischen Gilden ein. Dennoch blieb das Militär die stärkste Macht. Peter gliederte das Reich in etwa 50 Verwaltungsprovinzen mit eigenen Unterbezirken. Diese neue Struktur setzte er durch, indem er jedem Bezirk Regimenter der Armee zuordnete und die Gemeinden zwang, für ihren Unterhalt aufzukommen.

Nach der Rückkehr von seiner Reise durch Westeuropa (1697/98) verbot Peter lange Bärte im orientalischen Stil. Zudem befahl er seinen Adligen, ihre langen Roben zugunsten europäischer Kleidung abzulegen. Der Holzschnitt zeigt einen Barbier, der einem russischen Adligen den Bart abschneidet.

Kulturelle Veränderungen

Während Peters Regierungszeit veränderte sich die russische Kultur grundlegend. So führte der Zar etwa den Julianischen Kalender ein. Den Männern verbot er ihre traditionell langen Bärte; die adligen Damen mussten ihre Köpfe entblößen. Allgemein wurde ein westeuropäischer Kleidungsstil eingeführt und die Geschlechtertrennung in der Öffentlichkeit wurde aufgehoben. Bälle und Tänze, die es früher in Moskau nicht gegeben hatte, waren ein Merkmal des weltoffenen St. Petersburg. In erster Linie profitierte der Adel von Peters Reformen: Allein in der ersten Hälfte seiner Regierungszeit wurden rund 40 500 Hektar Land und 175 000 Leibeigene bereitgestellt, um Peters Ziele zu verwirklichen. Die Einführung des Ältestenrechts verhinderte die Aufteilung ihrer Ländereien.

Aber auf eigentümliche Art war Peters Herrschaft auch meritokratisch. Leistung und staatliche Verdienste zählten also mehr als die Herkunft. 1722 führte der Zar eine Rangtabelle ein. Diese hierarchische Ordnung folgte allein dem Leistungsprinzip. Sie machte es auch Menschen niederer Herkunft möglich, in höhere Ämter in Militär und Verwaltung aufzusteigen. Gleichzeitig wurden Rechte und Besitz von Adligen beschnitten, die sich dem Staatsdienst verweigerten.

Der Zar liebte die Gesellschaft des einfachen und rauen Volkes. Doch vor allem kam es ihm auf die Fähigkeiten eines Menschen an: Sein Privatsekretär Alexei Makorow, der von niedriger Geburt war, wurde sein Favorit am Hof, und der begabte General und Verwalter Alexander Menschikow, ein ungebildeter Bürgerlicher, stieg zum Edelmann mit zahlreichen Titeln auf. Unter der Zarin Katharina, Peters Witwe, regierte er Russland von 1725 bis 1727 sehr erfolgreich. Schließlich wurde er der Korruption angeklagt und nach Sibirien ins Exil geschickt. Die petrinische Autokratie überlebte den Tod des Zaren. An den Maßstäben, die er gesetzt hatte, wurden alle künftigen Herrscher Russlands gemessen.

FRIEDRICH II.,
der Große,
König von Preußen

REG. 1740–1786

«Ich fahre gerade nach Preußen», schrieb Friedrich an Voltaire vor seiner Thronbesteigung 1740, «um mir huldigen zu lassen ohne das heilige Öl und all diese nutzlosen und leeren Zeremonien, die ein Ausdruck der Dummheit sind.» Friedrich lehnte es ab, in Königsberg, der alten Hauptstadt der preußischen Könige, gekrönt zu werden. Religion und die Idee des Gottesgnadentum hatten keine Bedeutung für ihn.

Die Übertragung militaristischer Werte wie Ordnung und Disziplin auf die Zivilregierung war schon vor Friedrich in Europa üblich. Aber er förderte sie in einer Art und Weise, die das Königtum in einem neuen Licht erscheinen ließ, weil er seine Herrschaft durch den Besitz des Gewaltmonopols legitimierte. Die Symbole und Zeremonien, die dem Königtum in der Vergangenheit seine religiöse Qualität verliehen hatten, waren für seine Zwecke völlig irrelevant.

Der König der Aufklärung

Friedrich war ein Kind der Aufklärung. Formal erwies er dem lutherischen Protestantismus seinen Respekt, der seit mehr als zwei Jahrhunderten offizielle preußische Staatsreligion war. Doch im Innersten war er ein religiös toleranter Anhänger des Deismus, der nicht an das Wirken einer übernatürlichen Macht glaubte.

Der König war ein ausgezeichneter Flötist. Seine kulturellen Neigungen pflegte er in Schloss Sanssouci, das er im französischen Rokokostil in Potsdam erbauen ließ. Friedrich war auch ein produktiver Schriftsteller. Seine „Histoire de Mon Temps" (1746) ist ein intelligentes Werk, seine Gedichte fanden allerdings kaum Bewunderer. Er förderte verschiedene Literaten und beteiligte sich gern an deren feinsinniger Spöttelei über den Aberglauben. Dies zeigte, genau wie seine Bevorzugung des Französischen, dass er Teil der gebildeten Salongesellschaft war.

„Friedrich der Große nach der Schlacht von Kolin" von J. Schröder. Während des Siebenjährigen Krieges wurde Friedrich von den Österreichern geschlagen und musste die Belagerung Prags aufgeben.

Aber wenn es um die Realitäten von Krieg und Macht ging, kümmerte er sich nicht um das Gerede der Intellektuellen über die Tugend des Friedens. In dieser Hinsicht war er ein altmodischer europäischer Fürst, der bereit war, die Interessen seines Königreichs durch Krieg voranzubringen. Neu war jedoch, dass er bei seinem Handeln in der internationalen Arena keinerlei moralische Rücksichtnahme vortäuschte. Er interpretierte den Vernunftsglauben der Aufklärung im Licht preußischer Interessen. Ein vernünftiges, modernes Königtum bedeutete für ihn eine einheitliche Verwaltung, die sich gegenüber unabhängigen Institutionen und Individuen, die möglicherweise die Durchsetzung des exekutiven Willens und der staatlichen Gesetze verhindern könnten, unnachgiebig zeigte.

Der Rokokostil von Friedrichs Schlössern in Potsdam versinnbildlicht die sorglosen Stunden, für die diese Residenzen gebaut wurden. Sie sollten als Rückzugsort in den Sommermonaten dienen, wenn der König seinen künstlerischen und intellektuellen Neigungen nachgehen und private Gäste empfangen konnte.

Der Aufstieg Preußens

Das militaristische Ideal Preußens wurzelte in der Eroberung der Region durch den Deutschen Orden im 13. Jahrhundert und in der anschließenden erzwungenen Bekehrung zum Christentum. Der letzte Großmeister des Ordens, Albrecht von Hohenzollern, trat zum Luthertum über, löste den Orden auf und verwandelte den Ordensstaat in ein säkulares Herzogtum, das er als Lehen des Königreichs Polen regierte. 1618 erbte der Brandenburger Zweig der Hohenzollern das Herzogtum.

Der Große Kurfürst Friedrich Wilhelm (regierte 1640–1688) setzte mit Militärgewalt die Unabhängigkeit des neuen Staates von Polen durch. 1680 erhob er zusätzliche Steuern, um den Aufbau eines stehenden Heeres zu finanzieren, dessen Größe in keinem Verhältnis zur Zivilbevölkerung stand. Es verhalf dem einst unwichtigen nordeuropäischen Land zu internationaler Größe. Sein Sohn, Kurfürst Friedrich III. (regierte 1688–1713), garantierte dem habsburgischen Kaiser seine Unterstützung, wofür ihm dieser die Königswürde zugestand. Der „Soldatenkönig" Friedrich Wilhelm I. (regierte 1713–1740) baute das Heer aus und festigte sein Reich, war aber nur selten in Kriegshandlungen verwickelt. Durch geschickte Diplomatie kamen Stettin und Westpommern nach der Niederlage Schwedens im Großen Nordischen Krieg (1700–1721) an Preußen.

Ein starker Staat und eine starke Armee

Die preußische Armee mit ihrem typischen Stechschritt, geschliffen auf den Exerzierplätzen, wurde zum Sinnbild militärischer Präzision. Doch es war nicht allein der Geist eines Feldwebels, der das Land prägte. Zu Friedrichs Erbe gehörte eine Tradition der staatlichen Förderung von Bildung und Kultur. Öffentliche Bildung galt als wichtiger Aspekt bei der Maximierung des menschlichen Potenzials des

Staates. Die Hohenzollern förderten daher tatkräftig Wissenschaft und Gelehrsamkeit, etwa durch die Einrichtung der Königlichen Akademie der Künste (1696) und der Akademie der Wissenschaften (1700) in Berlin.

Friedrich II. betrat nach seiner Thronbesteigung 1740 mit großer Wirkung die europäische Bühne, indem er Schlesien annektierte, das zu den reichsten österreichischen Besitzungen gehörte. Seine Invasion am 16. Dezember 1740 fand ohne vorherige Kriegserklärung statt. Wenige Tage zuvor hatte er noch einen freundlichen Brief an Königin Maria Theresia geschrieben. Dies rief europaweite Empörung hervor, allzumal Friedrich erst kürzlich in seinem Traktat „Anti-Machiavel, oder Versuch einer Kritik über Nic. Machiavels Regierungskunst eines Fürsten" zynische Machtpolitik verurteilt hatte.

Ein tyrannischer Vater

Friedrichs Charakter war durch die Konflikte mit seinem tyrannischen Vater geformt worden. Dieser hatte, enttäuscht über die künstlerischen Neigungen seines Sohnes, den jungen Prinzen schikaniert und erniedrigt. 1730 hatte er ihn in der Festung Küstrin eingesperrt, weil er versucht hatte, außer Landes zu fliehen. Hans Hermann von Katte, Friedrichs enger Freund und Helfershelfer, war in seiner Gegenwart hingerichtet worden. Doch trotz dieser traumatischen Erfahrungen ähnelten Friedrichs Ziele denen seines Vaters auffallend. Allen preußischen Staatsbürgern wurde das preußische Ethos von harter Arbeit, Sparsamkeit und Disziplin eingeimpft und Staatsinteressen galten mehr als die Rechte des Individuums.

Friedrichs Kriegsmaschinerie

Die beiden Schlesischen Kriege von 1740 bis 1742 und 1744/45 brachten Preußen ein Gebiet ein, dessen Ressourcen größer waren als die irgendeines anderen Hohenzollernterritoriums. Das half Friedrich, sein stehendes Heer von 83 000 Mann auf 190 000 Mann aufzustocken. Diese gigantische Kriegsmaschinerie beherrschte ein Land, dessen Bevölkerung 1740 nur 2,2 Millionen Menschen zählte. Das Ziel der Verwaltung bestand vor allem darin, die Bedürfnisse der Armee zu befriedigen: Die Steuern stiegen und Bauern wurden zwangsrekrutiert. Tatsächlich musste Friedrich die Staatsmacht auf dieses Weise behaupten, da die Aggression, mit der er Schlesien erobert hatte, Preußen isolierte und gefährdete. Im Januar 1756 ging Friedrich eine Allianz mit Großbritannien ein: Er sicherte seine Neutralität im französisch-britischen Konflikt um die Oberherrschaft zur See zu. Damit stieß er jedoch die Franzosen vor den Kopf, die seit 1741 seine Verbündeten waren. Friedrichs größte Angst galt fortan einem gemeinsamen russisch-österreichisch-sächsischen Angriff, unterstützt von den Franzosen.

Friedrichs Lösung für dieses Dilemma war wagemutig: Im August 1756 griff er Sachsen an und marschierte dann gegen Böhmen. Damit brachte er Frankreich und Schweden ebenso wie Österreich und Russland gegen sich auf und löste den

FRIEDRICH II.

1712–1786

1740 Friedrich tritt die Nachfolge seines Vaters, des „Soldatenkönigs" Friedrich Wilhelm I., an und marschiert in Schlesien ein.

1746 Er veröffentlicht „Histoire de Mon Temps" („Geschichte meiner Zeit").

1747 Schloss Sanssouci in Potsdam wird vollendet.

1756 Friedrich geht mit der „Konvention von Westminster" eine Allianz mit Großbritannien ein. Dann löst er durch seinen Einmarsch in Sachsen den Siebenjährigen Krieg aus.

1759 Die preußische Armee wird von den Russen in der Schlacht bei Kunersdorf geschlagen.

1763 Er erlässt ein Edikt, das die allgemeine Schulpflicht im gesamten Königreich durchsetzt.

1764 Waffenstillstand mit Russland.

1772 Friedrich arrangiert die Erste Polnische Teilung.

1778–1779 Bayerischer Erbfolgekrieg. Er endet mit der Niederlage Josephs II. von Österreich.

1786 Friedrich stirbt.

Siebenjährigen Krieg aus. Die finanzielle Unterstützung seiner britischen Verbündeten ermöglichte es Friedrich gerade noch, seine Armee in der Offensive zu belassen. Die Niederlage gegen die russische Armee bei Kunersdorf im August 1759 schien das Ende der Großmacht Preußen anzukündigen und der König dachte an Selbstmord. 1760 weigerten sich die Großgrundbesitzer Brandenburgs, für weitere Kriegskosten aufzukommen. Der Tod der russischen Zarin Anna im Januar 1762 rettete Friedrich schließlich, weil ihr Nachfolger Peter III. ihn bewunderte und einen Friedensvertrag unterzeichnete. Von nun an bemühte sich Friedrich, einen erneuten russisch-preußischen Konflikt zu vermeiden. Das Bündnis, das er zu diesem Zweck 1764 schloss, hielt bis 1780.

Bei Ende des Kriegs im Jahr 1763 hatte Friedrich rund 180 000 Mann verloren. Allerdings musste Maria Theresia ihm Schlesien ein für alle Mal abtreten. Dennoch weckten die Bemühungen ihres Sohnes und Nachfolgers Joseph II. um einen Anschluss Bayerns an Österreich im Bayerischen Erbfolgekrieg (1778/79) bei Friedrich eine tiefe Furcht vor dem Eindringen der Habsburger in Deutschland. Der Krieg endete mit der Niederlage Josephs, aber die Feindschaft zwischen Österreich und Preußen war damit nicht beendet.

Die polnische Teilung

Friedrichs größter diplomatischer Erfolg, die erste Teilung Polens im Jahr 1772, war ein klassisches Beispiel für seine zynische Staatsräson. Unterstützt von seinen ehemaligen Feinden Österreich und Russland, verleibte sich Preußen die polnische Provinz Westpreußen ein. Brandenburg und Pommern waren jetzt mit dem zuvor isolierten Ostpreußen verbunden, wodurch Preußen ein geschlosseneres Territorium bildete. Doch diese Verlagerung nach Osten bedeutete auch, dass Preußen immer mehr von den kulturellen und politischen Entwicklungen in Westeuropa abgetrennt wurde.

Ein Diener des Staates

Friedrichs Vorstellung von seinen königlichen Pflichten war beeindruckend unpersönlich. Er betrachtete sich selbst als Diener seines Staates und stellte die objektiven Interessen Preußens über die Verfolgung der rein dynastischen Interessen der

Hohenzollern. Er regierte über seine Untertanen, so sagte er, streng nach dem Gesetz und jenseits von Parteiungen. Als guter Sohn seines Vaters betonte er, dass ein Herrscher seine eigenen Gefühle und subjektiven Interessen dem Wohl seines Volkes zu opfern habe. Aber er machte auch deutlich, dass ein System der persönlichen Herrschaft durch einen Fürsten als „Seele des Staates" unabdingbar war.

Preußens Regierung und Verwaltung arbeitete unter Friedrich bemerkenswert ehrlich und effizient. Die Richter an den hohen Gerichtshöfen mussten vor ihrer Ernennung eine strenge Prüfung ablegen. Friedrich schaffte die Folter ab und regte die Kodifizierung des preußischen Rechts an. Das Ergebnis war das Allgemeine Gesetzbuch für die Preußischen Staaten, das 1794 erschien. Es bildete einen Meilenstein der Rechtsgeschichte und lieferte den Beweis, dass Preußen kein „despotischer" Staat war.

Friedrichs Erbe und Preußens Niedergang

Das Generallandschulreglement von 1763 setzte die allgemeine Schulpflicht im gesamten Königreich durch. 300 000 Einwanderer wurden aus anderen Teilen Europas ins Land geholt, um Preußen nach dem Siebenjährigen Krieg wiederaufzubauen. Aber eine Regierung, die so sehr von der Führung ihres Herrschers abhängig war, musste ins Stocken geraten, wenn dieser älter wurde. Obwohl Friedrich sie ablehnte, blieb die Leibeigenschaft in Preußen bestehen. Denn der König war auf die Unterstützung der Land besitzenden Junker angewiesen, die ihm Offiziere, Beamten und Minister lieferten.

Die Überlegenheit der preußischen Armee wurde in Friedrichs erster Schlacht bei Mollwitz am 10. April 1741 deutlich. Den österreichischen Streitkräften gelang es nicht, Schlesien zurückzuerobern. Mit dem preußischen Sieg betrat eine neue Militärmacht die europäische Bühne.

Niedere Klassen konnten nicht in den Adel aufsteigen und den damit verbundenen Landbesitz erwerben, da der Adel und seine Ehrvorstellungen für Friedrich das Wesen seines Königreichs ausmachten. Preußen mit seinem System staatlich geförderter Manufakturen gelang es im späten 18. Jahrhundert nicht, auf neue wirtschaftliche Verhältnisse zu reagieren. Auch dem neu entstehenden deutschen Nationalbewusstsein, gefördert durch das Eindringen der französischen Revolutionstruppen, öffnete sich das feudale Preußen nicht. In der Schlacht bei Jena 1806 sorgte Napoleon für den Zusammenbruch der alten preußischen Ordnung.

MARIA THERESIA, Erzherzogin von Österreich, Königin von Ungarn und Böhmen, Römische Kaiserin

REG. 1740–1780

Österreichs Bestehen als bedeutende Macht im Europa des späten 18. Jahrhunderts ist im Grunde überraschend. Das zerstückelte Reich war eher der dynastische Besitz des Hauses Habsburg als ein Staat mit nationaler Identität. Allein die Person des Herrschers garantierte eine Art Zusammenhalt und Autorität. Maria Theresia regierte Österreich als Erzherzogin und Böhmen und Ungarn als Königin. Ungarn allein war schon riesig. Es erstreckte sich von Kroatien an der Adriaküste bis an die Ostgrenze zu Polen. Außerdem gehörten zu ihrem Herrschaftsgebiet die Österreichischen Niederlande (das moderne Belgien), das vom österreichischen Kernland durch die deutschen Gebiete getrennt war.

Ihr Vater, Kaiser Karl VI., hatte nach dem Tod seines einzigen Sohnes hart um die internationale Anerkennung der „Pragmatischen Sanktion" gerungen, die die weibliche Thronfolge in den Gebieten der Habsburger erlaubte. Die meisten europäischen Herrscher stimmten ihr zu, aber auf die wenigsten von ihnen war Verlass, wie sie es nach dem Tod Karls halten würden. Maria Theresias Regierungszeit traf mit der zweier Herrscher zusammen, die ebenso intelligent wie rücksichtslos agierten: Friedrich II. von Preußen und Katharina II. von Russland. Aber die österreichische Herrscherin bewies, dass Integrität, Mut und Charakterstärke ebenso viel zählten wie Schläue, wenn es darum ging, eine Dynastie zu bewahren.

Die Heirat Maria Theresias mit Herzog Franz I. Stephan von Lothringen weckte 1736 den Unmut der Franzosen, da ein allzu naher Nachbar damit eine Allianz

Maria Theresia war die einzige überlebende Erbin Karls VI. und die einzige Frau unter den habsburgischen Herrschern. Gabriel Mathei schuf das Porträt vor ihrer Thronbesteigung im Jahr 1740.

MARIA THERESIA
1717–1780

1736 Heirat mit Herzog Franz Stephan von Lothringen.

1740 Maria Theresia wird Königin von Ungarn und Böhmen und ernennt ihren Mann zum Mitregenten Österreichs. Friedrich II. von Preußen löst den Österreichischen Erbfolgekrieg aus.

1745 Franz Stephan wird als Franz I. Kaiser des Heiligen Römischen Reichs. Sie regiert an seiner Seite als Kaiserin.

1763 Abtretung Schlesiens an Preußen nach dem Siebenjährigen Krieg.

1765 Franz I. stirbt. Maria Theresia regiert von nun an zusammen mit ihrem Sohn Joseph II.

1772/1793/1795 Teilungen Polens.

1774 Durchsetzung einer Schulreform im gesamten Reich.

1775 Eine Zollunion fördert den Handel innerhalb des Reichs.

1778/79 Maria Theresia vermittelt im Bayerischen Erbfolgekrieg.

1780 Maria Theresia stirbt.

mit den Habsburgern einging. Franz Stephan gab schließlich Lothringen zugunsten von Stanislaw Leszczynski auf, den erfolglosen französischen Anwärter auf die polnische Krone. Auf diese Weise konnte der polnische Erbfolgekrieg (1733–1738) ohne Ehrverlust für die Franzosen beendet werden. Franz Stephan beerbte stattdessen den kinderlosen Gian Gastone, den letzten Medici-Großherzog der Toskana. Als Maria Theresia 1740 ihrem Vater auf den Thron folgte, ernannte sie ihren Ehemann zum Mitregenten von Österreich. Trotz Franz' Affären war die Verbindung liebevoll. Aus ihr gingen 16 Kinder hervor, von denen zehn das Erwachsenenalter erreichten.

Eine Bedrohung für Österreich

Als Maria Theresia den Thron bestieg, brach der Österreichische Erbfolgekrieg aus, in dem verschiedene europäische Herrscher Anspruch auf die Nachfolge Karls VI. erhoben. Friedrich II. von Preußen marschierte 1740 in Schlesien ein und Frankreich, Bayern, Spanien sowie Sachsen schlossen sich ihm an in der Hoffnung, Österreich insgesamt zu zerschlagen. Die Beteiligung am Krieg in Polen und der Krieg gegen die Osmanen (1737–1739) hatten die österreichischen Finanzen ruiniert und die Berater der jungen Monarchin entmutigt. Doch Maria Theresia trat mutig vor die ungarischen Stände, ein üblicherweise widerspenstiges Gremium, und bat erfolgreich um eine Aushebung von Truppen.

Die Entscheidung des bayerischen Kurfürsten Karl Albert, Friedrich zu unterstützen, war keine Überraschung. Obwohl er die Pragmatische Sanktion unterzeichnet hatte, machte er als Mitglied der in Bayern regierenden Dynastie der Wittelsbacher gewissen Anspruch auf Österreich geltend. Ende 1741 besetzten bayerische und französische Truppen Prag und Karl Albert wurde zum Römischen Kaiser gewählt. Die Habsburger waren seit dem 15. Jahrhundert Kaiser gewesen. Der Bruch der Tradition traf Maria Theresia hart. Im Februar 1742, kurz nach der Krönung Karl Alberts in Frankfurt, marschierten österreichische Truppen in München ein und nahmen Bayern ein.

Mit französischer und preußischer Hilfe gelangte Karl Albert 1744 wieder auf den bayerischen Thron, aber bei seinem Tod wenige Monate später sicherte Maria Theresia die Kaiserwürde für ihren Ehemann. Die Abtretung eines Teils von Schlesien an Friedrich II. von Preußen hatte ihr im Krieg eine Atempause verschafft. Im Frieden von Aachen 1748 musste sie ganz Schlesien an ihn abtreten, doch ansonsten blieb ihr Territorium im Großen und Ganzen erhalten. Österreich hatte überlebt. Jetzt musste sie die Initiative ergreifen.

Reform der österreichischen Armee

Die Reform der Armee war eine grundlegende Voraussetzung für Maria Theresias Reformen, die das Regierungssystem der Habsburger insgesamt stärken sollten. Sie vergrößerte ihr stehendes Heer um 60 000 Mann auf eine Gesamtstärke von

Der zeitgenössische Stich zeigt Maria Theresia und ihren Staatskanzler Wenzel Anton Graf von Kaunitz. Kaunitz löste Österreichs traditionelle Allianz mit Großbritannien auf zugunsten von Bündnissen mit Frankreich und Russland, die dazu dienen sollten, Preußen zu isolieren.

110 000 Mann und schuf eine neue Militärakademie, das Theresianum.

Unterstützt wurde sie bei ihren Plänen von hervorragenden Ministern. Der Staatsminister, Friedrich Wilhelm Graf von Haugwitz, hatte nach Friedrichs Einmarsch 1741 aus Schlesien fliehen müssen. Er besaß daher ein persönliches Interesse daran, die Macht der Habsburger und ihre Finanzen zu stärken. Er veranlasste, dass der Reichstag, der die Kurfürsten, die Reichsfürsten und die Städte vertrat, nur alle zehn Jahre zusammentrat anstatt wie bisher jährlich. Er sollte weiterhin die Höhe der Steuereinnahmen bestimmen, die der Regierung zur Verfügung standen, doch das zehnjährige Intervall sicherte dem Staat ein regelmäßiges Einkommen und führte zwangsläufig zu einer Verringerung der politischen Bedeutung des Reichstags.

Der ungarische Reichstag war von dieser Regelung ausgenommen. Sein berüchtigtes Streben nach Selbstständigkeit sollte der Monarchie Probleme bereiten, bis 1867 mit dem „Österreichisch-Ungarischen Ausgleich“ Österreich in eine Doppelmonarchie mit faktischer innerer Autonomie Ungarns umgewandelt wurde.

In der Zwischenzeit betrieb Maria Theresias Staatskanzler Wenzel Anton Graf von Kaunitz die „Umkehrung der Allianzen“ in Europa, damit Österreich seinen Kampf um Schlesien wieder aufnehmen konnte. Es löste sein Bündnis mit Großbritannien zugunsten Frankreichs, während Preußen die Allianz mit Frankreich aufgab zugunsten von Großbritannien. Kaunitz’ Ziel war es, Friedrich den Großen auf dem Kontinent zu isolieren. Aber es gelang ihm nicht, den preußischen Willen zu brechen, und am Ende des Siebenjährigen Krieges (1763) blieb Schlesien preußisches Gebiet. Dabei war Österreichs beharrliches Ringen um dieses Gebiet nicht nur von der Gesinnung, sondern auch von wirtschaftlichen Interessen bestimmt: Mit seinen Ressourcen an Kohle, Eisenerz, Blei und Zink sollte Schlesien entscheidende Bedeutung für den industriellen Aufstieg Deutschlands erlangen.

Kreative Regierung in Wien

Die desolate Situation der Staatsfinanzen forderte von der österreichischen Regierung die Durchführung grundlegender Reformen. Diese nahmen viele Entwicklungen des 19. Jahrhunderts vorweg. Ziel der staatlichen Wirtschaftspolitik wurde die Steigerung der Arbeitsproduktivität: Aus Italien, den Niederlanden und den deutschen Gebieten holte man ausländische Arbeiter und Handwerker ins Land, um die Produktion anzukurbeln. Ausländische Bauern lud man ein, sich in den entvölkerten Gegenden niederzulassen, besonders in Ungarn.

Die Zollunion von 1775, die alle Länder der Monarchie (außer Ungarn) umfasste, war eine fortschrittliche Maßnahme, um den Handel zu fördern. Ungarns Leibeigene profitierten von einem Gesetz von 1767, das die Rechte und die Behandlung der Bauern durch den Adel regelte. Ein ähnliches Gesetz wurde 1775 für Böhmen erlassen. Aus Sorge, mangelnde Bildung könnte die öffentliche Ordnung gefährden, ließ die Kaiserin eine Schulreform durchführen. Die „Allgemeine Schulordnung für die österreichischen Länder“ von 1774 etablierte ein System von Grund- und weiterführenden Schulen, zu dem auch Institute zur Lehrerausbildung gehörten.

Die Polnische Teilung

Eine Teilung Polens hätte die Erweiterung des österreichischen Territoriums zur Folge gehabt. Doch als traditionelle Herrscherin glaubte Maria Theresia daran, dass die territoriale Integrität anderer Länder gewahrt werden müsse, und hatte erhebliche Vorbehalte gegen die aufeinanderfolgenden Teilungen des polnischen Königreichs. Sie war entsetzt gewesen, dass Friedrich sich in Schlesien über dieses Prinzip hinweggesetzt hatte. Ihr Instinkt sagte ihr, dass unweigerlich ein internationales Chaos ausbrechen würde, sollten andere Herrscher es ihm gleichtun. Aber Russland dehnte sich weiter nach Süden aus und bedrängte das Osmanische Reich, was auch für Österreich eine Bedrohung darstellte. Daher schlug Kaunitz vor, sie solle sich mit den Türken zusammentun.

Das Porträt von Maria Theresia und ihrer Familie, gemalt von Heinrich Fuger, zeigt die Kaiserin in fortgeschrittenem Alter. Zu ihren 16 Kindern gehörten die Kaiser Joseph II. (rechts) und Leopold II. sowie die Königinnen Maria Karolina von Neapel und Marie Antoinette von Frankreich.

Die zutiefst katholische Monarchin lehnte es jedoch ab, ein Bündnis mit einer islamischen Macht einzugehen. Friedrichs Lösung war daher die einzige Möglichkeit, die ihr blieb: Die Osmanen durften ihre europäischen Besitzungen behalten, während die drei großen osteuropäischen Mächte in gegenseitigem Einvernehmen Polen zerschlagen würden. Zudem hatte Kaunitz recht: Österreich würde nur dann geschwächt werden, wenn es sich zurückhielte, während Russland und Preußen Vorteile gewännen.

Bei der ersten Teilung 1772 erhielt Österreich Galizien von Polen und 1775 die Bukowina von den Osmanen und damit einen Korridor, der Galizien mit dem ungarischen Transsylvanien verband. Kaunitz plante weiterhin, die Österreichischen Niederlande gegen Bayern zu tauschen, womit der neue Herrscher Bayerns, der Kurfürst der Pfalz, einverstanden war. Wäre der Plan realisiert worden, wäre ein weiterer deutscher Machtblock neben Preußen entstanden. Friedrich erklärte daher im Juli 1778 Österreich den Krieg. Maria Theresia schritt ein, verhandelte mit Friedrich und durchkreuzte damit die offiziellen österreichischen Ziele.

Maria Theresias Nachfolger

Maria Theresias Sohn Joseph war Römischer Kaiser und Mitregent, seit Franz 1765 gestorben war. Aber Maria Theresia achtete streng darauf, dass ihre Rechte als Herrscherin gewahrt blieben, was zu häufigen Zusammenstößen führte. Als Joseph 1780 seiner Mutter auf den Thron folgte, regierte er repressiv und zentralistisch. Widersprüche in der „aufgeklärten“ Politik der Habsburger traten nun deutlich zutage. Maria Theresia hatte bereits die Zahl der religiösen Feiertage reduziert, um die wirt-

schaftliche Produktivität zu steigern. Joseph ging noch weiter: Er löste ein Drittel aller Klöster auf, da sie seiner Meinung nach weder im Bereich der Bildung noch in der Gesundheitsversorgung oder der Landwirtschaft produktive Arbeit leisteten.

Josephs Toleranzpatent von 1781 gestand allen christlichen Konfessionen freie Religionsausübung zu. Und die Abschaffung der Leibeigenschaft, wenngleich sie nicht allgemein umgesetzt wurde, kam einer sozialen Revolution gleich. Die Bauern erhielten auch das Recht zu reisen, zu heiraten und ein Gewerbe zu wählen, ohne dass sie ihren Herrn um Erlaubnis fragen mussten. Als Joseph 1781 die offizielle Zensur lockerte, die ein wichtiges Merkmal der Herrschaft seiner Mutter gewesen war, bemerkte er eine allgemeine Unzufriedenheit mit seiner autoritären Form des Liberalismus. Die Zensur wurde wieder eingeführt, und ab Mitte der 1780er-Jahre überwachte die Geheimpolizei aktiv die öffentliche Meinung.

Maria Theresias anderer Sohn, Leopold II. (regierte 1790–1792), folgte Joseph auf den Thron. Er erlebte den Beginn der Französischen Revolution, die zur Hinrichtung seiner Schwester Marie Antoinette führen sollte. Der Liberalismus und der Nationalismus des 19. Jahrhunderts untergruben schließlich die Macht der Habsburger und festigten ihren Ruf als Unterdrücker. Die Dynastie erhielt sich jedoch hinter den Mauern von Schloss Schönbrunn ihre Titel und Restautorität bis zum Zusammenbruch der Doppelmonarchie 1918.

KATHARINA II., *die Große*, Kaiserin von Russland

REG. 1762–1796

Graf Grigori Orlow, dessen Porträt von Andrei Iwanowitsch Tscherny in der Eremitage in St. Petersburg hängt, unterstützte Katharina maßgeblich bei ihrem Staatsstreich von 1762, der sie auf den russischen Thron brachte.

In St. Petersburg lancierte Jekaterina Alexejewna am 9. Juli 1762 einen Staatsstreich, der sie auf den Zarenthron des Russischen Reichs bringen sollte. «Ich bin eine Aristokratin», hatte sie einst gesagt, «das ist mein Beruf.» Aber der Ruhm, nach dem sie jetzt strebte, sollte sie über alle anderen Adligen hinausheben. Die Vorbereitungen dafür hatte sie mit der für sie typischen Effektivität getroffen.

Sie wusste, dass die Regimenter, die in der Stadt stationiert waren, sie unterstützen würden. Ihren Liebhaber, den Offizier Grigori Orlow, hatte sie mit der militärischen Durchführung des Coups beauftragt. Auch an den Höfen von St. Petersburg und Moskau mochte man den Stil, die Kultiviertheit und die Intelligenz der deutschstämmigen Prinzessin.

Ihr Ehemann Zar Peter III., ebenfalls ein gebürtiger Deutscher, hatte im Jahr zuvor die Nachfolge seiner Tante, der Zarin Elisabeth angetreten, verhehlte aber seine Abneigung gegen Russland nicht. Seine offene Bewunderung für Friedrich II. von Preußen musste wütende Reaktionen provozieren, denn dieser war der Nationalfeind, gegen den die russische Armee im Siebenjährigen Krieg (1756–1763) gekämpft hatte. Der Zar versuchte offensichtlich, seine Frau loszuwerden. Aber es war klar, dass Peter nicht in der Lage sein würde, effektiv zu herrschen. An der Spitze der Streitkräfte marschierte Katharina zur Kasaner Kathedrale von St. Petersburg, wo sie zur Zarin Russlands ausgerufen wurde. Peter III. musste abdanken und wurde acht Tage später ermordet. Zwei Monate später wurde Katharina in Moskau gekrönt.

Erziehung und Eheschließung

Sophie Friederike Auguste von Anhalt-Zerbst wurde als Tochter eines unbedeutenden deutschen Fürsten geboren, war aber über ihre Mutter mit den sehr viel

Katharinas Versuche, eine Verfassung auszuarbeiten, scheiterten. Erfolgreicher waren ihre späteren Reformen und ihre Außenpolitik. Das Porträt von 1783 von Dmitri Grigorjewitsch Lewizki zeigt sie als Gesetzgeberin im Tempel der Göttin der Gerechtigkeit.

einflussreicheren Herzögen von Holstein verwandt. Im Alter von 14 Jahren wurde sie als künftige Ehefrau von Karl Ulrich, Herzog von Holstein-Gottorp, ausgewählt, dem Enkel Peters des Großen. 1744 reiste sie nach Russland, wo Karl Ulrich als Großfürst Peter Thronerbe war. Cousin und Cousine heirateten im darauffolgenden Jahr. Die junge Deutsche, die jetzt zur Großfürstin Jekaterina Alexejewna wurde, langweilte sich und fühlte sich einsam. Die Gleichgültigkeit ihres Ehemanns wurde schnell deutlich, genau wie seine Vorliebe, sie zu beschämen.

Die neue Großfürstin suchte Zuflucht in Büchern. Ihre hervorragende Kenntnis der zeitgenössischen Literatur sollte Katharina später die Bewunderung aufgeklärter europäischer Denker und Schriftsteller eintragen. Aber das Lesen hatte auch einen ganz pragmatischen Zweck. Katharina betrieb ihr Programm der Selbsterziehung, um sich auf ihre künftige Rolle vorzubereiten. Für sie schien es außer Zweifel zu stehen, dass sie die russische Bühne in der Rolle einer lediglich dekorativen Zarin betreten würde.

Bemerkenswert erfolgreich waren auch Katharinas Feldzüge im Bereich der Liebe. In den 18 Jahren ihrer unglücklichen Ehe soll sie mindestens drei Liebhaber gehabt haben. Man nahm an, dass keines ihrer drei Kinder, darunter der Thronerbe Paul, von ihrem Ehemann stammte. Der Ehrgeiz, den sie in intellektueller Hinsicht bewiesen hatte, gewann schließlich eine politische Zielrichtung. Sie begann,

Der Winterpalast in St. Petersburg wurde von der Zarin Elisabeth in Auftrag gegeben. Er sollte selbst die üppigsten königlichen Paläste in Europa übertreffen. Hier richtete Katharina ihre offizielle Residenz ein und begann, Kunstwerke zu sammeln – eine Tradition, die über 200 Jahre lang fortgesetzt wurde. Heute ist der Palast Teil der Eremitage, die eine der größten Kunstsammlungen der Welt beherbergt.

sich als eigenständige Figur im Spiel der Macht zu etablieren. Ihre Ambitionen galten der Schaffung einer unverwechselbaren Form der russischen Aufklärung und des nationalen Fortschritts.

Der Hof der Zarin Elisabeth

Der russische Hof, an dem Katharina lebte, war von der Zarin Elisabeth geprägt worden, der Tochter Peters des Großen. Er war deutlich kultivierter als zur Zeit der petrinischen Autokratie. Die begeisterungsfähige und kluge Elisabeth war ebenfalls durch einen Staatsstreich in St. Petersburg auf den Thron gelangt. Ihre Palastrevolte vom 6. Dezember 1741 hatte die einjährige Regentschaft von Anna Leopoldowna, einer Großcousine Elisabeths, beendet. Diese hatte im Namen ihres minderjährigen Sohnes Iwan VI. geherrscht. Elisabeth schickte ihre Verwandten in die Verbannung, entließ die deutschen Berater der Regentin und ließ sich stattdessen von Befürwortern einer profranzösischen Außenpolitik leiten, die den deutschen Einfluss auf die russische Politik zu verringern suchten. Im Siebenjährigen Krieg hatte sich Russland daher mit Frankreich und Österreich gegen Preußen zusammengeschlossen. Im Russisch-Schwedischen Krieg von 1741 bis 1743 hatte es zudem einen Teil Südfinnlands annektiert. Peters unpopuläre Entscheidung, die antipreußische Politik zu durchbrechen, indem er mit Friedrich II. Frieden schloss, trug zu seiner Demontage bei.

Der Winterpalast

Elisabeth betätigte sich als Förderin der russischen Kunst und Kultur. So gründete sie die Moskauer Universität und die Akademie der Künste in St. Petersburg und beauftragte den Architekten Bartolomeo Rastrelli mit dem Bau des Winterpalasts. Der russische Barockstil der Zarenresidenz wurde von da an typisch für die St. Petersburger Architektur. Mehrmals war der Winterpalast bereits niedergerissen und wiederaufgebaut worden. Im Jahr von Katharinas Staatsstreich stellte Rastrelli den Palastbau gerade fertig. Ihn zierten vergoldeter Stuck und weiße Säulen vor grünem Hintergrund. 176 Skulpturen krönten das Dach des Palastes. Aber das Leben am Hof wurde nicht nur immer kultivierter. Gleichzeitig nahmen die Intrigen zu, wie später Katharinas Vorgehen gegen ihren Ehemann bewies. Elisabeth widmete sich nach ihrem Regierungsantritt vor allem der Zelebrierung eines großartigen höfischen und kirchlichen Zeremoniells. Die Einzelheiten der russischen Regierung überließ sie dagegen ihren Favoriten und Beratern aus dem Adel, dessen interne Streitigkeiten die Autorität des Zarentums untergruben.

Katharinas Maßnahmen gegen den Klerus

Kriege und Elisabeths verschwenderische Hofhaltung hatten die russische Staatskasse geleert. Dies war die erste Herausforderung, mit der die neue Zarin konfrontiert wurde. Wenige Monate nach ihrer Machtübernahme säkularisierte sie daher die Besitztümer des Klerus und stellte sie unter staatliche Kontrolle. Es handelte sich immerhin um ein Drittel des gesamten Grundbesitzes und der

Leibeigenen des Landes. Die Reformen Peters des Großen hatten die Macht der russisch-orthodoxen Kirche bereits stark eingeschränkt. Durch Katharinas Maßnahmen sank der Klerus auf das Niveau staatlich bezahlter Angestellter. Das passte zu Katharinas Verständnis von einer „aufgeklärten" Herrschaft. Ihr Versuch einer Reform des russischen Rechts scheiterte jedoch an der gewaltigen, ungebildeten und rückwärts gerichteten Bevölkerung Russlands.

1767 berief Katharina eine Kommission ein, die eine russische Verfassung erstellen sollte. Sie bestand aus Delegierten aus allen Provinzen des Reichs und Vertretern aller sozialer Klassen außer den Leibeigenen. Die „Große Instruktion", die sie verfasste und der Kommission vorlegte, ist ein Musterbeispiel des progressiven Liberalismus und zeugt von ihrer intensiven Beschäftigung mit Montesquieu und Rousseau. Sie forderte darin die Gleichheit vor dem Gesetz und die Erweiterung gesetzlich festgeschriebener Rechte. Zudem verurteilte sie Folter, Todesstrafe und die Leibeigenschaft, da diese der menschlichen Würde zuwiderlaufe. Das Dokument bezeugt aber auch ihr Festhalten an der absolutistischen Herrschaftsform. Um effektiv regieren zu können, müsse die Zarin außerhalb des Gesetzes stehen. Nach einem Jahr vertagte sich die Kommission, weil es ihr nicht gelungen war, eine Übereinkunft über die Reformierung von Verwaltung und Recht zu erzielen. Sie kam nie wieder zusammen und Katharinas „Große Instruktion" hatte sich als irrelevant für das Russland ihrer Zeit und ihre Form der Herrschaft erwiesen.

Die Kosaken waren berühmt für ihre Reitkünste und gefürchtet wegen ihrer militärischen Fähigkeiten. 1773 revoltierten sie unter der Führung Pugatschows gegen Katharina.

Der Pugatschow-Aufstand

Die Leibeigenschaft wurde unter Katharina als Grundlage des Staatswesens sogar noch erheblich erweitert. Die Zarin benötigte die Unterstützung des Adels für ihre anderen Projekte. Unter ihren Favoriten und Ministern verteilte sie Kronland, um sich ihre Loyalität zu sichern. 1773 brach ein großer Aufstand aus, angeführt von Jemeljan Pugatschow, einem ehemaligen Kosakenoffizier, der sich als ihr verstorbener Ehemann und daher rechtmäßiger Herrscher ausgab. Er bestätigte Katharina in ihrer Ansicht, dass der westliche Liberalismus für Russland nicht das Richtige sei – für ein Land, das ständig in Anarchie zu verfallen drohte. Es waren vor allem Kosakenregimenter, die sich an dem Aufstand beteiligten, der sich vom Ural und dem Südosten her ausbreitete. Im Sommer 1774 marschierten die Kosaken auf Moskau und es bedurfte mehrerer Eliteregimenter, um die Ordnung wiederherzustellen.

Katharinas Außenpolitik

Außenpolitisch verhielt sich die Zarin anfänglich vorsichtig und erhielt die russischen Bündnisse mit Österreich und Frankreich aufrecht. In Polen installierte sie 1764 mit Stanislaw Poniatowski einen ehemaligen Liebhaber auf dem polnischen Thron. Hauptziel der russischen Außenpolitik während des gesamten 18. Jahrhunderts war jedoch die Verdrängung der Osmanen aus ihren europäischen Gebieten, um über das Schwarze Meer Zugang zur Ägäis und zum Mittelmeer zu gewinnen. Katharinas Wiederaufnahme der Türkenkriege rief Stürme nationaler Begeisterung hervor.

Von großer Bedeutung war in diesem Zusammenhang der Einfluss von Grigori Potemkin, ihrem Minister, Feldmarschall und ehemaligen Liebhaber sowie möglicherweise heimlichen Ehemann. Er hatte im erfolgreichen russisch-türkischen Krieg von 1768 bis 1774 eine wichtige Rolle gespielt. 1783 eroberte er die Krim von den Osmanen sowie Gebiete vom Kaukasus bis zum russischen Südwesten einschließlich der Nordküste des Schwarzen Meeres. Dort baute Potemkin im Hafen von Sewastopol die russische Flotte aus. Istanbul und der Bosporus lagen jetzt in Reichweite. Katharina übte zusätzlichen Druck auf die Osmanen aus, indem sie die Allianz mit Österreich, dem historischen Feind der Türken, stärkte.

Teilung Polens und Eroberung der Krim

Als die Zarin 1787 ihre neuen Provinzen bereiste, hatte Potemkin sorgfältig Freudenszenen inszeniert. Die sprichwörtlichen Potemkinschen Dörfer sind jedoch wohl eine Legende. Inzwischen hatte Katharina die Bündnisse mit Preußen und Großbritannien gelöst. Beide Länder waren beunruhigt über Russlands Ausdehnung nach Süden. Aber sie erwies sich als behutsam im Umgang mit der Angst des Westens und vermied jegliche russische Beteiligung an europäischen Kriegen. Die Polnische Teilung von 1793, bei der Katharina sich die westliche Ukraine aneignete und Preußen den Großteil Westpolens, konsolidierte ihre Macht deutlich. 1795 war das Königreich Polen von der Landkarte verschwunden.

Der Tod der Zarin

Als Katharina überraschend einem Schlaganfall erlag, unterminierten revolutionäre und demokratische französische Ideen ihre absolutistische Machtausübung. Die Vorstellungen der liberalen Aufklärung, zu denen sie sich in ihrer Jugend hingezogen gefühlt hatte, traten jetzt den Siegeszug an. Aus Sorge um die Zukunft ihrer Dynastie hatte die Zarin ihren Enkel Alexander als Thronfolger favorisiert anstelle ihres Sohnes Paul. Doch auch sie konnte sich nicht über die Gesetze der dynastischen Erbfolge hinwegsetzen. Mit ihrer Stärkung des Adels hinterließ sie dem zaristischen Russland ein erhebliches Problem. Aber das 520 000 Quadratkilometer große Territorium, das jetzt von Russland regiert wurde, war Katharinas wichtigeres Erbe. Es sicherte ihr die Bewunderung der russischen Herrscher und der Bevölkerung auch lange nach dem Ende der Herrschaft der Romanows 1917.

KATHARINA II.

1729–1796

1744 Katharina verlässt ihr Heimatland Deutschland und reist nach Russland.

1745 Sie heiratet den Großfürsten Peter, den späteren Zar Peter III.

1762 In einem Staatsstreich stürzt sie ihren Ehemann und besteigt den Thron.

1762 Einberufung einer Kommission, um die Gesetze und Verwaltung des Reichs zu reformieren.

1768–1774 Russisch-Türkischer Krieg. Er bringt dem Zarenreich neue Territorien und Handelsprivilegien ein.

1774 Der Pugatschow-Aufstand wird von loyalen Regimentern niedergeschlagen.

1783 Das Russische Reich annektiert die Krim sowie Teile der Südukraine und erhält dadurch Zugang zum Schwarzen Meer.

1787 Katharina bereist ihre neuen Provinzen.

1796 Katharina erliegt einem Schlaganfall. Ihr Sohn Paul folgt ihr auf den Thron.

NAPOLEON BONAPARTE, französischer Kaiser

REG. 1804–1814, 1815

«Meine Politik ist es, die Menschen zu regieren, wie die meisten von ihnen regiert werden wollen. Das ist das Kennzeichen populärer Herrschaft, denke ich.» Napoleons Ausspruch lässt ihn sowohl als letzten Vertreter des aufgeklärten Absolutismus als auch als ersten totalitären Herrscher der Moderne erscheinen. Er war geprägt von klischeehaften aufklärerischen Vorstellungen über die Vernunft, die Notwendigkeit des Fortschritts und die Rückständigkeit früherer Zeiten. Und er wusste, wie man sich mit einer Aura der Tiefgründigkeit umgab. Daher begleitete ihn eine mobile Bibliothek, montiert auf einer Lafette, wenn er ins Feld zog.

Selbstdarstellung war für Napoleon immer wichtig. Er förderte Künstler wie Jacques-Louis David und Jean-Auguste-Dominique Ingres, die dafür von ihm propagandistische Porträts anfertigten. Sie glorifizierten den Herrscher in einer Form der Machtverehrung, wie man sie an Intensität in Europa seit der Herrschaft Ludwigs XIV. nicht mehr gesehen hatte. Napoleon hatte sowohl eine geringe Meinung von der menschlichen Natur als auch ein präzises Verständnis von der Macht der Schmeichelei. Die Menschheit, so sagte er, werde «geleitet von Tand». Deshalb gründete er die Ehrenlegion und verteilte ihre Orden verschwenderisch.

Die Einsichten eines Korsen

Seine korsische Herkunft erklärt zum Teil Napoleons Außenseiterblick auf die Franzosen und die Leichtigkeit, mit der er die unzähligen Verwundeten – insgesamt rund 1,4 Millionen – abtat, die in 17 Jahren Opfer seiner endlosen Kriege wurden. «Eine einzige Nacht in den Bordellen von Paris ersetzt den ganzen Haufen», sagte er einmal nach heftigen Verlusten im Kampf. Offiziell aber vertrat er einen neuen französischen Nationalismus, als sich erst die Republik und dann das Kaiserreich gegen äußere Feinde verteidigen musste. Seine Soldaten verehrten den *petit caporal* und identifizierten sich zudem stark mit der Sache des Vaterlands.

Jacques-Louis Davids Porträt erinnert an Napoleons Überquerung der Alpen im Mai 1800, als er seine Armee über den St.-Bernhard-Pass nach Norditalien führte, um die österreichische Armee von ihrer Basis abzuschneiden. Davids Gemälde vergleicht den Kaiser mit Hannibal und Karl dem Großen, deren Namen außer dem Napoleons neben den Pferdehufen in die Felsen geritzt sind.

Napoleons entscheidende Einsicht war, dass die Franzosen zwar die Unordnung der Revolution leid waren, jedoch manche ihrer Errungenschaften sehr schätzten. Mit seinem Staatsstreich am 9. November 1799 beendete er daher die französische Demokratie, hielt aber gleichzeitig an der Abschaffung des Feudalismus, der Verstaatlichung der Kirchengüter, der Gleichheit aller Menschen vor dem Gesetz und einer rationalisierten Verwaltung fest. Darüber hinaus übte er im Innern keine Terrorherrschaft aus: Die Gesamtzahl der politischen Gefangenen betrug nur rund 2500. Ehemalige Royalisten oder Revolutionäre blieben unbehelligt, solange sie sich dem neuen Regime unterordneten. Napoleon kannte sein Volk und seine Schwäche für einen «starken Mann» an der Spitze. Sie erlaubte ihm, der Letzte in einer langen Reihe französischer Herrscher zu werden, die nach persönlichem Ruhm strebten, indem sie die nationalen Grenzen erweiterten. Der Unterschied zwischen Napoleon und seinen Vorgängern bestand lediglich darin, dass er seine Ziele effizienter verfolgte.

Als sie Napoleon 1796 im Alter von 33 Jahren heiratete, hatte Joséphine de Beauharnais bereits zwei Kinder aus erster Ehe. 1809 ließ sich Napoleon von ihr scheiden, um Marie Louise von Österreich zu heiraten. Sie gebar ihm später einen Sohn.

Erst 1768 hatte Genua Korsika an Frankreich abgetreten. Fast wäre Napoleone di Buonaparte also kein Franzose gewesen. Als Angehöriger des örtlichen niederen Adels wurde er auf die Militärakademie in der Nähe von Troyes geschickt, wo er sich als äußerst begabter, eifriger Student erwies. Doch er war auch ein Einzelgänger und wurde gelegentlich gehänselt. Später trat er in die elitäre École Royale Militaire in Paris ein, wo er sich auf Artillerietechniken spezialisierte, die ein wesentliches Kennzeichen seiner Feldherrnkunst werden sollten.

Früher Erfolg und Ruhm

Seinen ersten erfolgreichen Angriff führte er 1793 gegen die von Royalisten und Briten besetzte Stadt Toulon. Im Herbst 1795 schlug er einen Aufstand in Paris brutal nieder, wofür ihn das Direktorium, das Frankreich von 1795 bis 1799 regierte, finanziell reich belohnte. Schließlich wurde Napoleon Liebhaber und später Ehemann von Joséphine de Beauharnais, der früheren Mätresse von Paul de Barras, einem Mitglied des Direktoriums. Damit hatte er den Aufstieg in die vornehme Gesellschaft von Paris geschafft. Der italienische Feldzug von 1796/97 etablierte ihn auch auf der europäischen Bühne. Er siegte über die österreichischen Truppen in der Lombardei und die Armee des Kirchenstaats. Ein Großteil Norditaliens, das Rheinland und die Niederlande standen nun unter französischer Kontrolle.

Napoleon war ein außerordentlich charismatischer Feldherr. Doch zu seinem Erfolg trug auch seine meisterliche Beherrschung der Spionage und der Spionageabwehr bei. In Italien stellte er zudem sein Talent als Propaganda-Journalist unter Beweis: Er gab zwei Zeitungen heraus, die unter seinen Soldaten verteilt wurden und auch in Frankreich zirkulierten; eine dritte ließ er in Paris drucken. Sie alle festigten seinen Ruf als „Mann der Zukunft", während das Direktorium in Ineffizienz und Korruption versank.

Ziel der Ägyptenexpedition 1798/99 war es, Englands Verbindungswege nach Indien abzuschneiden, die durch diese Provinz des Osmanischen Reichs führten. Napoleon nahm auf seinen Feldzug auch eine Gruppe von Wissenschaftlern mit, deren Untersuchungen der antiken Stätten die Grundlage der modernen Ägyptologie bilden sollten. Viele frühere Herrscher Frankreichs waren Förderer der Wissenschaft gewesen, und Napoleon, der ebenfalls den Ehrgeiz besaß, an der Spitze des Landes zu stehen, versuchte sie nachzuahmen. Auf seinem Rückzug nach einer seiner seltenen Niederlagen nahm er eine große Zahl ägyptischer Artefakte mit nach Frankreich – eine Plünderung im großen Stil.

Herrschaft als Erster Konsul

Nach seiner Rückkehr führte Napoleon einen Staatsstreich durch und proklamierte sich zum Ersten Konsul. Dieser Titel war eine Reminiszenz an die römische Republik, die von französischen Revolutionären gern idealisiert wurde. Mit seiner neuen Autorität führte er verschiedene Reformen durch, die unter anderem die Steuern, das Transportwesen, die Bildung und das Bankensystem betrafen. Der Verstand eines klugen Soldaten war es, der Ordnung ins Chaos der nachrevolutionären Verwaltung brachte. Er ordnete Frankreich, wie er seine Armee geordnet hatte. Da er nur wenig Zeit und noch weniger Talent für die zähen Verhandlungen und Intrigen der zivilen Politik hatte, schaffte er sie ab.

Der Code Civil, das bürgerliche Gesetzbuch, das Juristen unter der Ägide von Napoleon schufen, war nicht nur in Frankreich sehr einflussreich, sondern auch in allen anderen europäischen Ländern, die von der Revolution und ihren Nachwirkungen betroffen waren. Weitere napoleonische Gesetzbücher behandelten unter anderem das Handels- und Strafrecht. Bis heute gültig ist Napoleons Einteilung des Landes in *départements* mit einem Präfekten als oberstem Verwaltungsbeamten.

Kaiserkrönung und Gründung einer Dynastie

Der Friedensschluss mit den Österreichern nach der siegreichen Schlacht bei Marengo (1800) sowie der Frieden von Amiens (1802/03) mit Großbritannien beendeten die ständigen Kriege für eine gewisse Zeit. Während dieser Atempause krönte sich Napoleon am 2. Dezember 1804 in Gegenwart des Papstes zum Kaiser der Franzosen. Am 26. Mai 1805 wurde er in Mailand zum König von Italien gekrönt.

Schon bald führte Napoleon weiter Krieg und siegte 1805 in Austerlitz gegen Österreich und Russland, 1806 in Jena gegen die Preußen und 1807 bei Friedland

NAPOLEON BONAPARTE 1769–1821

1769 Napoleon wird auf Korsika geboren.

1795 Er schlägt eine Revolte in Paris nieder.

1796 Heirat mit Joséphine de Beauharnais; Italienfeldzug.

1798–1799 Ägyptenfeldzug.

1799 Napoleon proklamiert sich nach einem Staatsstreich zum Ersten Konsul.

1800 Sieg über Österreich in der Schlacht von Marengo.

1804 Kaiserkrönung.

1805 Krönung zum König von Italien.

1808 Sturz des bourbonischen Königs von Spanien.

1812 Ende des gescheiterten Russlandfeldzugs.

1814 Er geht ins Exil nach Elba.

1815 Flucht aus Elba, „Herrschaft der Hundert Tage", Niederlage in der Schlacht von Waterloo.

1821 Tod auf St. Helena.

1861 Napoleon wird im Invalidendom in Paris beigesetzt.

gegen eine Koalition von Preußen und Russland. Frankreich erstreckte sich nun von der Ostsee bis an die Adria. Deutschland, Italien und das neu gegründete Herzogtum Warschau standen unter französischer Oberherrschaft. In den eroberten Ländern setzte der Kaiser seine Brüder als Könige ein. Jerôme wurde König von Westfalen, Louis König von Holland und Joseph zunächst König von Neapel und Sizilien, später von Spanien.

Napoleons Schwester Elisa, die er zur Fürstin von Lucca und Großherzogin der Toskana machte, erwies sich von allen Geschwistern als fähigste Regentin. Sie verdoppelte die Seidenproduktion ihrer Gebiete innerhalb von nur drei Jahren und baute die Marmorsteinbrüche von Carrara aus. Eine andere Schwester, Pauline, verheiratet mit Fürst Camillo Borghese, provozierte einen Skandal, weil sie dem Bildhauer Canova nackt Modell stand.

Napoleons Mutter Letizia hatte Korsika 1793 verlassen, um am Hof ihres Sohnes in Paris zu leben. Sie führte den Titel einer „kaiserlichen Hoheit“, war aber allgemein als „Madame Mère“ bekannt. Die einfache Frau betrachtete den schwindelerregenden Aufstieg ihrer Kinder mit großer Skepsis und Sorge.

Die Schlacht bei Preußisch Eylau, dargestellt von Antoine-Jean Gros im Jahr 1808, wurde am 7. und 8. Februar 1807 zwischen Napoleons Streitkräften und russischen Truppen ausgetragen. Beide Seiten erlitten große Verluste, einen Sieger gab es jedoch nicht.

Napoleon in der Defensive

Der Niedergang der Wirtschaft, die nationalen Bewegungen anderer Länder sowie die britische Marine bewirkten den Untergang Napoleons. Der Kaiser war bereit, mit Russland zu verhandeln, aber niemals mit Großbritannien, das er als das „Karthago" seines Roms ansah und als schäbige, ausschließlich auf Gewinn bedachte Macht verachtete. Dass er den Plan zur Invasion Großbritanniens aufgeben musste, für den er mit dem Verkauf der französischen Kolonie Louisiana bezahlt hatte, verstärkte noch seinen Hass. Die zerrüttete Wirtschaft seines Landes versuchte er von 1806 an wiederzubeleben, indem er französische Waren protektionierte und eine Kontinentalsperre gegen Großbritannien verhängte.

Diese war nur ein Beispiel für die wenig effektiven Überlebensstrategien des napoleonischen Kaiserreichs. Dazu gehörte es auch, die besiegten Länder finanziell auszusaugen. Österreich wurde zur Zahlung von 125 Millionen Franc gezwungen, Sachsen musste 25 Millionen zahlen und Preußen die Steuereinnahmen von 16 Jahren an Frankreich ausliefern. Großbritannien nutzte inzwischen sein weltweites Empire, um Handel zu treiben, anstatt wie Napoleon nach Ruhm zu streben.

In Spanien geriet der Kaiser in die Defensive, als seine Absetzung des dortigen Bourbonenkönigs 1808 eine Welle des Nationalismus auslöste. Er versuchte vergeblich ein Land zu besetzen, dessen Einwohner er als abergläubische Bauern verachtete, die sich aber als mörderisch effektive Guerillakämpfer herausstellten. Den 1807 geschlossenen Frieden mit Russland brach Napoleon, erlitt aber bei seiner Invasion 1812 eine katastrophale Niederlage. Eine halbe Million Fußsoldaten und Teile seiner besten Kavallerie starben auf dem Rückzug im russischen Winter.

Ruhmreiche Niederlage und Exil

Alles, was danach folgte, trug zur Entstehung des napoleonischen Mythos bei: Paris fiel am 31. März 1814 unter dem Ansturm der alliierten Truppen, Napoleon ging ins Exil nach Elba, kehrte aber nach Frankreich zurück, um die „Herrschaft der Hundert Tage" anzutreten. Sie endete mit der endgültigen Niederlage gegen die britisch-preußischen Streitkräfte bei Waterloo und der Verbannung des Kaisers nach St. Helena im Südatlantik.

Romantische Dichter wie Victor Hugo stilisierten den Untergang Napoleons zu einer ruhmreichen Niederlage und einem schicksalhaften Scheitern von Edelmut. Diese Sicht der Dinge beeinflusste lange die nationale Identität Frankreichs, inspirierte aber auch spätere Diktatoren. 1851 errichtete sein technokratischer Neffe Napoleon III. das Zweite Kaiserreich. Während seiner Herrschaft wurden die sterblichen Überreste seines Onkels am 2. April 1861 im Pariser Invalidendom beigesetzt. Im Dezember 1940 ordnete Adolf Hitler nach dem Fall Frankreichs an, die Überreste Napoleons II. (1811–1832), des Sohnes des Kaisers aus seiner Ehe mit Erzherzogin Marie Louise von Österreich, in der Nähe des väterlichen Grabes zu bestatten.

VIKTORIA, Königin des Vereinigten Königreichs von Großbritannien und Irland, Kaiserin von Indien

REG. 1837–1901

Das Miniaturporträt von Viktorias Mann Albert von William Charles Ros entstand 1840, im Jahr seiner Eheschließung mit Viktoria. Nur fünf Tage nach seinem Eintreffen am englischen Hof 1839 machte Viktoria ihrem Cousin einen Heiratsantrag. Vier Monte später wurde die Ehe geschlossen.

Im Viktorianischen Zeitalter erlebte Großbritannien so gravierende gesellschaftliche und wirtschaftliche Veränderungen, dass die vorangegangene Georgianische Zeit so weit entfernt schien wie das Zeitalter Elisabeths I. Viktoria stand für ein neues britisches Selbstvertrauen, genährt durch das Aufkommen eines dynamischen Kapitalismus, die imperialistischen Erfolge des Königreichs und das Gefühl eines moralischen Fortschritts.

Viktorias Kindheit und Jugend waren nicht immer leicht gewesen. Ihr Großvater, der britische König Georg III. aus dem Haus Hannover, hatte sieben erwachsene Söhne, aber nur der älteste, der zukünftige Georg IV., hatte eine Tochter aus einer standesgemäßen Ehe. Als die Prinzessin Charlotte Augusta, die mit Leopold von Sachsen-Coburg-Saalfeld verheiratet war, 1817 starb, war der Fortbestand des britischen Königshauses gefährdet. Drei der jüngeren Söhne Georgs III. gingen nun Ehen mit deutschen Prinzessinnen ein, um die Nachfolge zu sichern. Eduard, der Herzog von Kent, heiratete eine Schwester Leopolds, Viktoria von Sachsen-Coburg-Saalfeld, die verwitwete Fürstin von Leiningen.

Die Ehe des Herzogspaares war überschattet von finanziellen Schwierigkeiten. Kaum ein Jahr nach der Geburt von Viktoria im Mai 1819 starb der Herzog und hinterließ seiner Witwe einen Berg von Schulden. Zu den Brüdern ihres Mannes hatte die Herzogin von Kent ein gespanntes Verhältnis. Isoliert vom Hof, lebte sie mit Viktoria im Kensington Palace, wo die junge Prinzessin mit den beiden Kindern aus der ersten Ehe ihrer Mutter aufwuchs. Die verwitwete Herzogin hoffte, als Regentin für Viktoria herrschen zu können, falls diese noch minderjährig auf den Thron gelangen sollte. Während Georg IV. und sein Bruder und Nachfolger Wilhelm IV. ihre Schwägerin von der Macht fernhalten wollten, fand die Herzogin von Kent Hilfe bei ihrem Bruder Leopold, der 1830/31 zum König der Belgier

Vorlage für diesen Stich war ein Porträt von Viktoria, das George Howard, der neunte Earl of Carlisle, um 1865 schuf.

VIKTORIA
1819–1901

1820 Viktorias Vater stirbt. Sie lebt mit ihrer Mutter im Kensington Palace.

1837 Viktoria besteigt im Alter von 18 Jahren den britischen Thron.

1840 Heirat mit Prinz Albert von Sachsen-Coburg und Gotha.

1851 Viktoria entlässt ihren liberalen Außenminister Lord Palmerston.

1857 Albert erhält den Titel eines *Prince Consort*.

1861 Tod von Prinz Albert. Viktoria zieht sich aus dem öffentlichen Leben zurück.

1864 Viktoria unterstützt Preußen in seinem Konflikt mit Dänemark um die Herzogtümer Schleswig und Holstein.

1876 Viktoria wird zur Kaiserin von Indien proklamiert.

1901 Viktoria stirbt in Osborne House und wird in Frogmore bei Windsor neben Albert beigesetzt. Ihr Nachfolger wird Eduard VII.

gewählt worden war. Er unterstütze seine Schwester mit Geld und schmiedete mit ihr gemeinsam Pläne, um den Einfluss des Hauses Sachsen-Coburg in Großbritannien zu sichern.

Die junge Königin

Als Kind wurde Viktoria von ihrer deutschen Gouvernante Louise Lehzen erzogen. Sie erhielt eine solide, aber nicht herausragende Bildung. Auf ihre zukünftige Rolle als Monarchin war sie kaum vorbereitet. Als sie 1837 den Thron bestieg, wusste sie nur wenig über ihre Vorgänger und die politischen Verhältnisse im Land. Ihren Onkel Wilhelm IV. hatte sie kaum gesehen. Später unterwies der Premierminister Lord Melbourne (1779–1848) die junge Königin in englischer Geschichte und Politik. Von Anfang an aber bewies Viktoria ein instinktives Gefühl für ihre Rolle als Herrscherin. Sie war keine Schönheit, aber ihr Auftreten war stets majestätisch und würdevoll und verlieh ihr allgemein Respekt und Achtung.

Das neue Selbstbewusstsein der jungen Königin bekam zuerst ihre Mutter zu spüren. Obwohl Viktoria bereits volljährig war, als Wilhelm IV. starb, versuchte die Herzogin von Kent Einfluss auf die Regierungsgeschäfte zu erlangen. Dies drohte den Status der neuen Königin zu unterminieren. Viktoria distanzierte sich jedoch von ihrer Mutter und setzte ihre Autorität am Hof mit aller Entschiedenheit durch.

Die Ehe mit Albert

Den Plan, Viktoria mit ihrem Cousin Albert von Sachsen-Coburg und Gotha zu verheiraten, hegten ihre Mutter und ihr Onkel schon lange. Alberts Vater, Herzog Ernst I. von Sachsen-Coburg und Gotha, war der älteste Bruder der Herzogin von Kent. Viktoria war von der Idee einer Heirat zunächst wenig begeistert. Sie wollte ihre neue Unabhängigkeit nicht einem Ehemann unterordnen. Trotzdem gelang es König Leopold, den Besuch Alberts und seines älteren Bruders Ernst (II.) in England zu arrangieren.

Die Ankunft eines unbekannten Deutschen am englischen Hof stieß nicht gerade auf allgemeine Begeisterung. Doch Viktoria war von Albert sofort beeindruckt und gab ihren anfänglichen Widerstand gegen die Hochzeitspläne auf. Der Prinz galt als gut aussehend, er war ernsthaft und sehr gebildet. Beide hatten eine schwere Kindheit hinter sich. Während Viktoria ohne Vater aufgewachsen war, hatten sich Alberst Eltern früh voneinander getrennt. Beeinflusst von den romantischen Idealen ihrer Zeit, sehnten sich sowohl Viktoria als auch Albert nach einem harmonischen Familienleben. Aus einem dynastischen Arrangement wurde eine aufrichtige Liebe, die durch ihre Vorbildfunktion mit zur hohen Wertschätzung der Familie im Viktorianischen Zeitalter beitrug.

Probleme bereitete dem jungen Paar das britische Parlament. Es setzte für Albert eine jährliche Apanage von 30 000 Pfund fest statt der vorgeschlagenen 50 000

Pfund. Auch der Titel eines königlichen Prinzgemahls, *Prince Consort*, wurde Albert zunächst vom Parlament verweigert. Erst 1857 konnte Viktoria die Standeserhöhung für ihren Ehemann durchsetzen. Albert hatte Schwierigkeiten, neben seiner selbstbewussten Frau zu einer eigenen Rolle am königlichen Hof zu finden. Erst im Laufe der Zeit, vor allem nach der Geburt des ersten von neun Kindern des Paares im Jahr 1840, suchte Viktoria auch in politischen Fragen zunehmend Rat bei Albert. Er achtete auch darauf, dass seine Kinder anders als Viktoria eine gründliche Ausbildung erhielten.

Umzug aufs Land

Albert war auf dem Land aufgewachsen und sein ästhetisches Empfinden war von der Schönheit der süddeutschen Landschaft geprägt. Es gelang ihm, aus Viktoria, die immer in London gelebt hatte, eine Landfrau zu machen. Sie erwarben die Landsitze Osborne auf der Isle of Wight im Süden Englands sowie Balmoral in den schottischen Highlands. Alberts Um- und Ausgestaltung von Osborne House zeugen von dem Geschmack eines Kenners der italienischen Renaissance. Balmoral Castle erwies sich als zu klein für die wachsende Familie, sodass Albert es nach eigenen Entwürfen im neugotischen schottischen Stil neu erbauen ließ. Beide Schlösser boten dem Königspaar Zuflucht vor dem ermüdenden Hofzeremoniell im Buckingham Palast.

Viktoria und ihre Untertanen

Aber auch am Hof in London zog sich die Königin regelmäßig zurück, um privat Zeit im engsten Familienkreis zu verbringen. Die Pflege des Familienlebens war neu für die britische Monarchie und entsprach ganz den neuen bürgerlichen Familienidealen. Tatsächlich musste die königliche Familie aber ihre Privatsphäre auch stärker schützen als in der Vergangenheit. Die englischen Könige des 18. Jahrhunderts konnten sich problemlos unter ihren Untertanen bewegen. Inzwischen aber war die städtische Bevölkerung rasant gewachsen und hatte sich zu einer großen, häufig schwer zu kontrollierenden und immer neugierigen Menschenmenge entwickelt. Daher verband die königliche Familie ihre formellen Pflichten bei offiziellen Anlässen mit dem Luxus der Häuslichkeit, indem sie alljährlich mit den Jahreszeiten ihre Residenz wechselte.

Die europäischen Königshäuser

Durch ihre weitverzweigte Familie stand Viktoria im Zentrum eines großen Netzwerks der europäischen Königshäuser. Wöchentlich schrieb sie an ihren Onkel Leopold, den König der Belgier. Mit dem französischen Königshaus der Orléans war sie

1845 erwarben Viktoria und Albert Osborne House und die dazugehörigen Ländereien auf der Isle of Wight. Sie rissen das ursprüngliche Gebäude ab und ließen an seiner Stelle eine dreistöckige italienische Villa errichten. Diese Residenz am Meer bot der Königsfamilie eine gewisse Privatsphäre und einen Rückzugsort vom öffentlichen Leben.

freundschaftlich verbunden. Leopolds zweite Frau war eine Tochter des französischen „Bürgerkönigs" Louis-Philippe. Viktorias gleichnamige älteste Tochter heiratete 1858 den späteren Deutschen Kaiser und König von Preußen, Friedrich III. Auch die meisten ihrer anderen Kinder und Enkelkinder gingen dynastische Heiraten ein. Am Ende von Viktorias Regierungszeit war die britische Königsfamilie mit den Herrschern von Russland, Griechenland, Bulgarien, Rumänien, Dänemark, Norwegen, Belgien, Spanien und Portugal sowie zahlreichen deutschen Fürsten verwandtschaftlich verbunden. Nicht zu Unrecht galt die britische Königin als „Großmutter Europas".

Durch ihre umfangreichen persönlichen Kontakte war die Königin aus erster Hand über viele Details der großen europäischen Politik informiert. Dem liberalen Nationalismus ihrer Zeit stand sie kritisch gegenüber, was von den meisten britischen Premierministern während ihrer Regierungszeit unterstützt wurde. Der Einfluss der Königin ging jedoch immer weiter zurück.

So war der dritte Viscount Palmerston (1784–1865), Außenminister seit 1846 und danach Premierminister, ein überzeugter Nationalist und Gegner reaktionärer Königshäuser, der an der Meinung Viktorias und Alberts nicht interessiert war. Doch das Paar setzte schließlich durch, dass außenpolitische Depeschen vor ihrer Absendung der Königin vorgelegt werden mussten und danach nicht mehr geändert werden durften. Palmerston lehnte es ab, sich an diese Regel zu halten. Das führte zu seiner Entlassung als Außenminister 1851. Vier Jahre später gelang es ihm jedoch, Premierminister zu werden.

Das Dilemma der konstitutionellen Monarchie

Sowohl am Beispiel der Königin als auch an dem ihres Prinzgemahls wurden die Schwierigkeiten deutlich, vor denen die konstitutionelle Monarchie im demokratischen Zeitalter stand. Beide zeigten ihre Bereitschaft, sich für öffentliche Angelegenheiten einzusetzen. Doch wenn sie sich in Fragen der Politik einmischten, bestand die Gefahr, dass darin eine Parteinahme gesehen wurde. Am Ende stellte sich zudem meist heraus, dass es ihnen, verglichen mit der demokratisch gewählten Regierung, an Macht fehlte.

Auf dem Familienfoto von 1894 ist Viktoria (vorn, Mitte) mit ihren Kindern und Enkelkindern zu sehen. Der deutsche Kaiser Wilhelm II. befindet sich in der ersten Reihe links. Die neun Kinder von Viktoria und Albert, von denen viele in andere europäische Königshäuser einheirateten, wurden zwischen 1840 und 1857 geboren.

Die trauernde Witwe

Als Albert im Alter von 42 Jahren starb, ließ er Viktoria mit acht unverheirateten Kindern zurück, die sie nun allein großziehen musste. Sie gab sich vollkommen ihrer Trauer hin und zog sich für mehr als zehn Jahre aus der Öffentlichkeit zurück.

Viktoria kam zwar ihren repräsentativen Pflichten kaum noch nach, beschäftigte sich aber weiterhin mit den Staatspapieren. Die Königin war immer propreußisch und antifranzösisch eingestellt gewesen. Als sie 1864 unvorsichtigerweise die preußische Annexion der ehemals dänisch regierten Herzogtümer Schleswig und Holstein unterstützte, wurde sie von Palmerston gerügt. Dies war das letzte Mal, dass die englische Krone sich in die Außenpolitik einmischte.

Viktorias Rückzug aus dem öffentlichen Leben

Viktorias Rückzug aus der Öffentlichkeit förderte die Verbreitung republikanischer Ideen, weil viele eine abwesende Monarchie für eine sinnlose und teure Einrichtung hielten. Immerhin erhielt sie als Staatsoberhaupt jedes Jahr 400 000 Pfund für ihren eigenen Unterhalt und den ihres Hofstaats. Öffentliche Auftritte wie zum Beispiel die offizielle Eröffnung des Parlamentsjahres lehnte die Königin jedoch ab. Nur 1871 erklärte sie sich dazu bereit, weil das Parlament über die königliche Aufwandsentschädigung debattieren wollte. In den folgenden 30 Jahren eröffnete sie die Parlamentssitzungen noch viermal.

Von den Premierministern ihrer Regierungszeit verstand es Benjamin Disraeli (1804–1881) am besten, mit der Königin umzugehen. Er schmeichelte ihr, wenn er ihre Unterstützung brauchte, und machte sie 1876 zur Kaiserin von Indien. Dadurch wurde Viktoria, die sich nun *Regina Imperatrix* nannte, zum Symbol des britischen Imperialismus im späten 19. Jahrhundert. 1901 starb die Königin-Kaiserin nach 63 Regierungsjahren in Osborne House. Beigesetzt wurde Viktoria neben ihrem geliebten Ehemann in dem eigens für sie errichteten Königlichen Mausoleum von Frogmore im Park von Schloss Windsor.

LUDWIG II.,
König von Bayern

REG. 1864–1886

Gut aussehend und in sich gekehrt, kunstliebend, extravagant und verschwenderisch – so war Ludwig II., einer der letzten europäischen Herrscher, der sich als absolutistischer Monarch verstand. Die Schlösser, die er in Auftrag gab und mitgestaltete, sind sein größtes Erbe an die heutige Zeit.

Der Herrscher als Ästhet

Neuschwanstein mit seinem beeindruckenden Stilmix aus Romanik, byzantinischer Kunst und Gotik erhebt sich vor dem Panorama der bayrischen Alpen gleich gegenüber von Hohenschwangau, der Burg König Maximilians II., Ludwigs Vater. Das Schloss repräsentiert den Anspruch des Sohnes auf Individualität und Unabhängigkeit. Die Wandgemälde verherrlichen mithilfe von christlicher Ikonografie mittelalterliche Ideale wie die keusche Liebe und das Rittertum. Eine andere seiner Residenzen, Schloss Linderhof im Stil des Neorokoko, liegt inmitten einer ausgedehnten Parkanlage. Dort befindet sich auch eine Grotte, in der Ludwig auf einem unterirdischen See bei elektrischer Beleuchtung die Opern Richard Wagners aufführen ließ. Herrenchiemsee, Ludwigs Tribut an Ludwig XIV., ist eine Nachahmung von Versailles, erbaut auf einer Insel im Chiemsee. Der Theatermaler Christian Jank schuf in den Schlössern eine Reihe theatralischer Kulissen, in denen der König eines immer unbedeutenderen Bayerns seine Rolle spielen konnte. Millionen von Touristen besuchen in jedem Jahr die Schlösser des „Märchenkönigs". Die Bauwerke, die Ludwig einst an den Rand des Bankrotts führten, sorgen heute für volle Kassen.

Das Haus der Wittelsbacher

Die westeuropäischen Monarchen zu Ludwigs Zeit mussten sich einem neuen Zeitalter anpassen, wenn sie überleben wollten. Die Politik wurde von demokratischen Bestrebungen bestimmt, die Regierungen bedienten sich einer starken, zentralisierten Bürokratie und die Wirtschaft erlebte durch die Schwerindustrie eine komplette Umgestaltung. Damit einher gingen gravierende gesellschaftliche Ver-

Vor einer romantischen Kulisse aus Bergen und Seen erhebt sich im Südwesten Bayerns Schloss Neuschwanstein, das wohl großartigste Bauwerk Ludwigs II. Es ist benannt nach dem Schwanenritter Lohengrin, dem Helden von Richard Wagners gleichnamiger Oper.

änderungen wie der Aufstieg bürgerlicher Schichten oder die Landflucht und das Elend der Industriearbeiter in den Massenquartieren der wachsenden Großstädte.

Ludwig verschloss sich vor diesen Fakten. Seine Wirklichkeit war der vergangene Ruhm der Wittelsbacher. Sie hatten Bayern seit 1180 erst als Herzöge regiert und seit 1806 als Könige. Die Besetzung durch die französische Revolutionsarmee führte dazu, dass Bayern 1801 ein Bündnispartner Frankreichs wurde. Als Mitglied des von Napoleon gegründeten Rheinbunds wurde die Außenpolitik des Landes von den Franzosen kontrolliert, aber im Innern genoss Bayern volle Souveränität. Seine Regierung übernahm im frühen 19. Jahrhundert das napoleonische Ideal eines zentralisierten und antiklerikalen Staates.

Die Verfassung von 1808 schaffte die Leibeigenschaft ab, proklamierte die Gleichheit aller Menschen vor dem Gesetz, die auch die gleiche Steuerpflicht für alle beinhaltete, sowie Gewissens- und Religionsfreiheit. Die Verfassung von 1818 machte Bayern schließlich zu einer konstitutionellen Monarchie mit einem Zwei-Kammer-Parlament.

Gönner Richard Wagners

Die von Ludwig erbauten Schlösser können als bayrischer Kitsch bezeichnet werden. Sie ahmten die Vergangenheit nach. Von wirklicher kultureller Bedeutung hingegen war Ludwigs Rolle als Förderer Richard Wagners. Der König ermöglichte dem zu seiner Zeit äußerst umstrittenen Komponisten ein finanziell sorgenfreies Leben. Wagner hatte sich in Dresden an der nationalliberalen Revolution von 1848/49 beteiligt und musste nach deren Niederschlagung aus Deutschland fliehen. Erst 1861 erlaubte ihm eine Amnestie, zurückzukehren. Seine politischen Ideale entsprachen also kaum denen eines verhinderten Autokraten. Aber eine konzertante Aufführung des „Lohengrin" (1850) hatte Ludwig in seiner Jugend begeistert, und er identifizierte sich mit der Figur des einsamen Ritters. Wagners Neubearbeitungen der deutschen Mythologie regten Ludwigs Fantasie an. Er stellte sich eine Zukunft vor, in der König und Komponist gemeinsam an der Spitze einer Wiederbelebung der deutschen Kultur stehen würden.

Das Gemälde „Siegfrieds Tod" (1899) des belgischen symbolistischen Malers Henri de Groux stellt eine Szene aus dem „Nibelungenlied" dar. Dieses mittelalterliche Versepos bildete eine der Vorlagen für Richard Wagner Opernzyklus „Der Ring des Nibelungen". Ludwig war dem Komponisten als begeisterter Liebhaber seiner Werke, als Freund und wichtiger Gönner tief verbunden.

Daher war es eine seiner ersten Amtshandlungen als König, dass er Wagner aus Stuttgart nach München rief. Dort wurden 1868 die „Meistersinger" und 1869 und 1870 die ersten beiden Teile des „Ring des Nibelungen" uraufgeführt. Der gesamte „Ring" wurde erst 1876 unter großem Triumph im Bayreuther Festspielhaus aufgeführt, das Ludwig finanziert hatte. Auch „Parsifal" (1882), Wagners letzte Oper, ist ein Ergebnis von Ludwigs Förderung. Die Themen dieses Werks – Genuss, Zurückweisung, Unschuld und Leid – waren auch Teil von Ludwigs eigener Lebensgeschichte.

Der „Mondkönig"

Der junge Ludwig erhielt eine äußerst strenge Erziehung, die sein Vater Maximilian für einen Kronprinzen und künftigen Herrscher für angemessen hielt. Ludwigs Interessen lagen jedoch eher im musisch-künstlerischen Bereich. Er war sensibel und hochintelligent, umso mehr machten ihm die Ansprüche seines Vaters zu schaffen. Hinzu kam höchstwahrscheinlich auch eine homosexuelle Neigung, die sein Gewissen belastete. Als Oberhaupt der Wittelsbacher hatte er für den Fortbestand der Familie zu sorgen. Die Nachwelt hat ihm verschiedene Beziehungen zu Männern unterstellt, doch Klarheit in dieser Frage wird es wohl niemals geben.

Bayern hatte inzwischen in der deutschen Politik immer mehr an Bedeutung verloren. Preußen unter der Führung des taktischen Genies Otto von Bismarck betrieb in den 1860er-Jahren die deutsche Einigung. Der Kanzler plante die Gründung eines neuen deutschen Kaiserreichs, dominiert von der Armee und den Politikern Preußens, seiner Industrie und Hochfinanz. Dieser Staat würde dann die größte Macht im kontinentalen Europa sein. Ludwig, den diese Vorstellung in seiner Eitelkeit kränkte, verkleidete sich als Ludwig XIV. Der Sonnenkönig repräsentierte für ihn das Idealbild eines absolutistischen Herrschers. Er selbst erhielt allerdings den Beinamen „Mondkönig", weil er so gern bei Nacht ausritt.

LUDWIG II.
1845–1886

1864 Ludwig wird bayerischer König. Als eine seiner ersten Amtshandlungen ruft er Richard Wagner nach München.

1866 Österreich und der Deutsche Bund unterliegen Preußen im Deutschen Krieg. In der Folge kontrolliert Preußen das Königreich Bayern.

1867 Ludwig gibt seine Verlobung mit seiner Cousine, Prinzessin Sophie in Bayern, bekannt, löst sie aber im gleichen Jahr.

1869 Baubeginn von Schloss Neuschwanstein.

1870 Bayern unterstützt Preußen im Deutsch-Französischen Krieg. Ludwig unterzeichnet für fünf Millionen Goldmark den „Kaiserbrief".

1871 Preußen gesteht Bayern Reservatrechte zu.

1876 Die gesamte Operntetralogie „Der Ring des Nibelungen" von Richard Wagner wird in Bayreuth aufgeführt.

1886 Ludwig wird entmündigt und in Schloss Berg in Gewahrsam genommen. Sein Onkel Luitpold wird Regent. Wenige Tage später findet man Ludwigs Leiche am Starnberger See. Offiziell wird von Selbstmord gesprochen.

Heiratsgedanken

Am 22. Januar 1867 gab Ludwig die Verlobung mit seiner Cousine, Herzogin Sophie in Bayern, bekannt. Sie war eine jüngere Schwester der österreichischen Kaiserin Elisabeth, für die Ludwig eine schwärmerische Liebe empfand. Es waren nicht zuletzt politische Gründe, die die geplante Heirat scheitern ließen. Im strategisch brillant geführten „Deutschen Krieg" von 1866 hatte Preußen den Deutschen Bund unter Führung von Österreich geschlagen. Bayern musste danach wie alle Staaten des Deutschen Bundes die preußische Oberherrschaft akzeptieren. Ludwig war nun nicht länger König eines unabhängigen Landes. Unter diesen Umständen erschien eine Ehe, die praktisch ein Bündnis mit dem besiegten Österreich bedeutete, wenig sinnvoll. Ludwig stand unter Druck, einen Erben in die Welt zu setzen, hegte aber wohl keine echte Zuneigung zu Sophie. So wurde die Verbindung aus emotionalen wie diplomatischen Gründen 1867 aufgelöst.

Bayern unter preußischer Kontrolle

Als Folge des verlorenen Deutschen Krieges musste Ludwig 1866 ein „Schutz- und Trutzbündnis" mit Preußen eingehen. Bayern verpflichtete sich damit, Preußen im Kriegsfall zu unterstützen. Dieser Fall trat 1870 beim Ausbruch des Deutsch-Französischen Krieges ein. Er endete mit der Niederlage der französischen Armee in der Schlacht von Sedan im September desselben Jahres. Kurz darauf wurde Ludwig von Bismarck genötigt, den sogenannten Kaiserbrief zu unterzeichnen, in dem er den preußischen König Wilhelm I. bat, Kaiser eines neuen Deutschen Reichs zu werden. Dafür erhielt Ludwig fünf Millionen Goldmark. Die Verfassung des 1871 gegründeten Kaiserreichs gewährte Bayern besondere „Reservatrechte", die wenig mehr bedeuteten als die Kontrolle über die Post- und Telegrafendienste sowie die lokalen Eisenbahnen.

Ludwigs Entmündigung

In den 1870er-Jahren kommunizierte Ludwig mit seiner Regierung in München fast ausschließlich über Mittler, Boten und Telegramme. Dadurch vollkommen isoliert, wurde der König zum leichten Opfer von Intrigen. Die Regierung beauftragte einige Psychiater, einen Bericht über seinen Geisteszustand zu erstellen. Sie kamen zu dem Schluss, dass der König unter Paranoia litt. Sein jüngerer Bruder Otto lebte schon seit Langem in geistiger Umnachtung. Am 10. Juni 1886 wurde Ludwig von der Regierung offiziell für geisteskrank erklärt und sein Onkel, Prinz Luitpold, als Regent eingesetzt. Es war ein klassischer Staatsstreich. Ludwigs Telegramme an Freunde und Zeitungen, in denen er um Hilfe bat, wurden abgefangen. Am frühen Morgen des 12. Juni wurde der König in Neuschwanstein ergriffen und nach Schloss Berg südlich von München in Gewahrsam gebracht.

Bismarck gelang es, zwischen dem 10. und 12. Juni eine Nachricht an Ludwig zu schmuggeln. Darin drängte er ihn, nach München zu fliehen, wo er sich seinem Volk zeigen könne. Trotz all der Jahre in der Isolation war der König immer noch

populär. Eine Streitmacht bayrischer Bauern hatte versucht, nach Neuschwanstein zu gelangen, um ihn zu befreien und über die Grenze zu bringen.

Mythos zu Lebzeiten

Ludwig war bereits zu seinen Lebzeiten ein Mythos. Seine nächtlichen Ausfahrten mit Schlitten aus dem 18. Jahrhundert, begleitet von Dienstboten in den Livreen jener Zeit, waren häufig mit improvisierten Aufenthalten bei den Bauern der Gegend verbunden. Die Geschichten von diesen Begegnungen *de haut en bas* gerieten immer spektakulärer, je öfter sie wiederholt wurden. Auch Ludwigs grandiose Bauprojekte waren populär. Viele betrachteten sie als erfolgreiche öffentliche Arbeitsbeschaffungsmaßnahmen. Als Touristenattraktionen brachten sie später auch Besucher und Geld in ein Land, das überwiegend ländlich und arm war, verglichen mit der blühenden Wirtschaft des Industriestandortes Preußen. Die Politiker in München behaupteten, Ludwig würde die Staatsfinanzen ruinieren. Ludwigs Anhänger hielten dagegen, er habe seine Bauprojekte aus seinem eigenen Vermögen bezahlt. Was auch immer stimmen mag – Ludwig war ein Anachronismus geworden, ein isolierter König ohne königliche Macht.

Ludwigs Exzentrik und sein isoliertes Leben trugen dazu bei, dass schon zu seinen Lebzeiten zahllose Legenden über ihn zirkulierten, die sich nach seinem mysteriösen Tod durch Ertrinken noch vermehrten.

Selbstmord oder Mord?

Am frühen Abend des 13. Juni bat Ludwig darum, am Ufer des Starnberger Sees in der Nähe von Schloss Berg spazieren gehen zu dürfen. Professor Bernhard von Gudden, der Psychiater, der den König betreute, begleitete ihn. Den Wachen sagte er, dass sie zurückbleiben könnten. Kurz vor Mitternacht wurden die Leichen beider Männer in Ufernähe tot im See aufgefunden. Obwohl bei der offiziellen Autopsie kein Wasser in Ludwigs Lungen festgestellt wurde, lautete die offizielle Erklärung, er habe Selbstmord durch Ertrinken verübt. Die Tatsache, dass er ein guter Schwimmer war, machte die Sache noch rätselhafter und hat Verschwörungstheorien genährt, die von Mord ausgehen.

Man kann es als angemessen empfinden, dass der letzte Akt im Leben dieses Ästheten und Königs so düster und melancholisch ausfiel. Die Liebe zur Schönheit und die Verklärung des Todes sind Themen, die in der deutschen Romantik – ob in der Malerei, der Literatur oder der Musik – immer wiederkehrten. Besonders gegenwärtig sind sie in den Opern Richard Wagners. Die Wogen des Rheins, in denen der märchenhafte Schatz der Nibelungen verborgen liegt, erscheinen im „Ring“ als Gegenpol zur Macht des modernen Materialismus. Nur wer der Liebe entsagt, könne die Macht über die Welt erlangen, ist die Botschaft der Rheintöchter. All diese Themen spielten auch im Leben Ludwigs II. eine Rolle.

DIE LETZTEN GROSSEN HERRSCHER

Das 20. Jahrhundert

Die repräsentative Demokratie und die nationalistische Selbstbehauptung, Errungenschaften des 19. Jahrhunderts, sorgten dafür, dass die Macht der Herrscher in ihrer dynastischen Form entweder vollständig verschwand oder im Verlauf des 20. Jahrhunderts bestenfalls zu einer Randerscheinung wurde.

Das Königtum in Skandinavien passte sich schnell den neuen Gegebenheiten an. Die Angehörigen der königlichen Häuser in Dänemark, Norwegen und Schweden wurden tatsächlich zu „ersten Bürgern" der Demokratien ihrer Länder. Die niederländischen Könige aus dem Haus Oranien-Nassau integrierten sich in die traditionell liberale politische Kultur des Landes. Das Königtum in Belgien, einem Land, das in eine französische und eine flämische Bevölkerung gespalten war, besaß wenig Macht, aber es spielte eine wichtige symbolische Rolle bei der Aussöhnung der beiden Gruppen. Der marokkanische König mit seiner weitreichenden Exekutivmacht bekleidet eine Sonderrolle. Selbst in Nepal, wo die absolute Monarchie lange überlebte, musste der Herrscher 2006 seine Souveränität an das Parlament abtreten. Als charakteristische Ideologie des frühen 20. Jahrhunderts erwies sich hingegen der Totalitarismus. Sowohl in Europa als auch in Asien übernahm eine neue Art von autoritären Herrschern die Rolle der früheren Könige und stellt sich wie diese in den Fokus der nationalen Identität. Nirgendwo traf dies mehr zu als in China, das im 20. Jahrhundert eine stürmische Reise von seiner Vergangenheit als Kaiserreich in eine maoistische Zukunft antrat.

Henry Pi Yu war von 1908 bis 1912 der letzte Kaiser von China. Das Foto von 1940 zeigt ihn als japanischen Marionettenkaiser von Mandschuko.

Ein Kaiser wird zum Bürger

Im November 1925 begegnete der britische Historiker Steven Runciman dem letzten Kaiser von China. Henry Pu Yi (1906–1967), wie er sich jetzt nannte, war 1912 im Alter von sechs Jahren von den Führern der Republik China entthront worden. Anfänglich durfte er in der Verbotenen Stadt in Peking bleiben, der Palastanlage seiner kaiserlichen Vorfahren. Später wurde er in die Hafenstadt Tientsin gebracht, wo die Großmächte eigene Stadtviertel beziehungsweise Konzessionen hatten. Man fand ein Haus für Pu Yi in der japanischen Konzession.

Eines Tages erreichte eine Nachricht das britische Generalkonsulat, wo Runciman damals tätig war. Spielte er Klavier? Und wenn ja, wäre er bereit, mit dem ehemaligen Kaiser vierhändig zu spielen? Nach einigem Üben, das von wenig Erfolg gekrönt war, gingen Runciman und Pu Yi dazu über, gemeinsam Jasmintee zu trinken. Der Historiker erinnerte sich später an einen «zarten, blassen Jugendlichen, der nicht gut aussah», aber eine anmutige Ausstrahlung besaß, «durchaus passend für das letzte Oberhaupt eines alten Herrschergeschlechts».

Pu Yi erzählte, er habe den Namen Henry angenommen, weil er ein Bewunderer des englischen Königs Heinrich VIII. sei. Seine Hauptfrau nannte er Mary nach Maria I. von England, die wegen der blutigen Verfolgungen von Protestanten während ihrer Regierungszeit „Bloody Mary" genannt wurde. Pu Yis Hauptkonkubine hieß Elisabeth, womit der ehemalige Kaiser möglicherweise eine besondere Vorliebe für die berühmte englische Tudor-Königin zum Ausdruck brachte.

Die Mandschu-Dynastie, der Pu Yi angehörte, hatte China 267 Jahre lang regiert. Seine eigene Lebensgeschichte war von großem Pathos geprägt. Von 1934 bis 1945 war er Kaiser des japanischen Marionettenstaates Mandschukuo; in seinen mittleren Lebensjahren erlaubte die chinesische kommunistische Regierung ihm, als Gärtner im botanischen Garten von Peking zu arbeiten. Kurz vor ihrem Tod 1965 besuchte Königin Elisabeth von Belgien Peking, begleitet von ihrer Tochter Marie-José, der ehemaligen Königin von Italien. Der „Große Vorsitzende Mao" bat Pu Yi, seine beiden Gäste durch die Verbotene Stadt zu führen, die einst sein Zuhause gewesen war. „Henry" stimmte ohne zu zögern zu und erwies sich als exzellenter Führer, der bestens über die Schätze des Palasts informiert war und sich freute, über sein früheres Leben sprechen zu können.

Leopold II. war von 1865 bis 1909 belgischer König.

Die alten Herrscherdynastien verloren in Europa und Asien in den 1920er-Jahren sehr schnell an Bedeutung. Am Ende des Ersten Weltkriegs wurden die Hohenzollern in Berlin entthront, die Romanows in St. Petersburg und die Habsburger in Wien. Die Herrschaft des italienischen Hauses Savoyen endete 1946 durch ein nationales Referendum, in dem die Bevölkerung für eine Republik stimmte, und am 1. Januar des gleichen Jahres erklärte der japanische Kaiser Hirohito den Verzicht auf seinen Anspruch auf Göttlichkeit, der für die Autorität seiner Dynastie grundlegend gewesen war.

Die Idee der erblichen Monarchie als Herrschaftslegitimation spielte in den industrialisierten Demokratien eine immer geringere Rolle, genau wie die Idee, dass Herrscher als höchste Verkörperungen ihrer Länder und Nationen gelten könnten. Einige der jüngsten Vertreter dieser Vorstellung hatten vielmehr Schande über ihre Länder gebracht.

Königtum in Afrika: Völkermord und Massaker

Der belgische König Leopold II. (1835–1909) regte 1877 die Gründung einer internationalen Organisation zur Ausbeutung der wirtschaftlichen Ressourcen des Kongobeckens an, das von den Europäern kürzlich entdeckt worden war. 1884 hatte die Association Internationale du Congo Verträge mit rund 450 unabhängigen afrikanischen Herrschern und Stammesfürsten in diesem Gebiet geschlossen und nahm für sich in Anspruch, es als unabhängigen Staat zu regieren. Die Berliner Kongokonferenz von 1884/85 erkannte die Souveränität des Kongo-Freistaates mit Leopold als souveränem Herrscher an. In Wahrheit handelte es sich um ein privates Unternehmen unter dem Deckmantel des belgischen Staates. Der Kongo war quasi persönliches Eigentum von Leopold, der die Staatsgeschäfte im Kongo-Freistaat mit einer Habgier und Rücksichtslosigkeit führte, die selbst im Vergleich mit anderen europäischen Kolonialherren in Afrika bemerkenswert ist.

Jean-Bédel Bokassa, seit 1966 Präsident der Zentralafrikanischen Republik und von 1976 bis 1979 Herrscher des Zentralafrikanischen Kaiserreiches, ließ sich 1977 in einer äußerst prunkvollen Zeremonie zum Kaiser krönen.

Leopold besaß von den 1890er-Jahren an auch die militärische Kontrolle über den Kongo. Seine enorme Machtposition erlaubte es ihm, Zwangsarbeit, Verstümmelungen und Auspeitschungen für geringe Vergehen anzuordnen. Den Dörfern wurden Quoten für die Kautschukproduktion auferlegt. Damit diese eingehalten wurden, konnten die Einwohner als Geiseln genommen werden. Insgesamt schrumpfte die Bevölkerung des Kongo-Freistaates von 20 bis 30 Millionen auf vielleicht acht Millionen Menschen, ehe eine empörte europäische Öffentlichkeit Leopold 1908 zwang, seinen privaten Kongo-Freistaat in die Kolonie Belgisch-Kongo umzuwandeln, die als Teil des belgischen Reichs verwaltet wurde.

Im zentralafrikanischen Reich von Jean-Bédel Bokassa (1921–1996) richtete eine degenerierte lokale Elite mit ihrer Vorstellung von königlicher oder kaiserlicher Herrschaft ihre Untertanen zugrunde. Bokassa war seit zehn Jahren Präsident der damaligen Zentralafrikanischen Republik, als er im Dezember 1976 den Titel Kaiser Bokassa I. annahm. Ein Jahr später ließ er sich nach dem Vorbild Napoleons I. in einer aufwändigen Zeremonie krönen, deren Kosten die ohnehin schwer angeschlagenen Staatsfinanzen weiter ruinierten. Bokassa war aber nicht nur finanziell unvorsichtig, sondern auch unberechenbar in seiner Grausamkeit. Am Massaker seiner kaiserlichen Garde an 100 Schulkindern war er persönlich beteiligt. Frankreich, das dem Tyrannen an die Macht verholfen hatte, geriet in Bedrängnis und beteiligte sich 1979 mit Fallschirmjägern am Militärputsch des ehemaligen Präsidenten der Republik. Diese wurde wiederhergestellt, Bokassa verlor seine Titel und ging ins Exil.

Aufstieg und Fall der äthiopischen Krone

Die Monarchie in Äthiopien hatte jüdisch-christliche Wurzeln. Der siegreiche „Löwe von Juda“ auf der Flagge des Kaisereichs stand für die Abstammung des legendären frühen Herrschers Menelik I. von der Königin von Saba und dem biblischen König Salomo.

Die Herrscher der Dynastie der Solomoniden (1268–1854) behaupteten, in direkter Linie von Salomo abzustammen. Diese fadenscheinige Genealogie diente ihnen dazu, ihre Autorität zu legitimieren. Zusammen mit der amharischen Sprache bildete das äthiopische Christentum die kulturelle Basis für die nationale Einheit, die die Solomoniden etablierten. Vom frühen 18. Jahrhundert an herrschte im Land 150 Jahre lang feudale Anarchie. Menelik II. (1844–1913) herrschte von 1865 bis 1889 über das regionale Königreich Shewa. Von seiner Hauptstadt Addis Abeba aus stellte er als Kaiser (1889–1913) die Einheit wieder her. Tafari Makonnen (1892–1975), ein Verwandter Meneliks, herrschte ab 1916 über Äthiopien. 1930 wurde er als Haile Selassie I. Negus (Kaiser).

Sein Thronname bedeutete „Macht der Dreieinigkeit“ und nahm Bezug auf die christliche Legitimation der Dynastie. Doch Haile Selassie wollte sein Land in einen modernen Staat verwandeln. An seinen königlichen Privilegien hielt er fest, die er lediglich an das Zweikammerparlament des Landes delegierte. Dieses Gremium bestand aus berufenen und indirekt gewählten Mitgliedern. Aber seine öffentlichen Arbeitsprogramme, die Abschaffung der Sklaverei und die Reform eines Steuerrechts, das bis dahin nach feudalen Prinzipien funktioniert hatte, ließen die Wirtschaft des Landes florieren. Die Exporte von Kaffee, dem wichtigsten Handelsgut Äthiopiens, stiegen beträchtlich. Die benachbarten italienischen Kolonien Eritrea und Somaliland litten hingegen unter Äthiopiens wirtschaftlichem Erfolg, und 1935 provozierte Mussolini einen siebenmonatigen Krieg. Haile Selassie floh außer Landes.

Haile Selassie I. war Kaiser von Äthiopien von 1930 bis 1936 und von 1941 bis 1974. Das Foto von 1930 zeigt ihn in seinem Krönungsgewand.

1941 gewann der Kaiser seinen Thron zurück, aber in den 1960er-Jahren erwies sich der ehemalige Fortschrittler als zunehmend reaktionäre und isolierte Figur. 1955 hatte Haile Selassie eine überarbeitete Verfassung verkündet. Daher gab es jetzt ein gewähltes Unterhaus und das Parlament durfte den Ministern des Kaisers Fragen stellen und gegebenenfalls die Ablehnung ihrer Verfügungen zum Ausdruck bringen. Aber die kaiserliche Macht, nach diesen Erlassen zu regieren, und Haile Selassies Recht, seine eigene Regierung zu ernennen, blieben unangetastet. Die Reformen schrieben daher eine endemische Instabilität fort, die besonders akut wurde, als Haile Selassie begann, verschiedene politische Lager gegeneinander auszuspielen, um so seine eigene Macht zu stärken.

1961 scheiterte ein Militärputsch gegen den Negus. Daraufhin zog er sich in sein Milieu der adligen Landbesitzer zurück. Damals wurde gerade die Landreform zu einem großen innenpolitischen Thema. Selassie, der inzwischen stark von der Unterstützung der USA abhängig war, fühlte sich bedroht durch die Verbindung aus Marximus und Nationalismus, die im Nachkriegsafrika zu einer effektiven antikolonialen Kraft heranwuchs. Die USA und ihre einstigen Kriegsalliierten hatten Haile Selassie bei der Schaffung eines äthiopisch-eritreischen Bundesstaates unterstützt. Doch nach seiner Gründung 1952 wurde Eritrea zur Verwaltungsprovinz des „äthiopischen Reichs“ (1962) deklassiert.

In den frühen 1960er-Jahren begann ein drei Jahrzehnte andauernder Kampf eritreischer Nationalisten um Unabhängigkeit. Genährt wurde er durch die Unzufriedenheit der lokalen Muslime über die Eingliederung ihres Landes in die christliche äthiopische Kultur. Aufstände brachen auch in der äthiopischen Region Ogaden aus, in der hauptsächlich Somali lebten. Sie wurden vom Staat Somalia unterstützt, der 1960 unabhängig geworden war. In Äthiopien verbreiteten sich inzwischen radikale politische Ansichten; insbesondere die Studenten forderten die Begrenzung von individuellem Landbesitz. Haile Selassies Machtbasis schrumpfte zu einer labilen Oligarchie. Der Militärputsch von 1974 machte sich die Wirtschaftskrise und den Hunger im Land zunutze, setzte den Kaiser ab und installierte ein marxistisch-leninistisches Regime. 1975 wurde der Kaiser höchstwahrscheinlich erwürgt.

Faschismus und Kommunismus: Formen des Totalitarismus

Sowohl der Faschismus als auch der Kommunismus im Europa der Zwischenkriegszeit bewiesen, dass auch undemokratische Bewegungen Führer hervorbringen konnten, die wie die Könige und Kaiser vergangener Zeiten behaupteten, die Seele des Volkes zu verkörpern. Die Autorität Stalins (1878–1953) basierte nicht nur auf seiner Position als Generalsekretär der Kommunistischen Partei Russlands (1922–1953) oder auf den Morden und Schauprozessen seines Regimes. Als „roter Zar“ nahm er für sich – trotz seiner georgischen Herkunft – in Anspruch, einen alten und lebendigen russischen Nationalismus zu repräsentieren, der durch die Invasion der Deutschen im Sommer 1941 deutlich gestärkt wurde.

Im nationalsozialistischen Faschismus wurde der Kult um den Führer als Verkörperung des nationalen Geistes sogar noch mehr gepflegt. Die deutsche Geschichte ab dem Heiligen Römischen Reich wurde dazu missbraucht, den Nationalsozialismus als höchsten Ausdruck der nationalen Identität und Hitler als deren Personifizierung darzustellen. Auf ähnliche Weise wurden Geschichte und persönliches Charisma des *duce* Benito Mussolini (1883–1945) kombiniert, um die strategischen Ziele seiner Bewegung zu rechtfertigen. Der ehemalige Journalist bemühte sich, den italienischen Faschismus als Wiederbelebung des antiken römischen Imperialismus darzustellen. Zu seinen Zielen gehörten folglich die Wiederherstellung der italienischen Hegemonie zur See und die Kolonisation Libyens.

Der Faschismus in allen seinen Formen erhöhte den visionären Führer, während er gleichzeitig eine Politik förderte, die Menschenmassen durch Rituale, Paraden und Märsche an die Ideologie band. Die großen dynastischen Herrscher hatten alle gewusst, dass solche Rituale bei der Konsolidierung ihrer Macht eine bedeutende Rolle spielen konnten. Die faschistischen Führer waren in dieser Hinsicht ihre eifrigen Schüler. Das nationalsozialistische Deutschland erwies sich als besonders geschickt darin, groteske Formen heidnischer Religiosität als Teil einer antichristlichen Ideologie wieder zum Leben zu erwecken. Der spanische Faschismus nutzte hingegen die lange Tradition des Landes als christliche Monarchie für sich, obwohl der spanische Thron während des Regimes von Francisco Franco unbesetzt blieb.

Juan Carlos (links) ist seit 1975 König von Spanien. Auf dem Foto steht er neben General Francisco Franco.

Spanien: Demokratie und Monarchie

Die Errichtung einer konstitutionellen Monarchie in Spanien 1874 nach dem Scheitern der Ersten Republik bescherte Spanien eine ungewöhnlich lange Phase der Stabilität. Unter dem prokirchlich eingestellten Reaktionär Alfonso XIII. (1902–1931) erlebte das Land jedoch wieder politische Unsicherheit, die zum Teil Folge seines eigenen Handelns war. Er mischte sich in den politischen Prozess, um einen regelmäßigen Wechsel der Regierungen zu bewirken. Dieser würde, so dachte er sich, seine eigene königliche Autorität stärken.

Der erfolgreiche Staatsstreich von General Miguel Primo de Rivera beendete 1923 die Demokratie und ersetzte sie durch eine Diktatur, die sich zu Vaterland, Religion und Monarchie bekannte. Zunächst schien dieses Programm Alfonsos Interessen entgegenzukommen, sodass der König das Regime unterstützte. Aber de Riveras Regierung war aufgrund ihrer inkompetenten Finanzpolitik sehr unbeliebt. Dies führte zu ihrer Niederlage bei den Wahlen, die Alfonso 1931 einberufen musste. Im April jenes Jahres zwang ihn die neu gewählte republikanisch-sozialistische Regierung des Landes, Spanien zu verlassen. Man verlangte sogar die Abdankung des Königs. Schließlich verzichtete Alfonso auf seine Rechte zugunsten seines dritten Sohnes, Don Juan de Borbón y Battenberg. Dieser war der Vater von Don Juan Carlos de Borbón y Borbón, dem heutigen König von Spanien.

Generalissimo Franco war der Anführer der nationalistischen Putschisten im Bürgerkrieg (1936–1939), der das Ende der Zweiten Republik in Spanien bedeutete. 1969 überging er Don Juans Anspruch auf den Thron, indem er Juan Carlos zu seinem offiziellen Erben ein-

setzte. Zunächst behielt er aber noch voll und ganz seine Rechte. Welche Pläne Franco für Spaniens Zukunft hatte, weiß man nicht, aber unumstritten ist, dass er Vorbereitungen für die moderne Wiederherstellung des spanischen Königshauses traf. Juan Carlos (geboren 1938) überwachte nach Francos Tod 1975 die schnelle Demontage seines faschistischen Systems, förderte die Wiederbelebung der politischen Parteien und erließ eine Amnestie für politische Gefangene. Er identifizierte sich mit den Prinzipien der Demokratie und stellte sich 1981 gegen einen Militärputsch, mit dem versucht werden sollte, erneut eine autoritäre Herrschaft zu errichten.

Elisabeth II., Königin des Vereinigten Königreichs seit 1952 bis heute, bei der offiziellen Parlamentseröffnung des Jahres 1967.

Die Monarchie in Großbritannien

Europas langlebigste Monarchie war Ende des 20. Jahrhunderts weniger eng mit den politischen Entwicklungen ihres Landes verbunden. Das Haus Windsor hatte die Zwischenkriegszeit und die Abdankungskrise von 1936 überstanden. Diese wurde ausgelöst durch die Heirat Eduards VIII. mit der geschiedenen Amerikanerin Wallis Simpson. Die Kirche von England, deren Oberhaupt die englischen Könige seit Heinrich VIII. sind, erlaubte zu jener Zeit nicht, dass Geschiedene erneut heirateten. Eduard dankte daher ab und sein Bruder bestieg als Georg VI. den Thron. Während des Zweiten Weltkrieges stand die englische Krone symbolisch für das Bestreben des Vereinigten Königreichs, als unabhängiges Land zu überleben.

Während ihrer langen Regierungszeit hat Elisabeth II. (geboren 1926) sich als vorbildliche und zurückhaltende konstitutionelle Monarchin erwiesen und auch als fromme christliche Herrscherin. Ihre Krönung in Westminster Abbey wurde gefilmt und im Fernsehen übertragen, doch die Queen erlaubte nie, jene Szene zu zeigen, in der sie mit heiligem Öl gesalbt wurde, weil sie diesen Ritus als heiligstes Element der Zeremonie betrachtete.

Eine konstitutionelle Monarchin kann schon aus Prinzip nicht durch spektakuläre Selbstdarstellung, verschwenderische Pracht und Mäzenatentum die Aufmerksamkeit auf sich lenken, wie es die absolutistischen Herrscher früherer Zeiten taten. Das Haus Windsor tritt daher nur bei Wohltätigkeitsveranstaltungen öffentlich in Erscheinung oder bei offiziellen Anlässen, die die Anwesenheit eines Mitglieds der königlichen Familie erfordern. Es tut sich auch nicht durch Förderung der Künste hervor, die traditionell der Steigerung des königlichen Ansehens diente.

Die Monarchin hält sich an die Sitte, regelmäßig mit ihrem ganzen Haushalt umzuziehen. So lebt sie über das Jahr verteilt abwechselnd in Balmoral, Windsor Castle, Buckingham Palace und Sandringham. Das erinnert an die Zeit, als das europäische Königtum noch auf der Höhe seiner Macht stand, aber die Windsors sind der Meinung, dass Pomp sowohl ihnen selbst als auch der Institution der Monarchie in der modernen Zeit schaden würde. Ihr nüchternes Pflichtbewusstsein ist Teil des ungeschriebenen Vertrags, der der englischen Monarchie erlaubt zu überleben. Das Königtum füllt genau die Rolle aus, die ihm innerhalb des Systems zugewiesen wurde.

Papst Johannes XXIII. amtierte von 1958 bis 1963. Das Foto zeigt ihn bei seiner Krönung zum Oberhaupt der römisch-katholischen Kirche.

Das Papsttum

Das Königtum in seiner Blütezeit war immer auch mit geistlicher Autorität verbunden. Die Unterstützung einer numinosen Macht legitimierte die Monarchie nicht nur, sondern stabilisierte sie auch. Als Europa im Lauf des 19. und 20. Jahrhunderts immer säkularer wurde, bedeutete das auch das Ende des Königtums in seiner klassischen Form. Diejenigen Herrscherhäuser, die überleben wollten, mussten sich um das Wohlwollen der Medien bemühen, die allerdings eine weit wechselhaftere und unsicherere Quelle der Autorität sind.

Das Papsttum jedoch hat sich selbst am Anfang des 21. Jahrhunderts noch viele Merkmale der monarchischen Herrschaft bewahrt, und das, obwohl es schon immer eine gewählte Institution war. Die Mitglieder der Kurie, die den Pontifex umgeben und seine Politik umsetzen, sind die letzten Überlebenden der europäischen Höfe des *ancien régime*. Päpste sind nach wie vor Herrscher auf Zeit und sie regieren nur über den Vatikan mit seinen 44 Hektar Fläche. Ihre Macht erstreckt sich jedoch auf die Anhänger der katholischen Kirche in der ganzen Welt. Das Ritual der Papstkrönungen wurde immer in aller Großartigkeit begangen, bis das Zweite Vatikanische Konzil (1962–1965) mit der Vorstellung aufzuräumen begann, dass Päpste auch irdische Könige seien.

Die Krönungszeremonie von Papst Pius XII. (1876–1956) im Jahr 1939 erinnerte noch stark an die entsprechenden Feierlichkeiten in der Renaisssance. Pius saß unter einem Baldachin auf dem tragbaren Thron, der *sedia gestatoria*, die von seinen Dienern in die Höhe gehoben wurde. Die zwei Fächer aus Pfauenfedern hinter ihm waren Herrschaftssymbole mit Ursprung im Hofzeremoniell der byzantinischen Kaiser. Solche Äußerlichkeiten lehnten die Päpste im späten 20. Jahrhundert weitgehend ab. Doch die lange Amtszeit von Papst Johannes Paul II. (1978–2005) führte zu einer Wiederbelebung der persönlichen Rolle des Papstes als Wächter der Orthodoxie innerhalb einer weltweiten, hierarchisch strukturierten Weltkirche.

Ein Hof im Weißen Haus: Die Präsidentschaft Kennedys

Die mächtigste Demokratie der Welt brachte im 20. Jahrhundert einen Präsidenten hervor, dem viele Attribute eines Königs zugeschrieben wurden. John Fitzgerald Kennedy (1917–1963) wurde in eine Familie mit ausgeprägtem dynastischem Bewusstsein hineingeboren. Alle Mitglieder dieses politischen Clans arbeiteten zu ihrem gegenseitigen Vorteil. Als Präsident der Vereinigten Staaten war John F. Kennedy von zahlreichen Beratern und Vertrauten umgeben, genau wie seine Vorgänger im Weißen Haus. Aber mit seiner Eleganz, seiner gewählten Ausdrucksweise und seiner telegenen Erscheinung schuf er einen neuen Typus des amerikanischen Führers. Der Kreis, der ihn umgab, schätzte seinen persönlichen Charme und teilte seinen Ehrgeiz, die USA in einen modernen, aktiven Staat umzuwandeln.

Dies waren Kennedys „Höflinge“, und er selbst war der selbst ernannte Anführer einer neuen Generation. In seinen Reden sprach er von der Notwendigkeit, Amerikas *new frontier* auszudehnen. Diese Metapher stand für die Lösung von Problemen seines Landes und brachte im

Kontext des Kalten Krieges einmal mehr das amerikanische Ideal der Freiheit zum Ausdruck. Der berühmte Vergleich mit Camelot, dem Hof des mythischen Königs Artus, den der amerikanische Journalist Theodore White prägte, machte die Vorstellung vom Weißen Haus als einer Art Hof populär. Sie beruhte nicht zuletzt auf der Tatsache, dass Kennedy Gelehrte und Kulturschaffende ebenso um sich scharte wie die Reichen und Ehrgeizigen.

Woher die Macht Kennedys stammte, war wie bei vielen Herrscherdynastien unklar. Die demokratische Partei in Boston war die politische Basis der Familie, und ihre irischen Wurzeln waren der Schlüssel zum Erfolg der Kennedys in einer Partei und einer Stadt, die stark von Einwanderern geprägt waren. JFKs Vater, Joseph P. Kennedy, wünschte und erwartete, dass seine Kinder politischen Einfluss erlangten. Er setzte das Vermögen, das er durch Spekulationen an der Börse vor dem großen Crash von 1929 gewonnen hatte, ein, um dieses Ziel zu erreichen. Möglicherweise handelte er während der Prohibition in den 1920er-Jahren auch illegal mit Alkohol. 1937 zum Botschafter in Großbritannien ernannt, glaubte Joseph Kennedy, dass das Land im Konflikt mit Deutschland unterliegen würde, und gab 1940 als vehementer Verfechter des amerikanischen Isolationismus sein Amt ab. Sein Sohn John diente im Zweiten Weltkrieg als Marineoffizier und wurde später ein Befürworter von internationalen Engagements der USA.

John Fitzgerald Kennedy war von 1961 bis 1963 der 35. Präsident der Vereinigten Staaten. Das Foto zeigt ihn im Jahr 1962.

Als Kommandant eines Patrouillenbootes erlitt Kennedy ernsthafte Verletzungen und wurde in der Folge möglicherweise abhängig von den Amphetaminen, die er sich gegen die Schmerzen injizierte. Sein Kriegsheldentum trug jedoch bedeutend zu seinem Nimbus als Anführer bei. Für sein Buch „Zivilcourage“ (1956), eine biografische Studie über acht amerikanische Politiker, die ihrem Gewissen entgegen gängigen Überzeugungen gefolgt waren, erhielt Kennedy den Pulitzer-Preis. Es war zwar größtenteils von seinem Mitarbeiter Theodore Sorensen geschrieben worden, etablierte ihn aber als Politiker mit nationalen Ambitionen. Nach drei Legislaturperioden im Repräsentantenhaus (1947–1953) wurde Kennedy zum Senator von Massachusetts gewählt und fand Anschluss an die amerikanische High Society, als er 1953 Jacqueline Lee Bouvier heiratete.

Kennedys Denken und Handeln war von einer Kombination aus Idealismus und Realismus bestimmt. Ein anderer Demokrat irisch-amerikanischer Abstammung, Senator Joseph McCarthy aus Wisconsin, führte in den frühen 1950er-Jahren eine Hetzkampagne gegen vermeintliche kommunistische Sympathisanten in öffentlichen Ämtern. Seine Taktik der Einschüchterung brachte die Liberalen gegen ihn auf. Auch Kennedy hielt nichts von dem Mitstreiter seines Vaters, aber da er wusste, dass «die Hälfte meiner Leute in Massachusetts McCarthy als Helden betrachten», hielt er sich mit seiner Meinung zurück. Aber sein außenpolitischer Standpunkt, den er im Wahlkampf um das Präsidentenamt 1960 äußerte, hätte nicht klarer sein können. Die vorige Regierung Eisenhower war so nachlässig gewesen, eine „Raketenlücke“ zwischen den Sowjets und den USA entstehen zu lassen. Eine Kennedy-Administration würde dieses Defizit durch Atomraketen wieder ausgleichen.

Kennedys energischer und fokussierter Wahlkampf prägte den Stil der modernen amerikanischen Präsidentschaftswahlkämpfe. Die Zeitungen konzentrierten sich ganz auf die Persönlichkeit des Kandidaten und diskutierten seine Ansichten. Kennedy wusste, wie er das neue Medium Fernsehen einsetzen musste, um seine Aura als Anführer zu verstärken. Er war der erste Katholik, der zum US-Präsidenten gewählt wurde, und der jüngste in der Geschichte des Landes. Sein Vorsprung vor Richard Nixon war nur gering und vielleicht hatte sein Vater seinen Einfluss beim Bürgermeister von Chicago geltend gemacht, um den entscheidenden Sieg im Staat Illinois zu erringen. Kennedy überstand 1961 die gescheiterte Invasion von Exilkubanern und der CIA in der kubanischen Schweinebucht. Im folgenden Jahr erreichte er in der Kubakrise den Abzug russischer nuklearer Mittelstreckenwaffen von der Insel und begann mit der Vorbereitung eines US-Militäreinsatzes zur Verteidigung Südvietnams gegen den kommunistischen Norden. Aber er verstand auch, dass das neue Amerika, das er verkörperte, nicht nur Stärke zeigen musste, um zu überleben, sondern auch die Bereitschaft zeigen musste, mit denjenigen zu verhandeln, die nicht seine natürlichen Verbündeten waren.

Kennedys zahllose Affären stellten ihn in eine Reihe mit vielen Königen früherer Zeiten. Gerüchte, er toleriere das organisierte Verbrechen, zeigten, dass er zumindest in dieser Hinsicht der Sohn seines Vaters war. Das Bürgerrechtsgesetz, das er seinen schwarzen Wählern versprochen hatte, wurde erst nach seinem Tod verabschiedet. Es waren zum großen Teil die Bilder, die die Substanz seiner symbolträchtigen Präsidentschaft ausmachten – nicht zuletzt die Fernsehaufnahmen, die seine Ermordung am 22. November 1963 in Dallas, Texas, festhielten und die in alle Welt übertragen wurden.

Amerikas Beteiligung am Vietnamkrieg nach Kennedys Tod und sein Scheitern waren ein Verhängnis für die Außenpolitik des Landes in Südostasien. Doch der Krieg verursachte auch den Sturz einer der am längsten etablierten Monarchien in der Region: Kambodscha. Als Nachbarstaat Vietnams wurde das Königreich in den Krieg verwickelt.

Königtum in Kambodscha: Weg in die Katastrophe

Norodom Sihanouk (geboren 1922) gelangte 1941 auf den Thron, als sein Land noch französisches Protektorat war. Zunächst war er wenig mehr als ein Marionettenherrscher. Gegen Ende des Zweiten Weltkriegs ermutigten die Japaner, die damals Kambodscha besetzt hielten, den jungen König jedoch, die Unabhängigkeit des Landes von Frankreich zu erklären. Doch nach dem Abzug Japans kehrte die französische Zivil- und Militärverwaltung zurück, um das Land zu regieren.

Doch Sihanouk hatte Gefallen an der Macht gefunden und vertraute auf die Loyalität seiner Untertanen. Er wartete ab, bis das französische Kolonialregime in Indochina 1954 zusammenbrach und sein Land endgültig unabhängig wurde. Dann gründete er die Sozialistische Volksgemeinschaft (Sangkum Reastr Niyum), eine Massenbewegung, die sich auf die Werte Monarchie, buddhistische Religion, gegenseitige Hilfe und Zusammenarbeit berief. Bei den ersten nationalen Wahlen, die 1955 abgehalten wurden, gewann Sihanouks Partei mit überwältigender Mehrheit. Allerdings war von Wahlfälschung die Rede, unterstützt durch die Polizeikräfte des Prinzen. Nachdem er zugunsten seines Vaters abgedankt hatte, wurde er Premierminister und der Außenminister des Landes.

Nach dem Tod seines Vaters fünf Jahre später übernahm Sihanouk die Funktion des Staatsoberhaupts und bestimmte bis Mitte der 1960er-Jahre quasi allein die Geschicke seines Landes. Mit diplomatischem Geschick konnte er Kambodscha seine Neutralität erhalten, erlaubte aber den kommunistischen Nordvietnamesen, im Geheimen vom Osten des Landes aus zu operieren. Im Gegenzug erkannten diese die kambodschanischen Grenzen an. US-amerikanische Angebote von Militärhilfe lehnte er ab und betrachtete die amerikanischen Verbündeten Thailand und Südvietnam als regionale Bedrohung. In den späten 1960er-Jahren setzte er zunehmend repressive Maßnahmen ein, um seine Politik durchzusetzen. 1970 wurde er durch einen Staatsstreich von antikommunistischen Militärs mit Unterstützung der USA abgesetzt.

Norodom Sihanouk, König von Kambodscha (1941–1955 und 1993–2004) bei einer Zeremonie in Phnom Penh 1952. Nach buddhistischer Art hält er seine Hände hinter dem Hut verschränkt.

Das neue Regime von General Lon Nol erlaubte amerikanischen und südvietnamesischen Streitkräften, Übungen auf kambodschanischem Boden abzuhalten sowie die Kommunisten im Land zu verfolgen. Damit wurde Kambodscha in den Vietnamkrieg hineingezogen. Als die kambodschanischen Kommunisten es ablehnten, sich an die Friedensvereinbarung von 1973 zu halten, die den Krieg zwischen Nord- und Südvietnam beendete, verübten die USA massive Luftangriffe auf Kambodscha. 1975 ergriffen die radikalkommunistischen Roten Khmer die Macht. Sie erlaubten Sihanouk, aus dem Exil in Peking zurückzukehren, stellten ihn aber kurz darauf unter Hausarrest.

Von 1975 bis 1978 führten die Roten Khmer „Massensäuberungen" durch, denen an die zwei Millionen Kambodschaner zum Opfer fielen. Es war einer der schlimmsten Völkermorde des 20. Jahrhunderts. 1979 drangen vietnamesische Streitkräfte immer weiter ins Land vor, stürzten das Regime der Roten Khmer und setzten in Phnom Penh ein Marionettenregime ein. Sihanouk, der in sein chinesisches Exil zurückgekehrt war, bildete unterdessen eine Exilregierung aus einer Koalition seiner eigenen neutralen Partei mit den Roten Khmer.

Die UN erkannten Sihanouks Regierung an und die Vietnamesen hoben ihre Besatzung 1989 auf. 1993 stimmte die kambodschanische Nationalversammlung nach Wahlen unter Aufsicht der UN für die Errichtung einer konstitutionellen Monarchie. Sihanouk bestieg erneut den Thron und regierte bis zu seiner Abdankung 2004 über ein Land, das darum rang, die Folgen eines der blutigsten Bürgerkriege des 20. Jahrhunderts zu bewältigen.

Iran: Ende einer Dynastie

Der Nahe Osten war einst die Geburtsstätte des Königtums gewesen. Im 20. Jahrhundert erlebte die Region einige historisch bedeutende Beispiele für das Überleben, die Wiederbelebung und den Niedergang dieser Institution. Die Pahlavi-Dynastie im Iran, die seit 1925 an der Macht war, versuchte sich in eine Reihe mit den Herrschern des alten Perserreichs zu stellen, indem sie den historischen Titel *shahanshah* („König der Könige") übernahm. 1921

Mohammad Reza Pahlavi war der letzte Schah des Iran (1941–1979). Das Foto stammt von 1960.

führte der Armeeoffizier Reza Khan einen Staatsstreich an, durch den die Regierung der Kadscharen-Dynastie gestürzt wurde. Die verfassunggebende Versammlung des Landes wählte ihn 1925 zum Schah. Er war ein bemerkenswert moderner Monarch. Den Frauen verbot er das Tragen des Tschadors, das Bildungssystem reformierte er nach westlichen Prinzipien und außenpolitisch versuchte er, die finanzielle und diplomatische Abhängigkeit des Iran von ausländischen Mächten zu verringern. Sein Versuch, die Ausbeutung iranischer Ölreserven durch Großbritannien zu kontrollieren, scheiterte jedoch. Während des Zweiten Weltkriegs besetzten 1941 die Streitkräfte einer britisch-russischen Allianz den neutralen Iran, um den Öl-Nachschub zu sichern, den die Sowjetarmee brauchte, um die deutsche Invasion abzuwehren. Reza Schah dankte im September 1941 zugunsten seines Sohnes Mohammad (1919–1980) ab. Unter dessen Herrschaft entwickelte sich der iranische Nationalismus zu einer mächtigen Bewegung, die schließlich den Sturz der Pahlavi-Dynastie herbeiführte.

1951 setzte Mohammad Mossadegh, ein Abgeordneter des iranischen Parlaments *(majilis)* die Verstaatlichung der Anglo-Iranian Oil Company, die sich mehrheitlich in britischem Besitz befand, durch. Der Schah schlug ihn daraufhin für das Amt des Premierministers vor. Zwei Jahre später versuchte er, Mossadegh wieder zu entlassen. Dieser war jedoch äußerst populär. Der Schah ging vorübergehend ins Exil, kehrte jedoch bald mit Unterstützung der US-Regierung auf den Thron zurück. Mossadeghs Regierung wurde gestürzt und die Anglo-Iranian Oil Company, die jetzt zusammen mit anderen Firmen Teil eines Konsortiums war, durfte alle ihre Ölkonzessionen erneuern. Doch inzwischen hatte sich ein starkes iranisches Nationalgefühl entwickelt, das sich mit der Unzufriedenheit der Religiösen mit den säkularen Reformen des Schahs verband. Mohammed Reza geriet nicht nur wegen seines autokratischen Regierungsstils in die Schusslinie, sondern auch wegen seiner Weltlichkeit und seiner Abhängigkeit vom Westen.

Der Iran profitierte wie viele Länder des Nahen Ostens vom gewaltigen Anstieg des Ölpreises während der Ölkrise 1973. Die Organisation der Erdöl exportierenden Länder (OPEC) hatte Ölförderung und -exporte stark reduziert, um die westlichen Länder wegen des Jom-Kippur-Krieges zwischen Arabern und Israel unter Druck zu setzen. Der Ölreichtum kam jedoch nur einigen wenigen zugute und die Schere zwischen Arm und Reich klaffte im Iran immer weiter auseinander. Der geistliche Führer Ajatollah Chomeini, der aufgrund seiner Opposition zum Schah in Paris im Exil lebte, wurde zur Identifikationsfigur aller Schahgegner. Die von ihm angeführte Islamische Revolution von 1978/79 veränderte nicht nur den Nahen Osten grundlegend, sondern auch das Mächteverhältnis zwischen der Region und dem Westen.

Der Schah wurde ins Exil geschickt und starb bald darauf in Kairo. In der Folge gerieten noch weitere Monarchen des Nahen Ostens, die ihren Reichtum und ihre Macht bewahrt hatten – wie etwa der saudi-arabische König Fahd (regierte 1982–2005) –, in die Kritik religiöser Muslime. Sie wurden vielfach dafür verurteilt, dass sie sich westlichen Interessen unterordneten. Auch die Bewegung weltlicher ausgerichteter arabischer Nationalisten protestierte gegen die arabischen Autokraten. Einer ihrer wichtigsten Vertreter, Gamal Abdel Nasser, stürzte 1952 den korrupten und inkompetenten König Farouk I. (regierte 1936–1952) von Ägypten.

Jordaniens König: Das Ende orientalischer Monarchie

Hussein ibn Talal (1935–1999), der 1953 als Angehöriger der Haschemiten-Dynastie den Thron von Jordanien bestieg, war in besonderer Weise vom Erstarken des arabischen Nationalismus betroffen, da sein Reich im Zentrum des israelisch-arabischen Konflikts stand. Die Haschemiten führten ihre Herkunft auf den Propheten zurück und kontrollierten seit dem 10. Jahrhundert die heiligen Städte Mekka und Medina. Daher spielten sie auch im 20. Jahrhundert eine zentrale Rolle in der Politik des Nahen Ostens.

Hussein ibn Talal in seiner Militäruniform 1960. Jordaniens dritter König regierte von 1953 bis 1999. Er war der Vater des heutigen Königs Abdullah II.

Faisal und Abdallah, die Söhne Hussein ibn Alis, der als Emir von Mekka von 1916 bis 1924 herrschte, wurden Könige des Irak beziehungsweise Jordaniens, als die westlichen Mächte nach dem Zusammenbruch des Osmanischen Reichs am Ende des Ersten Weltkriegs die nationalen Grenzen in der Region neu zogen. Die Beduinen unterstützten Hussein, aber seine palästinensischen Untertanen, von denen viele nach der Gründung des Staates Israel 1948 nach Jordanien geflohen waren, fühlten sich ihm gegenüber kaum zu Loyalität verpflichtet. Daher war Hussein auf ein starkes Militär angewiesen, um seine Herrschaft durchzusetzen. Seine engen Beziehungen zum Westen, insbesondere zu den USA, trugen zur seiner Ablehnung durch die Araber bei.

Der Sechstagekrieg zwischen Israel und seinen arabischen Nachbarn im Jahr 1967 löste eine weitere palästinensische Flüchtlingswelle aus. Die arabischen Bewohner des Westjordanlandes, das Israel erobert hatte, suchten nun Zuflucht in Husseins verkleinertem Reich. Die Palästinensische Befreiungsorganisation PLO organisierte von ihrer Basis in Jordanien aus einen Guerillakrieg gegen Israel und stellte gleichzeitig Husseins Autorität als Herrscher in Frage. Drei Jahre später brach ein bewaffneter Konflikt zwischen PLO und Husseins Truppen um die Oberherrschaft über Jordanien aus. 1971 wurde die Organisation aus dem Land vertrieben.

Während seiner restlichen Regierungszeit vollbrachte Hussein einen schwierigen Balanceakt. Er blieb ein enger Verbündeter der Vereinigten Staaten, unterhielt intensive Verbindungen zu Großbritannien und vermied jegliche militärische Auseinandersetzung mit Israel. Dennoch gelang es ihm, wieder Beziehungen zur PLO aufzunehmen. 1988 erlaubte er ihr, den jordanischen Anspruch auf das Westjordanland zu übernehmen. Um seinen Thron zu schützen und seine finanzielle Basis zu sichern, rückte er außerdem in immer größere Nähe zu Saudi-Arabien, das ebenfalls mit dem Westen verbündet war. 1994 unterzeichnete er schließlich ein Friedensabkommen mit Israel.

Husseins Herrschaft war stets von unterschiedlichen Seiten bedroht gewesen. Als er starb, hatten religiöse und nationalistische Bewegungen im Nahen Osten seit mehr als zwei Generationen bewiesen, dass sie alteingesessene Herrschergeschlechter stürzen oder unterminieren konnten. Die ersten großen Herrscher der Geschichte stammten aus dieser Region. Aber ihre Erben und Nachfolger im späten 20. Jahrhundert waren hier kaum noch verwurzelt. Die Vorstellung, dass die Angehörigen eines Herrschergeschlechts höchster Ausdruck der Identität einer Nation sein könnten, hatte sich weitgehend überlebt.

Register

Fettgedruckte Seitenzahlen beziehen sich auf Kapitel, *kursive* Ziffern auf Illustrationen.

Bildnachweis

akg-images
2 Erich Lessing.

Ancient Art & Architecture Collection Ltd.
118 Kadakawa; 112 R. Sheridan.

Corbis
4 © Gianni Dagli Orti/Corbis (oben); 4 © Ali Meyer/Corbis (unten rechts); 5 © Bettmann/Corbis (oben); 5 © Fine Art Photographic Library/Corbis (unten links); 5 © Arte & Immagini srl/Corbis (unten rechts); 11© Stapleton Collection/Corbis; 12–13 © Roger Wood/Corbis; 14 © Alinari Archives/Corbis; 15 © Summerfield Press/Corbis; 17 © Alinari Archives/Corbis; 21 © Francis G. Mayer/Corbis; 22 © Bettmann/Corbis; 27 © Archivo Iconografico, S.A./Corbis; 31 © Dave Bartruff/Corbis; 33 © Araldo de Luca/Corbis; 41 © Bettmann/Corbis; 43 © Araldo de Luca/Corbis; 45 © Charles & Josette Lenard/Corbis; 49 © Bettmann/Corbis; 51 © Kraus, Johansen/Archivo Iconografico, S.A./Corbis; 55 © Araldo de Luca/Corbis; 59 © Burstein Collection/Corbis; 60 © Bettmann/Corbis; 63 © Burstein Collection/Corbis; 65 © Angelo Hornak/Corbis; 66–67© Brooklyn Museum/Corbis; 69 © Ali Meyer/Corbis; 70–71© Adam Woolfitt/Corbis; 73 © Gianni Dagli Orti/Corbis; 75 © Christie's Images/Corbis; 77 © Christophe Boisvieux/Corbis; 78 © Bettmann/Corbis; 81 © Archivo Iconografico, S.A./Corbis; 85 © Werner Forman/Corbis; 87 © Archivo Iconografico, S.A./Corbis; 89 © Austrian Archives/Corbis; 91 © Bettmann/Corbis; 93 © Jon Hicks/Corbis; 95 © Archivo Iconografico, S.A./Corbis; 96 © Historical Picture Archive/Corbis; 101 © Mimmo Jodice/Corbis; 102–103 © Ruggero Vanni/Corbis; 104 © Archivo Iconografico, S.A./Corbis; 113 © Archivo Iconografico, S.A./Corbis; 114–115 © Gianni Dagli Orti/Corbis; 117 © Sandro Vannini/Corbis; 119 © Pierre Colombel/Corbis; 123 © Archivo Iconografico, S.A./Corbis; 125 © Brooklyn Museum/Corbis; 126 © Bettmann/Corbis; 128 © Chris Hellier/Corbis; 133 © Sigit Pamungkas/Reuters/Corbis; 135 © Summerfield Press/Corbis; 136 © Archivo Iconografico, S.A./Corbis; 139 © Alinari Archives/Corbis; 141 © Archivo Iconografico, S.A./Corbis; 142 © Bettmann/Corbis; 145 © Richard A. Cooke/Corbis; 147 © Bettmann/Corbis; 149 © Archivo Iconografico, S.A./Corbis; 151 © Francis G.Mayer/Corbis; 153 © Gianni Dagli Orti/Corbis; 154 © Hulton-Deutsch Collection/Corbis; 158 © Ali Meyer/Corbis; 160 © Historical Picture Archive/Corbis; 163 © Stapleton Collection/Corbis; 164 © Stapleton Collection/Corbis; 169 © Fine Art Photographic Library/Corbis; 171 © Stapleton Collection/Corbis; 172–173 © Stapleton Collection/Corbis; 175 © Krause, Johansen/Archivo Iconografico, S.A./Corbis; 176 © Bettmann/Corbis; 178 © Bettmann/Corbis; 181 © Araldo de Luca/Corbis; 183 © Araldo de Luca/Corbis; 188 © Archivo Iconografico, S.A./Corbis; 193 © Pierre Colombel/Corbis; 195 © Arte & Immagini srl/Corbis; 197 © Christel Gerstenberg/Corbis; 199 © The State Russian Museum/Corbis; 203 © Bettmann/Corbis; 205 © Bettmann/Corbis; 208–209 © Bettmann/Corbis; 211 © Arte & Immagini srl/Corbis; 213 © Corbis; 215 © Ali Meyer/Corbis; 216 © Mit Genehmigung des State Hermitage Museums, St. Petersburg, Russland/Corbis; 217 © The State Russian Museum/Corbis; 220 © Hulton-Deutsch Collection/Corbis; 223 © Francis G. Mayer/Corbis; 225 © Bettmann/Corbis; 226 © Archivo Iconografico S.A./Corbis; 228 © National Gallery Collection; mit freundlicher Genehmigung des Kuratoriums der National Gallery, London/Corbis; 229 © Stapleton Collection/Corbis; 232 © Bettmann/Corbis; 236 © Christie's Images/Corbis; 239 © Hulton-Deutsch Collection/Corbis; 240 © Corbis; 241 © Stapleton Collection/Corbis; 242 © Yann Arthus-Bertrand/Corbis; 243 © Hulton-Deutsch Collection/Corbis; 244 © Bettmann/Corbis; 245 © Hulton-Deutsch Collection/Corbis; 246 © Reuters/Corbis; 247 © Bettmann/Corbis; 249 © Bettmann/Corbis; 250 © Bettmann/Corbis; 251 © Bettmann/Corbis.

Shutterstock
4 Vova Pomortzeff (unten links); 8 Vova Pomortzeff; 9 C.J. Photography; 19 Nir Levy; 24–25 John Said; 28 Paul Picone; 29 Styve Reineck; 35 Taolmor; 36 Maza; 39 Alfio Ferlito; 44 Jack Cronkhite; 46 Holger Mette; 52 Pippa West; 57 Vova Pomortzeff; 58 W.H. Chow; 79 Brandus Dan Lucian; 82–83 Vadym Andrushchenko; 88 Nadejada Ivanova; 98–99 May Lane; 107 Alex James Bramwell; 108 Vova Pomortzeff; 109 Vova Pomortzeff; 110 Connors Bros.; 121 Louise Shumbris; 129 David Wardhaugh; 130–131 Yanto Hung; 157 Philip Lange; 159 Jamo Gonzalez Zarraonandia; 162 Holly Jahangiri; 166–167 Dennis Albert Richardson; 184 iofoto; 185 Khirman Vladimir; 190 Salamanderman; 196 Michel Stevelmans; 200–201 Dainis Derics; 206 Dainis Derics; 218–219 Marek Slusarczyk; 231 Ronfromyork; 235 Ryan Klos.

Einband: Napoleon Bonaparte, Gemälde von Carle Vernet, 1815 © The Print Collector/Heritage Images.

Der Originalverlag Quercus Publishing, London, hat jeden Versuch unternommen, die Urheber der Bilder, die in dem Buch verwendet werden, ausfindig zu machen. Jeder, der Urheberrechte geltend machen will, möge mit Quercus Publishing Kontakt aufnehmen.

Danksagung

Meine Literaturagentin Georgina Capel und ihre Assistentinnen Rosie Apponyi und Abi Fellows unterstützten und ermutigten mich während der Arbeit an diesem Buch. Das Konzept des Buches hat dem inspirierenden Einfluss meines Verlegers Anthony Cheetham viel zu verdanken. Wayne Davies erwies sich als zuvorkommender und aufmerksamer Lektor. Mein Dank gilt auch Victoria Huxley, die aufmerksam Korrektur gelesen hat, und Graham Bateman, Steve McCurdy und Virginia Carter von BCS Publishing, die sich um das Layout dieses Buches und die Bildredaktion gekümmert haben.

Ich habe von der Arbeit vieler anderer Historiker profitiert, die über das Königtum geschrieben haben. Unter den Experten für das Mittelalter möchte ich folgende Autoren namentlich nennen, deren Werke mir besonders hilfreich waren: David Abulafia, Richard Fletcher, Jacques Le Goff, Karl Leyser, Walter Ullmann und J. M. Wallace-Hadrill. Bei späteren Epochen waren mir insbesondere die Werke folgender Autoren nützlich: John Adamson, T. C. W. Blanning, Norbert Elias, J. H. Elliott, R. J. W. Evans und H. R. Trevor-Roper. Dennoch übernehme ich die alleinige Verantwortung für möglicherweise strittige Interpretationen in diesem Buch.

Raymond und Granwen Williams sowie Dewi Rhys Williams erfrischten mich bei meinen Besuchen in Westwales mental und sozial, wofür ich ihnen sehr dankbar bin. Das Buch ist John Harrison gewidmet, einem Lehrer, der mit seinem begeisterten und sachkundigen Geschichtsunterricht viele Schüler inspiriert hat und meine große Bewunderung genießt.

Hywel Williams

Titel der englischen Originalausgabe:
Sun Kings. A History of Magnificent Kingship

Autorisierte deutsche Ausgabe, veröffentlicht von National Geographic Deutschland
(G+J/RBA GmbH & Co. KG), Hamburg 2010.

Mitarbeiter der deutschen Ausgabe:
Übersetzung: Ulrike Bischoff, Ute Mareik für Delius Producing Berlin
Lektorat und Satz: Juliane von Laffert für Delius Producing Berlin
Titelgestaltung: Büro Hamburg
Druck: CT Printing, Hongkong

Printed in China
ISBN 978-3-86690-188-9